suhrkamp taschenbuch 2280

D1726370

Gerichtsreportagen und Feuilletons, die Gabriele Tergit ab 1920 für das »Berliner Tageblatt« schrieb, machten sie dem hauptstädtischen Publikum bekannt. Mit ihrem 1931 erschienenen Roman *Käsebier erobert den Kurfürstendamm* wurde die am 4. März 1894 in Berlin geborene Autorin berühmt. Bereits im März 1933 mußte die Tergit vor den Nazis fliehen. Seit 1938 lebte sie in London, wo sie am 25. Juli 1982 starb. Zum 100. Geburtstag von Gabriele Tergit erscheinen nun Feuilletons, Gerichtsreportagen sowie bisher unveröffentlichte Erzählungen aus der Zeit zwischen 1920 und 1950. Es sind sozialkritische, kluge, engagierte Texte über das damalige Leben in der Hauptstadt, Texte, die die Berliner Gesellschaft und ihre Lebensweise widerspiegeln, aber auch Texte, die sich mit dem Berlin der armen Leute auseinandersetzen. Bissig, satirisch und oft auch ironisch läßt die Tergit das Berlin der früheren Jahre Revue passieren und schreibt dabei ganz nebenbei eine Sozialgeschichte Berlins, die Chronik einer »anderen Welt«.

Gabriele Tergit
Atem einer anderen Welt

Berliner Reportagen

Herausgegeben und mit einem
Nachwort versehen von
Jens Brüning

Suhrkamp

Umschlag: Nikolaus Braun, Berliner Straßenszene, 1921.
Berliner Galerie

suhrkamp taschenbuch 2280
Erstausgabe
Erste Auflage 1994
© Suhrkamp Verlag Frankfurt am Main 1994
Suhrkamp Taschenbuch Verlag
Alle Rechte vorbehalten, insbesondere das
des öffentlichen Vortrags, der Übertragung
durch Rundfunk und Fernsehen sowie der Übersetzung,
auch einzelner Teile.
Satz: Uhl + Massopust, Aalen
Druck: Nomos Verlagsgesellschaft, Baden-Baden
Printed in Germany
Umschlag nach Entwürfen von
Willy Fleckhaus und Rolf Staudt

1 2 3 4 5 6 – 99 98 97 96 95 94

Inhalt

Jahreszeiten in Berlin

Einige Prozesse in Berlin

Begegnungen mit Berlinern

Einige Erzählungen

Ausklang

Berlin 1920 bis 1930

Berliner Bekanntschaft

Berlin ist eine ganz merkwürdige Stadt. In Berlin kann es vorkommen, daß sich eine Dame den ganzen Abend mit einem Herrn unterhält und daß sie sich gut unterhalten. Am nächsten Tag grüßt er sie weder an der Kaiser-Wilhelm-Gedächtniskirche noch Unter den Linden. Er erkennt sie nämlich nicht mehr. Eine bezaubernde Frau aus Süddeutschland hat neulich eine bezaubernde Geschichte erzählt. Sie saß bei einem Diner neben einem klugen Mann und beklagte sich über dieses Nichtmehrerkennen. »Aber gnädige Frau. Sie würde ich immer wiedererkennen.«

Eine Stunde darauf trifft sie den gleichen Herrn beim Kaffee, der in der Halle eingenommen wird. »Würden Sie mich bitte der Dame vorstellen«, sagte er zu seinem Begleiter ... Aber so ist Berlin.

Ich begegne also alle fünf Jahre ein und demselben Herrn. Diesen Herrn kannte ich einmal ganz gut. Dann traf ich ihn nach Jahren wieder. Er sah ungepflegt aus und hatte alle Taschen voll Bücher, sein Mantel stand offen, weil er auch die Jackentaschen voll Bücher hatte und deshalb sein Mantel nicht zuging. Dieser Mann ist ein Gelehrter, wie sie in der nördlichen Friedrichstadt wohnen, nahe der Staatsbibliothek, nahe den Antiquariaten, lebend von einer Archivarbeit, deren minimale Bezahlung etwa der Gehaltsstufe einer kaufmännischen Anfängerin entspricht.

»Wie nett«, sage ich, »daß wir uns einmal sehen. Wie geht es Ihnen denn?«

»Wie nett, gnädiges Fräulein, daß wir uns einmal sehen, wie geht es Ihnen denn?«

Und dann folgte die Geschichte seines Werdegangs und die Geschichte meines Werdegangs, und inzwischen waren wir um die Staatsbibliothek herumgegangen.

»Ja«, sagte er, »ich würde mich sehr freuen, wenn wir uns einmal sehen könnten, ich wollte Ihnen schon lange Arbeiten von mir zeigen, und dann unterhalten wir uns doch immer sehr gut!«

»Ja«, sagte ich, »ich würde mich auch freuen, ich sitze auch an einer größeren Arbeit. Ich würde mich gern mit Ihnen darüber unterhalten. Rufen Sie mich doch einmal an.«

»Ja, sehr gern, ganz bestimmt. Ist doch wirklich ein Unsinn, daß man sich nie spricht. Ich rufe an. Also auf Wiedersehen.«

Wandte sich um und versank, ein Krümel des großen Brotes Berlin, wieder unter den anderen Krümeln.

Er rief nicht an. Ich dachte auch nicht mehr daran. Niemand war mir gleichgültiger als gerade dieser Krümel. Man spricht in Berlin an der Ecke, in einer Gesellschaft, im Beruf mit dem und jenem, mit der und dieser, weggeweht, wenn man sich zufällig nicht mehr trifft, zu blödem Verkehr ausartend, wenn man sich zufällig öfter trifft. Zurückhaltende Menschen versinken hier. Bei Dreisten verkehrt eine Elite. Wer telephoniert, schwimmt rasch nach oben, wer auf Telephonieren wartet, ist bald vergessen. So ist diese Stadt, jede große Stadt.

Ich weiß nicht, wieviel Jahre vergingen, eines Tages traf ich den Krümel wieder. »Wie nett«, sagte ich, »daß ich Sie treffe. Wie geht es Ihnen denn?«

»Danke«, sagte er, »ich habe meinen Doktor gemacht, längst übrigens, und hoffe nun, daß ich bald fest angestellt werde, und wie geht es Ihnen?«

Und dann folgte die Geschichte seines Werdegangs und die Geschichte meines Werdegangs, und inzwischen waren wir die ganze Straße hinaufgegangen.

»Ja«, sagte er, »ich würde mich sehr freuen, wenn wir uns einmal sehen könnten. Ich wollte Ihnen schon lange Arbeiten von mir zeigen, und dann unterhalten wir uns doch immer sehr gut.«

»Ja«, sagte ich, »ich würde mich auch freuen, ich sitze auch an einer größeren Arbeit. Ich würde mich gern mit Ihnen darüber unterhalten, rufen Sie mich doch einmal an!«

»Ja, sehr gern, ganz bestimmt. Ist doch wirklich ein Unsinn, daß man sich nie spricht. Ich rufe an. Also auf Wiedersehen.«

Wir standen vor einem Laden. Er eilte davon. Ich auch.

Jahre vergingen.

Gestern traf ich ihn wieder. Wir kennen uns also vierzehn Jahre. Wir haben uns im Verlauf der vierzehn Jahre nur zweimal gesehen, aber das tut nichts, es ist trotzdem eine vierzehnjährige Bekanntschaft.

»Wie nett«, sagte ich, »daß wir uns einmal sehen. Wie geht es Ihnen denn?«

»Wie nett, Frau Doktor, daß wir uns einmal sehen. Wie geht es Ihnen denn?«

Und dann folgte die Geschichte seines Werdegangs und die Geschichte meines Werdegangs, und inzwischen waren wir zur nächsten Haltestelle gegangen.

»Ja«, sagte er, »ich würde mich sehr freuen, wenn wir uns einmal sehen könnten; ich wollte Ihnen schon lange Arbeiten von mir zeigen, und dann unterhalten wir uns doch immer sehr gut!«

»Ja«, sagte ich, »ich würde mich auch sehr freuen, ich sitze auch an einer größeren Arbeit, ich würde mich gern mit Ihnen darüber unterhalten. Rufen Sie mich doch einmal an.«

»Ja, sehr gern, ganz bestimmt, ist doch wirklich ein Unsinn, daß man sich nie spricht.«

»Tun Sie's doch mal«, sagte ich. »Ich gehe viel zu Konzerten, ich habe Freibillette, darf ich Sie einladen?«

»Ja, bitte schön.«

»Also, ich rufe an.«

Und das Wunder geschah. Er rief an. Aber ich war nicht zu Hause.

Bei diesem Versuch ließ er es bewenden.

Ich auch.

Das alles ist das, was man in Berlin unter »ein Bekannter von mir« versteht.

Eingewöhnen in Berlin

Niemand, der das Glück hat, nach dem Süden des Landes zu reisen, wird leugnen, daß es zu den schauderhaftesten Momenten des Daseins gehört, wenn man die eisernen Eisenbahnbrücken und den imitierten Albrecht-Dürer-Turm am Anhalter Bahnhof nach längerer Abwesenheit erblickt. »Da wär'n wa nu! Auto, bitte.« Bereits an der Tür empfängt dich der Fortschritt. Kein Schupo steht mehr da, der dir eine Blechmarke gibt, kannst dir alleine dein Auto aussuchen und möchtest weinen, weil du nun wieder einmal dein besseres Selbst, ein harmloses, verspieltes, etwas kindisches Selbst kennengelernt hast und weißt, daß es bereits heute abend nach dem ersten Telephongespräch mit dem Kompagnon oder dem Vertreter fortfliegen wird wie bei Adamson ins Paradies und wir wieder da sind, spitzzüngig, ernsthaft und erwachsen, kurzum als vollendete Greuels durchaus nicht mehr präsentabel für die Paradiesliste.

Und nun versuchen wir uns einzugewöhnen, spielen verreist sein noch ein bißchen vor dem Oktober, vor der endgültigen Kälte und Verbannung in die Wohnungen, wandern und streunen durch diese Stadt.

Noch gibt es Potsdam, streckt sich auch schon der Sommer »müde und bekränzt ins Gras«, sitzen in den Gärten zwischen weißen Göttern und römischen Bädern, verreist und allein. Oh, Verlobungsstätte!

Dürftiger Wald, arme Kiefer, wo jedes Gras es schon schwer hat, sein Auskommen zu finden. Aber wir wollen nicht undankbar sein gegen die Namen Wannsee und Nikolassee, trotzdem uns die feinen Gärten verboten haben, am Strand zu liegen, rings die Havel entlang oder im Garten zu sitzen und ein Schnitzel zu essen, als welches jegliches Tier für die Umgebung Berlins sein Dasein beschließt, wenn es nicht ein grüner Aal geworden ist mit Gurkensalat. Wir wollen nicht undankbar sein gegen Wannseepaddelbräune, hochmütig geworden durch rote Gletschernasen oder Nordseehälse.

Autostraße nach Berlin. Funkturm. »Tempo, Initiative, Bewegung und Messeamt.«

Dort unten liegt Berlin. – Berlin? Den Hauptplatz nimmt die Eisenbahn ein, Schienen, Schuppen, Häuschen, grün Bepflanztes, Eisengerüste. Hier vorn nach Charlottenburg zu, aber auch drüben, Lehrter Bahnhof. Anhalter, Potsdamer Bahn. Im ausgesparten Teil liegen die Häuser, die man Berlin nennt. Unfug, solch eine Stadt, die im wesentlichen aus Schuppen und Schienen besteht und sie nicht hinauswerfen darf, weil sie die Nahrung braucht und all ihr Gehämmertes, Getischlertes, Gestampftes wegschicken muß. Du warst verreist. Sagtest du nicht eben das Wort: Kompliziertes Dasein? Jawohl, unser kompliziertes Dasein ... Du siehst es vom Funkturm.

Rückkehr zur Natur! Rasch bist du im Tiergarten. Es fängt schon an, gelb zu werden. Bald wird's auch Eicheln geben. Die Damen sprechen bereits von den Pelzen und vom Abendkleid. »Schwarz?« »Ist doch so unjugendlich.« »Kroll-Redoute gibt es dieses Jahr.« Noch aber kann man auf den Bänken sitzen. Seltsame Straße an der Spree, Vergnügungsstraße und exklusive Villen für Vorkriegsexistenzen, verruchte Junggesellen aus Wilhelms Zeiten und amtliche Fädenanknüpfer. Gegenüber von Kohlenhöfen, Stahllagern und »Bahngelände«. Und eine Durchschnittsstraße nach Moabit. Blumengeschäft, Butterhandlung, 87. Seifenfiliale.

Bierquelle und im Zaun zwei Tische. Sommergartenersatz. Gericht und Kasernen.

»Wie kommt das, daß Menschen über andere Menschen entscheiden dürfen? Wozu ist das alles?« fragt Sonja Liebknecht. – »Verzeihen Sie«, antwortet Rosa Luxemburg, »aber ich mußte beim Lesen laut herauslachen.«

Aber dies soll nicht heißen, daß Gericht und Kaserne eine Quelle der Freude sind, nur »wozu« ist kein Begriff für die Gesamtheit des Lebens und seine Formen.

Lehrter Bahnhof. Atmosphäre aus Schwefeldunst, Kußfreiheit und Geschäftigkeit. Schon hast du Salzwind in der Nase. Im Hafen liegen Schiffe und Kohlen.

Invalidenstraße. Jungsmuseen, Steine, Telegraphenmodelle und Walgerippe. Heidestraße, August. Wieder August. Wißt ihr noch. Preußische Bau- und Finanzdirektion, Bezirksausschuß für den Stadtkreis Berlin. Und dann bekam man eine Karte, daß Zivilsachen abzuholen seien, wohingegen dem Kanonier... Vier Jahre später.

Unvergeßlich der Siebzehnjährige. Starker Berliner Junge, August 1918, Heidestraße, wie er am Tor den Koffer schwang, »nu jeht's rin ins Gefängnis«.

Jetzt hängt da ein zerfetztes Plakat:

> HUNGER,
> ARBEITSLOSIGKEIT, MASSENELEND,...
> DEN PROL... RETT...
> GESAMTEN BANKWESENS
> INTERNATIONAL
> DIKTATUR.

Der Bezirksausschuß ist rosa und rosé gestrichen in sanften Tönen, des Krieges Stürme schweigen. Ein Fenster steht offen: eine Stube mit weißem Kachelofen, rotem Sofa, Nußbaumschrank, Riesenzimmerlinde.

Alte Stadt. Kliniken, Studenten, Kommers, Paukerei, Lokale der Christengemeinde neben kleinen Hotels. Fräuleins mit Zillefiguren stehen da, auch kein leichtes Dasein. Und das arbeitende Volk, 42 oder 48 oder 52 Pfennig die Stunde, vorausgesetzt, daß man Arbeit hat. »Die guten fetten Schinkenenden« kosten 1.10 M., Schweineköpfe hingegen bekommst du das Pfund schon für 30

Pfg. Es ist 6 Uhr. Gebratene Leber und Suppe, 75 Pfg. Bunte Wäsche in den Läden. Der Wunschtraum Trikotseidenhemden, rosa mit gelben Spitzen. Puder und Schminke, Monatsgarderobe und Möbel auf Abzahlung. Leihhäuser, Medizin und Juristerei enden hier als Naturheilpraxis und Rechtsbureau, links Ehescheidungen, rechts Strafsachen. Am Alexanderplatz ist schon die Berolina fort.

Der Osten beginnt, ohne Baum, ohne Strauch, grau in grau, Schauplatz des Polizeiberichts »Eine Familie durch Leuchtgas vergiftet – Nahrungssorgen«. Kleine Oase, Garten im Schiller-Theater, der Keller von Jantz, wo Kainz saß und Zille. Kleine Markusstraße, Brennholz wird gegen Kartoffelschalen verkauft. Aus dem Hotel »Metropol« singt es »Der Lenz ist da«, Taubenschlag und Gerümpel, eine Baracke. Ein Herr, der in Wannsee wohnt, bietet sie zum Verkauf an. Kompliziert ist unser Dasein. Ein Knabe will einen Drachen steigen lassen, aber in der dicken Soße, euphemistisch »Luft« genannt, steigt nichts zum Himmel. Er aber rennt und rennt und zieht den Drachen hinter sich her. Der Drachen bewegt sich vom Luftzug. »Er steigt«, ruft der Junge. Auch in der kleinen Markusstraße werden Optimisten geboren.

Krautstraße. Hier wohnte eine alte Frau, Wohnküche, 4. Stock, Hof, Kohldunst und alter Kleiderruch. Der Sohn kam ins Feld zur 44. Res.-Div., 22. Res.-Armeekorps in die Fernsprechabteilung, in der viele Berliner Intellektuelle sitzen. Als er ins Feld kam, schrieb er mit Bleistift eine derbe Schulschrift, aber nach vier Wochen mit Tintenstift, nach rechts, modern, offenbar wie seine Kameraden, der Junge aus der Wohnküche in der Krautstraße: »Habe heut Ihr liebes Paket mit der Wurst erhalten und mich sehr darüber gefreut, denn so etwas ist ja im Felde eine Seltenheit für einen Soldaten. Ich werde sie mir gut schmecken und an Ihn, liebes Fräulein, denken. Wir sind aus Rußland fortgemacht, nachdem wir dortselbst manchen schweren Tach gehabt haben. Die Festung Brest-Litowsk wurde von unserem 22. Reser. Armeekorps erstürmt und geschlagen.

Auf der Flucht der Russen wurde die Stadt und der Bahnhof von den Russen in Brand gesteckt, sämtliche Häuser waren ein Trümmerhaufen, von den Einwohnern ist selten einer zu sehen gewesen. Sind jetzt, nach einer viertägigen Bahnfahrt an der österreichisch-serbischen Grenze angelangt und liegen 40 Kilometer von der serbischen Hauptstadt Belgrad in einem Dorf in Quartier, haben

12 Tage Ruhe, aber es dauert nicht lange, dann fangen die heißen Tage wieder für uns an, es ist hier alles Gebirge, aber wir werden es schon machen. Heil und Sieg. Mit herzlichem Gruß

Gefreiter W. R.«

Das war am 1. Oktober 1915. Er scheint es nicht mehr gemacht zu haben. Ich habe nichts mehr von ihm gehört, der seine Kindheit auf dem Andreasplatz verlebt hat, sechs grüne Bäume und eine Steinbank, einziger grüner Fleck von der Wallstraße bis zum Ostbahnhof.

Andreasstraße. Ein Laden: Ausverkauf von Heeresbeständen. Ende und Anfang von Zeughaussturm und Revolution. Aluminiumgefäße, Feldflaschen, umgearbeitete Koppelschlösser. Statt des messingnen »Gott mit uns« ein eisernes Schildchen mit der geballten Faust und »R.F.B.« (Roter Frontkämpfer-Bund). Daneben bayerische Hosenträger, Wadenstutzen und Windjacken. Über alldem der schöne, aber dunkle Ausspruch, schwarz auf weiß gemalt »Kleide dich selbst«. Höhepunkt des Quatschens, vollendete Sinnlosigkeit, nicht im Romanischen Café, sondern in der Andreasstraße.

Boulevard des Ostens. Meergrünes Crêpe-de-Chine-Kleid und vier Menschen in einer Stube, italienische Pfirsiche und »Frau Schulze, nee wat soll dat wer'n mit die Kälte. Bis 'n Mai hat man geheizt, und jetzt müßte man reine schon wieder anfangen.«

Kompliziert ist unser Dasein. Die Sehnsucht leuchtet aus dem Papierwarengeschäft. Fiduskarten und Nackedeis aus dem Salon de Paris. »Hab Sonne im Herzen« und die Toteninsel.

Auf der Weberwiese aber wird für Sacco und Vanzetti demonstriert.

Vorfrühlingsreise nach Berlin

Kommst du von der Obstfabrik Werder her, so begegnet dir der Wassersport, der Sonntag der Berliner, Segel, Jollen, Paddel, Ruder, liegt noch alles da, wird gestrichen, geteert, wartet darauf, Weißröckige, Braungebrannte Sonntag für Sonntag vom Wannsee nach Nedlitz zu bringen. Oder nur bis Moorlake? Wird Flaute sein? Hoffentlich nicht. O Segelgespräch! Ringsum die Villen von Industrie und Handel, die mehrfach ihre Besitzer gewechselt haben seit 1914. Gärtner schneiden an den Bäumen, die schon Kätzchen haben, kalken sie weiß, häufeln die Erde.

Du mündest rasch in den Sonnabendabend, in die Vergnügungsstraße ein. Kino, Café, Restaurant, d. h. Paläste, Marmor, Gloria und Königin, Sekt, elegante Kleider, Charleston und Jazz, Fraßgeschäfte mit bunten Salaten und Artischocken, Flip und Cobbler, rotes, grünes, gelbes Licht, Schlange und Krokodil, Feh und Zobel, Seide und Spitzen, lackierte Kojen, wo Schönheit fabriziert wird, mit Dampf, gefetteter Hand und knisterndem elektrischem Strom für die Pelztiere, die rosa Beine, cotyfarbene Münder, und suchende Portemonnaies und für die Herren, die suchende Augen haben, jetzt unter den Bäumen, den ausgedörrten, vor winterslanger Sehnsucht nach dem Märze. Capitol in Rosa, Lila und Rot, Weltanschauungscafés für Menschheitsdämmerer und Schwertklirrer, Wanderschrift, Kirche und winkender Schutzmann, Autos, Autos. Einbeinige an der Steinterrasse des großen Hotels, Pavillon, Bar und Diele, wo Lene Nimptsch wohnte und Dörrs Gärtnerei war. Weißt du, Fontanes, Irrungen, Wirrungen, o Vorfrühlingsabend.

Bis du in den Alltagmorgen kommst. Fluten der Autos in die Bureaus, Dickbäuche in der Limousine im Nerzpelz, junge Herren am Steuer, schon hellgrau und mantellos, Zigarette im Mund, regieren aus dem rechten Handgelenk die Maschine. Hier ist der letzte Rest von tummelnden Pferden und splitternden Lanzen. Brücke über den Kanal. »Alter Westen.« Hausrat aus Wilhelms Zeiten wird versteigert. »Reichgeschnitzte Büfetts.« Tiergarten. Krokus. Kinderwagen. Knospen an den Büschen, bunte Wollzwerge mit Teddy-Teddybären im Arm und Rollern. Drüben am anderen Rand des Tiergartens laden sie jetzt die Kähne aus. Der Hering kommt. Schiffsladungen voll, der junge, herrliche, vollfette Frühlingsmädchenhering, Öljacke, Tran, Seewind und Salzhauch von der Küste bis zum Alexanderufer am Lehrter Bahnhof, wo sie ihn ausladen, das demokratische Tier, ihn und die Ziegelsteine, die sie auf dem Rücken aus dem Kahnbauch tragen für neue Häuser. Kemperplatz. Schönheitsgeschäfte für die wenigen. Exquisite Stücke. »Queen Anne« und »Jakob«, Specksteinbuddhas. Kakemonos und Tabatieren. Modenschau, Laden bei Laden, blaßgrau, bleu madonne, bois rosé. Kostüm oder Mantel? Meinst du, daß der Mantel bleibt? Scheint, das Kostüm setzt sich durch. Wenigstens vormittags, steht zu hoffen. An den Ecken in den Cafés stehen schon Stühle und Tische im Freien, warten der Damen in »bleu madonne«. Potsdamer Tor. Berlin ist erreicht. Das Berlin, wo man »zu tun« hat. Der Alltag, der um neun Uhr mit den Vorortzügen beginnt. Zügen voll Jugend, mit Gitterwegnehmen und Kasseaufschließen: »Bitte Struppke, die Post.« »Fräulein Griesewetter, haben Sie?« Bezüglich der Order vom 12. cr. Blumen, Veilchen, Kätzchen, Schneeglöckchen, 10 Pfennig der Bund, Osterglocken, all das kleine, stille, fast noch im Schnee, blau, weiß und gelb. Rechts die Haltestelle der Elektrischen »Kriegsministerium«, die seit 1923 Wertheim heißt. Wilhelmstraße. Respekt. Linden, Lebenswandel: Wäsche und Historie. Exkremente der Perlmuschel und anderes Gestein. Eintrittskartenverkaufsstellen für die Welt. Propagandabureaus für Trollhättanwasserfälle, Rhonegletscher und tropische Inseln, Hotels, öde und langweilig, wenn man darin ist, und immer von großen Künstlern und achtzehnjährigen Schönheiten bewohnt, wenn man an ihnen vorüberfahren muß. Otto Gebühr und historisches Eckfenster. Helmholtz, Treitschke, Mommsen, Humboldt, Fichte = Deutschland. »Victi« sagen die Nationalen, »Ewiger Bestand, Kerngesundes Land«, reimte Heinrich Heine. Universität und Bibliothek. Diskussionsselige Jugend, im keimenden Garten, anfangend mit dem Suchen nach Zusammenhängen zwischen Goethes Farbenlehre und ägyptischer Architektur und Marxismus, und endend mit einer Arbeit über das E im Gotischen.

Wieder Historie. Masken sterbender Krieger, Generäle, deren Namen ein Friedensengel trägt, liegt das an dem großen Künstler? Dem Sieg? Der Epoche? Rechts katholische Kirche und alter Kastanienbaum, erkennbar auch ohne Blütenkerzen, sonst ist ja, abgesehen von den Linden im Juni, die am Geruch zu erkennen sind, Baum Baum in Berlin. Du biegst nun in den Handel ab, gelangst in die Wolle und Seide, gewebte und genähte, zu den »Branchen«, »lieber Gott, bei den Zeiten«, und über das Geld zum Nessel und zur Baumwolle, Höfe voll Schreibmaschinen, Pulten, Tinte und Büchern, die mit Gott anfangen und mit einem Defizit schließen, an den Alexanderplatz, das Herz der großen Stadt.

Hier hat sich der Staat sein Bollwerk errichtet, worin noch einige Löcher sind, die daher kommen, daß mit zugespitztem Eisen um Ideen gekämpft wurde. Hier steht auch das Bollwerk des

Rechts, das keine Löcher bekam, weil es hinter der Staatsgewalt versteckt steht, und das Bollwerk der Magenversorgung. Hier türmt sich der Fraß. Berge blaßroter Lungen, schwärzlicher Nieren, blutiger Kadaver, Kisten voll Apfelsinen, grünlicher Käse aus Frankreich und rötlicher aus England, grüner Salat und Blumenkohl aus Holland. Züge voll Blumen, Säcke voll Bohnen, Erbsen und Reis, Nacht für Nacht, teils Gnade Gottes und teils Frachtbrief, teils Wunder und teils Chemie, teils Segen der Erde und teils Organisation.

Jenseits des Herzens beginnt der Tag um sechs Uhr, enge Höfe, Häuser voll Menschen, voll Nähmaschinen, voll Hobeln und Hämmern und Stampfen, verfallene Häuser, beklebt von oben bis unten mit grellen Schildern. »Möbel auf Abzahlung«, »Schuhlokal«, »Strumpfvertrieb«, »Hosenzentrale«, »Kleiderhof«. Arbeitslose gehen zum Stempeln, stehen herum, verkaufen Hosenträger, Kämmchen, Leim, Schokolade »drei Tafeln eene Mark«. Alte Kleider hängen überm Lumpenkeller, »zahle höchste Preise«, zum Verkauf aus. Junge Burschen recken sich, werden bald losziehen auf Wanderschaft, die große Stadt verlassen, über die Landstraßen hingehen.

Schönhauser Tor. Hier ist Berlin, weit nach Norden und Osten und Westen, das Leben der Millionen, und wenn es gut gewesen, dann waren es 115 Mark im Monat, denn es war nicht immer volle Schicht, und 10 Mark Rente für die alte Mutter, aber 30 Mark gehen ab davon für Miete, oder 150 Mark mit Geschinde und Gekrabbel, Treppen auf und ab und 25 Mark Spesengeld, Mann, Frau und Kind als Stadtreisende.

Leihhäuser, daneben die »Destille zur Pfandkammer«, Konfektion »für starke Damen«. Berufskleidung. Uhrenläden. »Zur Einsegnung.« Alte Fabriken, vorn Villen mit Treppen vom Vorgärtchen her. Bald auch die neuen, herrlich vertikal, roter Ziegel, sachlich modern, hart. Für Seele und Sehnsucht ist der Balkon da, Blumenkästen werden gestrichen, neu befestigt, Bindfäden gezogen für Feuerbohnen und wilden Wein. Taubenhäuser aufgestellt. Zwischen der Destille »Zum Schmalzel-Maxe« und der »Zum feuchten Dreieck«, Läden für Kanarienvögel und Laubfrösche, auch der Goldfisch lebt noch, Läden für bebänderte Lauten. Kinder spielen mit Kreisel und Murmel, hupfen Himmel und Hölle, die sie mit Kreide auf den Asphalt gemalt haben. Größere gehen feierlich, kleine Mädchen in schwarzen Kleidern, gelbe Rosen im weißen Papier und das Gesangbuch in der Hand, kleine Knaben im schwarzen Anzug mit Myrtensträußchen im Knopfloch. Eingesegnet hat man sie für das Leben, auf das sie warten, vorerst auf die Lehrstelle, die nicht zu bekommen ist, dann auf das übrige. Alte sitzen vor der Tür, hüten die Kleinsten, einem fliegt der Luftballon davon. Es weint. Erster Frühlingsschmerz. Ach, was fliegt einem alles davon im Leben!

Ringbahnhof. Scharen von Arbeitern, die lautlos heimkehren in der Dämmerung, die blaue Kanne in der Hand.

Wisbyer Straße. Die hohen elektrischen Masten mit dem Strom von Golpa her. Berlin ist zu Ende. Lagerplätze. Holzhandlungen und Tankstelle. Laubenkolonien. Verein für Familiengärten. Sonnabendabend. Es wird gegraben, begossen, gestrichen, gebastelt. Nägel geklopft, Bretter am Zaun befestigt. Nachbarn sprechen miteinander.

Freies Gelände, Gerümpel in Gruben, Emailletöpfe, Konservenbüchsen, zerfetzer Stoff, Schienen, Wege der Sehnsucht nach warmer Sonne.

»Berliner Straße.« Kleine Stadt. Platz mit roter Ziegelkirche. Häuschen mit Efeu, kleine Konditorei, etwas Junges Hand in Hand, rotes Samtsofa mit Apfelkuchen. Rathaus, Brunnen und Gedenkstätten für gefallene Krieger, mit Kränzen. Bis du wieder in den Sonntag mündest. Kiefern, Wasser, Segel, Jollen, Paddel, Räder, Wandlitz oder Müggelsee? Schwimmen oder Angeln? Ein Ehepaar, das Junge zwischen sich, ein großes Paket in der Hand, zieht schon in den Wald.

Querschnitt

Freitag mittag Punkt 3 Uhr war in der Leipziger Straße der Frühling ausgebrochen, so wie jedes Jahr mit seltsamem Geruch, ein bißchen Matsch, Melancholie und Schneeglöckchen. Aber schon Sonntag war er wieder fort. Es war nur noch Ostwind und kalt. Der Kohlenmangel herrscht immer noch. Die Kohlenhändler geben einem Briketts, wenn man das teure Holz dazu nimmt. Die Läden in der Stadt sind noch immer leer. »Bei dem Wetter!« sagen die Leute, »und der Börse.« Wintersachen werden nur bis Weihnachten gekauft. Dabei ist Weihnachten immer Regen, aber kein Mensch kauft sich noch im Februar was Warmes, auch wenn 20 Grad Kälte sind. Mit dem Sommer ist es grade so. Im September glüht erst die Sonne. Aber haben Sie schon einmal gehört, daß eine Dame sich im Juli die Sommergarderobe und im Februar Wintersachen kauft? Das Wesen der Eleganz beruht darauf, bei Eiseskälte Chiffon und bei glühender Sonne Pelze zu wählen. Frauen, die es sich nicht leisten können, sagen bei diesen verschobenen Jahreszeiten: »Nun geht der alte Mantel noch.« Je länger die grausame Frühlingssonne, die alle Schäbigkeiten und alle Runzeln aufdeckt, nicht kommt, desto besser. Einem schäbigen Mantel, einer runzligen Haut bietet man ein kleineres Gehalt. In den Schaufenstern ist alles voll mit Frühlingszweigen, mit sanften Farben, mit freundlichen Hüten.

Am Sonnabendabend stand die Yvette Guilbert auf dem Podium, das war herrlich wie immer. Merkwürdig, wenn ein Mensch nichts weiter ist als ein Mensch, der die jungen Menschen und die alten kennt, das Leid und die Liebe, die Eitelkeiten und die Eitelkeit, und sich dann hinstellt und mit ein wenig Musik, fast nur mit der Geste und der Stimme, dies darstellt, die jungen Männer und die alten Frauen, das Leid und die Liebe, die Eitelkeiten und die Eitelkeit, dann jubelt jahrzehntelang das Publikum. Denn der Mensch hat es so nötig, verstanden zu werden. Er ist so dankbar, wenn einer aufsteht und ihm sagt, so bist du, so elend im Sterben, so heiter am frühen Tage, so eitel in der Uniform, so ist das Leben, man liebt einen und hat Kinder von ihm und heiratet einen zweiten und liebt auch den und vergißt den ersten nicht. Zuletzt schenkt sie uns noch zwei Sachen, zwei alte Sachen, den Priester mit den Kindern und die stickende Großmutter, und das war so herrlich, daß die Menschen immer mehr klatschten. Yvette kam heraus und sagte: »Ihr seid jung, meine Kinderchen, geht nach Hause und schlaft euch aus. Ihr vergeßt, wie alt ich bin.« Herrlich, wenn eine Frau versteht, alt zu sein. Es war ein Publikum da, wie sie es verdiente. Das Publikum sehr guter und schwerer Konzerte, viel Bühne dazu und sehr viele Männer.

Am Sonntagvormittag im Tiergarten treiben die Kinder Wintersport; sie rodeln vorwärts und rückwärts und fahren sogar Skeleton auf vereister Bahn. Der Kanal wird von Eisbrechern freigehalten, und ganz dort hinten, am Bäreneingang zum Zoo, stehen Lastkraftwagen und werfen den Schnee in das noch schmutzigere

Wasser. Nun wird es wieder kalt. Es ist ein Jammer. Erst die Grippe und nun diese Kälte. Wird's denn nie aufhören? Es ist Volkstrauertag. Wir haben nichts, uns extra zu erinnern. Das Grabmal des Unbekannten Soldaten haben wir nicht nachmachen wollen. Aber es ist sehr schön. Jeder kann denken, daß für seinen die Flamme leuchtet, Blumen dort liegen. Reminiscere heißt der Sonntag. »Nicht zu glauben«, sagt ein guter Bekannter, »daß man bei solcher Kälte einmal hat barfuß laufen können. Als wir am Chemin des Dames gefangen wurden, fünfundzwanzigtausend Menschen, war nichts vorbereitet. Wir lagen einfach vierzehn Tage auf der blanken Erde im November, einfach im Dreck. Es kam auch bald Ruhr. Viele Hunderte starben. Auch die Kranken, auch die Verwundeten lagen nur auf ihren Mänteln ohne Dach. Aber viele hatten auch kein Dach. Bevor wir weitertransportiert wurden, wurden wir entlaust. Dabei kamen mir meine Schuhe abhanden. Ich stand so zehn Tage im Lager herum ohne Schuhe, lief dann wochenlang im Dezember durch Frankreich. Nicht zu glauben!«

Sonntag ist der 24. Februar, vier Tage bis Ultimo: »Ich möchte nur wissen, wann der große Krach kommt?« sagt der Bankier, »ein Restaurant am andern.« Aber es ist nirgends Platz zu finden. Kempinski ist wegen Überfüllung geschlossen. Der Portier hat das große eiserne Tor zugemacht, läßt sich von zwei jungen Leuten flankieren, spricht zu dem Volk, das Einlaß begehrt: »Nischt zu machen. Dreihundert stehen schon in den Gängen und finden keinen Platz.« Kommen Leute im Auto, die vorbestellt haben, so werden sie rasch durch einen Spalt unter Geschimpf der anderen eingelassen. Es ist eine Art Anstehen auf Kohlen. Man steht hier an, um für sein Geld Wein und Rumpsteaks zu kriegen. Nicht anders am übrigen Kurfürstendamm. Nirgends ein freier Tisch, am 24. Februar, vier Tage vor Ultimo.

In der Gegend des Wittenbergplatzes ist es stiller. Dort ist ein erinnerungsreiches russisches Restaurant. Fürstliche Emigranten haben es gegründet, waren dort Kellner, damals als man russisch können mußte, um durch Charlottenburg zu kommen. Damals als die eleganten Russinnen nach Berlin kamen, von denen die Berlinerin lernte, sich zu schminken, sich anzuziehen, elegant zu sein bis zur letzten internationalen Gültigkeit.

In dem kleinen Restaurant spielt ein Geiger. Der Ober bietet uns Sterlett an. Sterlett aus der Wolga, ein herrliches Tier. Nebenan sitzt ein Mann, was sage ich, ein Herr, ein Fürst mit einem langen, blonden Vollbart. Er sitzt mit einem deutschen Mädchen, einer kleinen Pute, die sich niedlich macht. »Ja«, sagt er, »ich habe nie daran gedacht, daß ich einmal würde arbeiten müssen. Ich hatte Güter im Süden von Rußland. Zweihunderttausend Rubel Rente. Es ist nicht leicht.« Er bestellt sich einen Hering, dann ißt er eine gewaltige Suppe. »Ihr wißt nicht, was eine Suppe ist.« An der Wand hängt ein Bild des Winterpalais. Man sieht die Newa. »Möchtest du dort sein?« fragt das Mädchen. Man schämt sich, wie dumm sie fragt. »Ja«, sagt er, »aber nur so, wie es vorher war. Wie haben wir gelebt, Gott, wie haben wir gelebt! Wir ließen uns Tänzerinnen von der Großen Oper aus Petersburg kommen.« Er trinkt nur ein Glas Wodka. Am anderen Tisch sitzen zwei Frauen, schön und klug und völlig sicher ihrer selbst. Auch sie haben das gleiche ewige Lächeln wie der Fürst.

Ostasiaten sitzen in dem kleinen Restaurant. Sehr viele Deutsche. Sie essen diese merkwürdigen Gerichte mit viel Pilzen und roten Rüben, diese Geflügelkoteletts. »Ich lebe gern in Deutschland«, sagt der Fürst, »klein ist nur alles, klein.«

Heimat 75 resp. 78

Nicht der Brunnen ist meine Heimat, nicht die Linde, nicht der Gang vors Tor, nicht der Weg um den Wall, wie auch heute noch, wenn du in Zerbst lebst, oder in Schweinfurt, Heimat ist meine 75. Früher hieß sie S. oder O. Als wir junge Mädchen waren und die Klassiker bei Reinhardt ansahen – o große Seligkeit –, weißt du noch, den Carlos spielte Harry Walden, der Posa war Moissi und der Philipp Bassermann, und Turandot und die Heinriche und Theodor Loos als Oswald Alving. Das war die S. und O. S. und O. gingen über die Hitzigbrücke durch die Lichtensteinallee, die jetzt ganz still ist. Später fuhr ich mit der S. und O. zur Universität. War es nicht schön, durch den Tiergarten zu fahren? Ewig die gleichen Geschäfte in der Dorotheenstraße, Geflügelhandlung, Schropps Landkarten, die Akademischen Bierhallen. Immer die gleichen Gesichter, um 9 Uhr, etwas salopp, mit schwarzen Wachstuchheften.

Jetzt wohne ich wieder an dieser Strecke Tiergarten–Dorotheenstraße. Wenn man in eine neue Wohnung zieht, überlegt man, was nun unsere neue Heimat wäre, nicht der Gang durch die neue Straße, nicht der Name des nächsten Schlächters, der Laden des Grünkramhändlers, nicht die Karyatide am Nachbarhaus oder das neue Querband, sondern wie das Tier heißt, das uns über die täglichen Berufswege führt. Die 75. Gute 75, edelwerte, wohlgefällige 75. Wiedergefundene Heimat meiner Jugend. Das Grün der Hoffnung ist dir vergangen, gelb bist du geworden, 75, resp. 78.

Aber nichts seid ihr, ich muß es zugeben, gegen die 76 resp. 176. Fängt dort draußen an mitten im Grunewald. Geht über den Kurfürstendamm, kreuzt die Welt der neuen Läden, der feinen Jumper, der Rauchverzehrer und Bridgekultur, fährt durch die Lützowstraße, durch die Potsdamer und Leipziger Straße bis Spittelmarkt, zum Umschlagplatz der Menschware vom Westen und vom Osten, Heimat 176, Molkenmarkt, Stralauer Straße, Lange Straße, Ostbahnhof. Mittendrin im Leben der Seifengeschäfte, Grünkramläden und kleinen Kneipen, und im Hinterhaus sind die Tischler und Schlosser. Weit hinaus fährst du müde Menschen bis zum Bahnhof Frankfurter Allee, bis nach Lichtenberg noch hinterm Rummelsburger See.

Oder Heimat Untergrundbahn. Von Oktober bis April jeden Morgen im Halbdunkel, von April bis Oktober Helle, vertrautes Gefährt, mittlerer gelber Nichtraucherwagen. Heitere grüne Kacheln am Potsdamer Platz, oben Primeln, Tulpen, Rosen, Nelken, Dahlien, Astern, »Sommer, Winter, Herbst und Lenz, ist das eine Existenz?«. Schwarze Kacheln am Kaiserhof, feine preußische Station. Rote am Bahnhof Friedrichstadt, rote Kacheln der Liebe. Gelbe, Gelbstern, Hausvogteiplatz. Kluger Erbauer der Untergrundbahn, verehrter Symbolist von 1910.

Und der alte Westen? Der große Luxuswagen 1 und 2? Modenschau und Kuppelei, 1 und 2, Erschließer, Lärmbringer für die stillen Straßen, Königin-Augusta- und Lützowufer, Hohenzollern- und Dörnberg-, Bendler- und Genthiner Straße. Gefährt der autolosen, ehemaligen Equipagenbesitzer. Gefährt der autolosen Gattinnen von Autoherren. Als sie vom Einser und Zweier wegzog, »was wirst du machen?« fragte ich sie. »Ich bekomme den 25iger«, sagte sie. »Meinen 25iger«, sagt sie heute.

Überhaupt die Aboags! Der 12er um 11, ½ 12 Uhr, voll mit Presseleuten, bis zum Zeitungsviertel. Oh, Zehner, um ½ 9 voll mit Moabitern. Mit Rechtsanwälten, mit Körperverletzern, mit Konkürsiers, mit Geohrfeigten und Betrogenen, mit der hysterischen Dame aus dem Beleidigungsprozeß von 272, mit Richtern und Staatsanwälten. O Neuner, Universitätsbus, T.-H.-Bus, Handelshochschulbus, blondes Mädchen, blasser Jüngling, »meine alte Dame«. »Die Gesetze der spirituellen Kommunikation.«

Aber der Aboag ist ja keine Heimat, wütend klingelt er ab, rast davon, läßt einen stehen, nicht auf vorgeschriebenen Bahnen sucht er sich seinen Weg, rücksichtslos um 5 vor 9 Uhr zwingt er zum Zuspätkommen, das gemeine Biest.

Arme Geschöpfe leben in der Kantstraße, haben nichts als ihre 93 und 72, solange man denken kann, die 53 kam später hinzu, aber die macht den Kohl auch nicht fett. Und Kinder wachsen auf am Kurfürstendamm, die von nichts als ihrem Einser wissen, nicht ahnend, daß es Tiere gibt, die 23 heißen, nicht wissen, daß da treue Hunde sind, 47 benamst, die nach Britz fahren, nicht wissen, daß die einzige Möglichkeit, nach Tegel zu gelangen, die 25 ist. Was für ein lieber Gefährte! Herkommend vom tiefsten Süden, vom Teltowkanal, aus einem Gewirr von Lauben, alten Gärten, neuen Häusern, Fabriken und dem Kanal. Tempelhof, wie gut, neues Land für junge Heime, für kleine Kinder, Belle-Alliance-Straße, alte Straßen, vornehmes, altes preußisches Geheimrats-Berlin, Großbeerenstraße. Mit einem Ruck im Lärm der Hotels und Bahnhöfe, im Lärm des neuen Fremden. Königgrätzer-, Friedrich-Ebert-Straße, und dann ist Norden. A.E.G. Studentengegend, Kliniken, medizinische Buchhandlungen, Theater, Kaserne, Karlstraße, Friedrichstraße, Landwirtschaftliche Hochschule, Invalidenstraße, Welt des Lernens, Welt des Forschens, Welt des Lehrens. Wedding. Fabriken, Höfe und Elend, um dort oben zu enden, am Park der Humboldts, am Tegeler Forst. Solche Bahnen gibt es, die viele Bezirke durchschneiden. Alle fünf Straßen hat diese Stadt ein anderes Gesicht. Andere Menschen im Einser, mittags um 12 Uhr, andere 7 Uhr morgens, in der 25.

Aber niemand tut so wohl, als rasch und warm, unser aller ewige Stadtbahn. Kennt ihr sie? Eingeschnitten in Halensee, über den Savignyplatz hinweg, ewig täglich an diesem Wrack vorbei, an der toten Stadt, an den Eisengerüsten, die im Wasser verrosten, an den im Morast verkommenden Hunderttausenden, Sumpf, Moder und Tod. Bahnhof Zoo, Tiergarten, täglicher Ärger über die Ufer der Spree, an denen nur totes Gerät lagert, statt lebendige Menschen, Lagerschuppen statt Kais. Lehrter Bahnhof, und dann mitten im Gewirr der Röhrengroßhandlung Kunze u. Fröhlich ein Pavillon aus dem 18. Jahrhundert, übriggebliebener zierlicher Liebestempel im Eisenlager am Bahnhof Friedrichstraße.

Wie man diese Dircksenstraße kennt, kurz vor dem Alex! »Hausschuhindustrie« breit über die ganze Front, »Fruchtgroßhandlung«, »Fleischereigeräte«, »Satten«, »Mulden«, »Kutter«, »Wölfe«, »Wurstspitzen«, »Eisenhuth-Käse«, und fremd gewordener Alexanderplatz. Und dies hinter der Janowitzbrücke, ein altes, kleines Haus, unten Maßschneiderei, oben »Thanatos Beerdigungsinstitut«. Hinten aber am Betriebsbahnhof Rummelsburg liegt zu hohen, weißen, weichen Sandbergen aufgetürmt der Alexanderplatz. Weißer, weicher Sand, aus dem man Kuchen backen kann, wurde das, was früher die erste private Zuschneideakademie trug.

Mitten im Trommelfeuer am Chemin des Dames im Sommer 1917 stritten sich zwei junge Leute und wetteten um zehn Flaschen Sekt, eine richtige Vorkriegswette, ob die R und P durch die Hardenbergstraße fährt oder nicht. Sie dachten an ihre Heimat, und alle Liebe zu dieser Stadt konzentrierte sich auf einen Streit um die guten Tiere R und P, die sie täglich zur Technischen Hochschule fuhren.

Nicht der Brunnen ist unsere Heimat, nicht die Linde, nicht der Gang vors Tor, nicht der Weg um den Wall, wie auch heute noch, wenn du in Zerbst lebst, in Schweinfurt. Heimat ist unsere Bahn, Heimat ist unser Einser, unsere Fünfundzwanzig, unsere Siebenundvierzig, treppauf und treppab springen, von der Untergrundbahn bis zum Bahnhof Friedrichstraße, 97 Stufen.

Die Hintergründe

Versteigerungen in Berlin W sind eine Sache. Feine Leute kaufen nur dort. In einem Geschäft kaufen, das von Kennern geleitet wird, das gesiebt schöne Dinge von guter Qualität enthält, das kann jeder, aber auf Versteigerungen erkennen, was billig, was teuer ist, das ist eine Aufgabe. Dazu gehört die Warenkenntnis der gesamten Einrichtungsbranche, die keiner so gut besitzt wie die Luxusfrau. Wer beständig Porzellan und Toaströster und Cocktailservice kauft und Gardinen erneuert und die Perser stopfen läßt, wer schon als Kind von der Mutter gefragt wurde, »was sagst du zum neuen Teeservice von Tante Hertha?«, der weiß Bescheid.

»Den Danziger Schrank, den Baumanns haben, hätte ich zu gern für die Diele gehabt«, sagte Minnie zu Pati, seit Jahren, nach jeder Gesellschaft. Wenn dann Baumanns pleite machen, kommen alle guten Bekannten und kaufen ein. Auch Minnie den Danziger Barock.

Versteigerungen haben eine eigne Atmosphäre. Die merkwürdige Stimmung von Auflösung, Verwüstung und Tod wird paralysiert durch den Aufmarsch der eleganten Autos vor der Türe und der noch eleganteren Damen in den Räumen. Das Parfum von Staub und Ungeputztheit wird übertäubt von Caron und Houbigant und Eau de Cologne und dem Parfum der Heiterkeit, das eine gepflegte Frau verbreitet, wo immer sie lächelnd hintritt.

Der Haushalt der Schauspielerin wird versteigert, wenig Leute sind gekommen. Verlassen, leer liegen die Repräsentationsräume, verlassen und leer die vier Ankleideräume, das Schlafzimmer, das Bad, weiß Schleiflack und rosenrot, so wie's das Kino erträumen läßt, den überaus kostbaren Hubussonteppich will keiner. Niemand ist da für gotische Holzfiguren, Elfenbeinminiaturen und antike Gläser. So lebt heutzutage eine elegante geliebte Frau. Sie wohnt zwischen den Möbeln der galanten Zeit und schläft in kitschigem weißen Schleiflack. Es scheint, als ob heutzutage nur noch in Schleiflack geliebt werden könnte.

Unter den Linden hat ein Bankier Wechsel gefälscht, er hat sie vertrieben, lange Zeit immer wieder gedeckt, bis es nicht mehr ging, bis es entdeckt werden mußte. Da reiste er ab. Er fuhr nach Paris, warum auch nicht. Er telegraphierte zurück. Selbstverständlich nur Reise nach Paris. Aber er fuhr weiter. Bis nach Chicago. Nun steht sein Haus zur Besichtigung frei.

Von zwei Seiten führt die Rampe empor, von vorn die Freitreppe, nachdem sich das hohe geschmiedete Gitter hinter uns geschlossen. Rechts vom Windfang, wie sich's gehört, eine kleine Garderobe. Schon dort rotseidene Vorhänge, vergoldeter Spiegel aus dem Empire. Dann die hölzerne Halle, von der die geschwungene Treppe in den ersten Stock führt.

Vierundzwanzig Zimmer! Einblick in die Durchschnittseleganz unserer Tage. Herrenzimmer mit Mahagonibibliothek nach altem

Vorbild, sonst Renaissance. Daneben Wohnzimmer in Chippendale mit blauem Samt. Daneben der Salon mit kleinen französischen Kommoden, mit gewaltigen Vasen, wie sie sonst Paul von Rußland für Potsdam anfertigen ließ. Im Eßzimmer der Kram, die Meißener Teeservice, die silbernen und Alt-Berliner und Sèvres-Déjeuners, alles steht da, die Gläser, die 24 silbernen Fingerschalen, 185 g pro Stück. Die 18 silbernen Kaffeetassen, 170 g das Stück. Die 24 silbernen Mokkatassen, 70 gr das Stück, 11 Teller, 500 g das Stück, Besteckkästen, der silberne Zigarettenkasten, die Streichholzschachtel, kurzum die silbernen Kannen, Keksdosen, Obstkörbe, dazu endlos das Bleikristall mit Silberrand, endlos die Döschen, endlos die Vasen. Für 120 000 Mark Silber wurde nach dem Ausland gebracht. Bronzen hat man nicht mehr. Niemand, der auf sich hält, stellt noch einen Nackedei auf rotem Marmorsockel auf, Schnitter, Arbeitsmann, selbst Tänzerin verschwanden. Gemälde und Bücher vertreten Kunst und Wissenschaft. Der Goethe in Ganzleder. Der Querschnitt durch das Haus, erschütternd wie eine pompejanische Ausgrabung. Mit fremden Augen betrachtet, werden wir Bestand haben? Die Kinderzimmer haben weißen Mull. Herrenschlafzimmer sind Mahagoni und grün. Für Frauen ist rosenrot da, rosenrot mit weiß Louis Seize-Schleiflack. Überall, nicht nur beim falschen Bankier, weiß Louis-Seize-Schleiflack und rosenrotes Pfühl und Elfenbein mit Nickelluxustelephon am Bett. Querschnitt durch das Haus, Querschnitt durch das Leben des Luxus in unserer Zeit. Oben stehen Koffer, Hotelschilder kleben drauf Riviera, Danieli Venedig, Paris.

Taschengrammophon und zwei Koffergrammophone, zwei photographische Apparate, Kofferradio, ein Feldstecher, ein Automantel, ein Ledermantel, Herrenreitstiefel, Tennisschläger und zuletzt La-Salle-Kraftwagen-Limousine.

Vierundzwanzig Zimmer hat dies Haus, nebenan auf gleichem Grundstück ein bedeutend größeres. Es gehört der Schwiegermutter. Das Haus steht zur Besichtigung frei. Gewaltige Autoauffahrt. Zwei Arbeiter gehen vorüber. »Der eine Schieber ist ausgekratzt«, sagt er, »nun stehen die anderen Schieber drin und kaufen.« Das wollen wir nicht sagen. Es war das übliche Publikum der Versteigerungen. Die alten Dienstboten stehen beisammen. Die Köchin, der Diener, die Jungfer. Die Freunde des Hauses sind da. Die Kommissionäre. Und Fremde. Elegante Damen. Eine Modenschau. Nur schöne. Die Frau eines Bankiers ist immer schön, sagt

Balzac. Es scheinen nur Frauen von Bankiers zu sein. Auch sind drei Staatsanwälte da. Sie sehen sich ihre Klientel an. Sie gehen umher aus Interesse an der Welt und machen sich mit ihr bekannt. Unten steht der Goethe in Ganzleder, eine herrliche Ausgabe.

Minnie und Pati ersteigern die Kommoden und fürstlichen Vasen, Teppiche, alles meist teurer als in den Geschäften. Den abgetretenen Velours. Aber das Spielfieber packt, und manches ist wirklich billig. »Von 11 bis 8 Uhr wird versteigert. Nr. 212, Betthimmel, Schantungseide. Gebot? ... 50 Mark! Kein höheres Gebot? 60 Mark, kein höheres Gebot? 70, 71, 75, 80, 85, 90, kein höheres Gebot? 91, kein höheres Gebot? 92, kein höheres Gebot? Hammerschlag. Wer ist? Wittstock. Wittstock.«

So den ganzen Tag. Der Würstchenmann mit dem Bauchladen macht gute Geschäfte. Er stellt ihn hin, ins Herrenzimmer, auf den Renaissancetisch. Auch ein Pappteller genügt, es braucht nicht Meißner zu sein.

Und dann ist alles leer.

Umzug 1931

Beinahe sieht's aus in diesen Tagen wie vor dem Kriege. Die Giganten kommen und heben die Türen aus. Sie schleppen die Möbel über die Treppen. Vor den Haustüren stehen die Möbelwagen wie einstmals oft. Es ist Umzug. Lang entbehrter Begriff. Umzug. Die Umschichtung der Bevölkerung. Auf- und Abstieg wurde nicht sichtbar im Wechsel der Behausung. Die Wohnung war kein Maßstab mehr für die finanzielle Lage.

Die alte Dame, längst verarmt, saß immer noch in zehn Zimmern, wovon acht vermietet waren, die jungen Paare hochgekommen, blieben in der Notwohnung. Jetzt, wo der große Wechsel beginnen kann, ist es für viele schon wieder zu spät.

Damals, 1918, krochen sie in alle Winkel, wurden Zwangsmieter. Notwohnung hieß es. Baracken wurden gebaut, Wohnungen wurden geteilt, gemeinsame Badestube, gemeinsame Küche wurde die Regel. Die jungen Paare drückten sich in möblierten Zimmern herum, keiner wußte, was der nächste Tag bringen sollte. Noch blieb alles in der Schwebe. Die Kriegsgewinnler, die Inflationsgewinnler waren Untermieter oder waren noch in ihren alten Wohnungen. Leute, die gestern noch nichts hatten und heute alles, kamen nicht zur Freude an ihrem Glück, denn sie hatten keine Räume, die sie mit allem erträumten und jetzt erreichten Luxus füllen konnten. Einige bauten Villen. Die andern saßen in zwei Zimmern in Alt-Moabit oder in drei in der Zossener Straße. Trotzdem ihnen längst Lichterfelde oder die Grunewaldvilla zugekommen wäre. Die einst Vermögenden hielten noch ihre großen Wohnungen als einzigen Besitz. Im schwarzen Musikzimmer schläft eine Serbin, im Renaissance-Herrenzimmer ein Student, ins romanische Eßzimmer ist ein Ungar gekommen, und in zwei Hinterzimmern wohnt eine russische Familie.

1924 ist wieder alles anders. Die Hoffnung ist tot, aber man weiß wenigstens das wenige in Sicherheit. Das Bauen beginnt. Tollkühne Unternehmen bauen Luxuswohnungen, das Zimmer 1000 Mark im Jahr. Sie gehen reißend ab. Die öffentliche Hand baut, gute Wohnungen entstehen, schlechte Wohnungen entstehen. In die neuen Wohnhausblocks sollen Proletarier einziehen. Aber die Zwei- und Dreizimmer-Neubauwohnung wird der bürgerliche Wohnstil. Die jungen Paare ziehen ein. 1926 ist wohl Jahrgang 1918 dran. Altwohnungen sind noch rarer. Sieben, acht Jahre, Kinder gehen schon zur Schule, dauert es, bis das junge Paar eine eigene Wohnung bekommt. Die alten Leute sitzen in den großen Wohnungen. Noch vermieten sie. Vermieten ist Rentenersatz. Vermieten ist der Erwerb. Um 1927 herum beginnt es endlich wieder etwas zu geben wie einen Wohnungsmarkt. Und zwar für Wohnungen über vier Zimmer. Das Amt des Wohnungsvermittlers blüht. Es gibt Abstand für Wohnungen. 3000 bis 10 000 Mark werden für eine Wohnung bezahlt. Dazu kommt die Renovation. Niemand kann sich vorstellen, daß es je anders wird.

Immer weitere Luxusbauten entstehen. Plötzlich Ende 1929 beginnt der Umschwung. Er beginnt am Kurfürstendamm und in der Hardenbergstraße mit Wohnungen über 15 Zimmern. Ein paar Zettel lassen sich blicken. Rasend schnell kommen mehr. Möblierte Zimmer sind viel mehr vorhanden, als gebraucht werden. Dieser Erwerb ist zu Ende. Diese Rente hat aufgehört. Die große Wohnung ist kein Kapital mehr, das Zinsen trägt. Die große Wohnung ist die große Sorge. Aber noch immer gibt es keine billigen Wohnungen. Die Wohnung bis 60, im Höchstfalle 100 Mark Miete ist nicht zu haben. Aber dafür greift die Flucht aus den großen Wohnungen immer weiter um sich. In den Luxusgegenden hängen Haus bei Haus die Zettel. Die ganz teuren Wohnungen besichtigt seit Monaten kein Mensch mehr. Schon sind die Fünfzimmerwohnungen frei. Auf- und Abstieg gibt es nur noch zwischen ein bis vier Zimmern, nur noch wollen die Leute aus ein und zwei Zimmern in drei bis vier Zimmer und umgekehrt.

Und nun werden die großen Wohnungen ausgeräumt. Wohin mit dem Riesenbüfett von 1910? Wohin mit dem romanischen Sofaumbau? Wohin mit dem Spiegel, der für ein vier Meter hohes Zimmer bestimmt ist? Niemand will sie haben. Die Trödler zahlen fünf Mark für ein Möbel, das meiste nehmen sie gar nicht. Möbel werden auf die Straße gestellt, damit sie nur jemand abhole. Das meiste wandert in die Brocke. Die ehemalige Repräsentation, die ehemalige Behaglichkeit ist öder Ballast. Der Mensch braucht Bett, Tisch, Stuhl, Schrank, die Sachlichkeit ergibt sich ohne weiteres aus der Armut.

Und wieder sieht es aus in diesen Tagen wie vor dem Krieg. Vor den Haustüren stehen die Möbelwagen wie einst. Es ist Umzug.

Varieté

Zuerst beugten die berühmten Mädchen Rümpfe, streckten Beine in die Luft, ohne Zweifel eine gesunde Turnübung für Fünf- bis Sechzehnjährige, aber ein Teil der Mädchen befand sich an der Wende der Vierzig.

Zweimal neunhundert Augen, davon mehr als die Hälfte männliche, starrten aus dem Dunkel. Nackte Beine als Massenerscheinung sind ungemein peinlich. Lächeln als Massenerscheinung ist schamerregend, weil unverhüllte Prostitution; fünfzehn Frauen zu fünfhundert Männern mildert die Sache allerdings.

Sodann begann eine schnelle Musik, zu der Menschen sich aufeinanderstellten, von Wippen abschnellten, Mut- und Geschicklichkeitsübungen vollführten. Das Ganze dirigierte eine vollbusige schwarze Frau, eine jüdische Mutter von fünfundvierzig bis fünfzig Jahren. Dazu trug sie ein lichtgrünes Trikot und rosa Röckchen. Die Arme.

Inder traten auf, ließen Papier im Feuer nicht verbrennen, heilten zerschnittenen Stoff, schieden mit bloßen Händen Feuer von Wasser, aber es roch alles verdächtig nach doppelten Böden.

In einer Damenkapelle machte eine Seifenpuppe hungrige Augen ins Publikum, räkelte sich und blähte Nüstern. Sicher würde sie erzählen, ihr Vater, höherer Beamter, habe sie mitten in der Ausbildung ihrer Stimme verstoßen, weil ein Offizier sie mit einem Kind im Leibe verlassen habe — wenn die hungrigen Augen den Appetit einer der zehntausend Angestellten dieser nördlichen Stadt erregen würden.

Das Theater ward verdunkelt. Auf ein Gestänge von Leitern, Schaukeln, Ringen und ausgespannten Netzen fielen Scheinwerfer. Drei schöne Menschen im Trikot ergriffen sinnlos 30 Meter über dem Boden Schaukeln, überschlugen sich in der Luft ein-, zwei-, dreimal, ergriffen wieder Schaukeln, kehrten zurück, wechselten die Ringe. Um sich dreimal in der Luft zu überschlagen, führten sie ein hartes Leben, ohne zu trinken, ohne zu lieben, mit zusammengebissenen Zähnen arbeitend von früh bis spät, ohne Umwege und Abenteuer, immer die Leistung, das Ziel im Auge, sich dreimal in der Luft zu überschlagen und das richtige Seil zu ergreifen. Weil dies alles äußerst gefährlich ist, war zehn Meter über dem Erdboden ein dichtes Netz gespannt.

»Vernunftlos«, sagte die Dame zum Herrn im Smoking, »also die Menschheit negierend und darum unendlich traurig. Körpergeschicklichkeit zum Endzweck der Körpergeschicklichkeit, als Lebensausfüllung, nicht als Erholung, als *récréation*, welches Wiedergeburt, Erneuerung bedeutet, ist peinlich. Die Todesgefahr eines anderen als Unterhaltung, als *amusement* ist Rückfall in das Mittelalter. Gleichbedeutend mit dem Schauspiel des Scheiterhaufens auf öffentlichem Markte.«

»Erlauben Sie«, sagte der Herr im Smoking, »Sie haben doch sonst Sinn für Symbolik. Es kommt darauf an, das richtige Seil zu ergreifen, ohne Zweifel ein instruktives Kolleg. Wir wollen die Hauptnummer abwarten.« Sie warteten ab. Aber die Hauptnummer war hervorragend albern. Leute strengten sich an, vier Kugeln in die Luft zu werfen und mit Leuchtern auf der Nase die anderen wegzufangen, mit völlig ungeeigneten Gegenständen Ball zu spielen.

»Um Muskeln anzubeten, bin ich nicht degeneriert genug«, sagte die Dame und stand auf.

Beim Ausgang aus dem Varieté begann die Dame zu weinen. Sie

erzählte, daß sie von ihrem Vater, dem höheren Beamten, mitten in der Ausbildung ihrer Stimme, verstoßen worden sei, weil ein Offizier sie, mit einem Kind im Leibe, verlassen habe. Da sei sie in die Konfektion gegangen, zehn Pfennig die Stunde, »es war ein hartes Dasein, bei Gott, das war es«. Nun, sie übertrieb gewaltig. Das Ganze war eine von den Eltern nicht gern gesehene platonische Beziehung zu einem jungen Leutnant gewesen. Und was die Stimme anbetraf, so hatte man bald erkannt, daß sie nicht ausreichte, und da sie vorzüglich manuell begabt war, gaben die Eltern sie auf die Kunstgewerbeschule zur Ausbildung, die sie dann in Berlin und Paris beendet hatte. Aber das Varieté hatte sie traurig gemacht, und da sie eine Frau war, so exemplifizierte sie die Traurigkeit der Welt auf sich selbst und fand sich einbezogen in die Sinnlosigkeit alles Geschehens, da sie nun mit dem überflüssigen Herrn im Smoking das schmelzende Beefsteak aß in zartfarbener Umgebung.

Aber ein anderer, nicht im Smoking Geborener, führte sie in den abseits gelegenen Teil der Stadt. Großer Raubtiertag war im Lokal nebenan. Mit einer Tasse Kaffee, auch schon mit einer Brause bekam man einen »Bären aller Rassen«. Unter dem mächtigen Zeltdach des Sommertheaters saßen Vielhunderte, immer acht Personen um einen Tisch. Der Liter Wasser fürs Kaffeekochen kostete eine Mark. Die Kanne stand auf dem Tisch. Bier und Stullen in mächtigen Paketen, auch Obst. Familien. Bunter Voile überwog.

Auf der Bühne ein Theaterstück nach der Just-Methode. Streitendes Ehepaar. Just kam der Schwiegervater. Nicht der Schwiegersohn, sondern Papa ging fremd. Eine Soubrette trat just herein. Auch ein Baby wurde einem nicht dazugehörigen Papa in den Arm gelegt. Das Publikum brüllte. Seit Tagen war jeder Platz ausverkauft. Kein zweideutiges Wort fiel. Saudumm war das Ganze. Aber beglückend. Eine halbe Stunde vom Potsdamer Platz, Anno Domini 1900. Es herrschte Rokokosalon mit Trumeau.

Vestalin und Vestale, weiß, grün und silber. Dazu ein Dutzend Tauben. Die Vestalin setzte sich die Tauben auf Köpfchen und Schultern, ließ sich umflattern. Der Vestale bildete eine Brücke. Tauben krochen über Bauch und Rücken, durch die Beine hindurch wieder zum Kopf hin. Er schien gefeit gegen Kitzeln. Gläubig, o Täubchen, lauschte die Menge.

Aber schon kam der Herr im Frack, setzte sich auf einen Stuhl, der nur mit einem Fuß in einer Flasche steckte, »'s ja allerhand«, sagte ein Sachverständiger für Körpergeschicklichkeit. Zimmermann oder gar Dachdecker.

Der »Gentleman auf dem Schlappdraht« war auch nicht übel. Tanzte und nahm mit dem Munde ein Taschentuch auf, trug einen Tisch und fuhr auf dem Einrad. Das war ehrliche Arbeit, auf einem Drahte zu stehen und mit den Zähnen ein Taschentuch aufzuheben, hatte nichts mit dem Tode zu tun. Nicht mehr war die Schwerkraft Sieger, preßte nicht mehr das herrlichste Instrument, den Menschenleib, zu krummer Linie zusammen, sondern der Mensch wußte Bescheid, lachte des Schicksals. Noch kam nicht mehr dabei heraus, als daß er mit einem Fuß auf dem Draht den runden kiefernen Tisch hoch übern Kopf hob. Aber es könnte! Aber es könnte!

Aber dann kam das Mädchen. Blond, dick und quibblig, Schnauze, fast schon Fresse zu nennen. Hedy, die jüngere Schwester von Claire Waldoff. Hatte als Hintergrund Feste Ehrenbreitstein, Revendach und den Mond zwischen Wolken. Neben sich einen Jüngling im Frack. Am Rheinufer. Schmachtlied: »Erste Küsse getauscht...« Weiter geht's nicht. Das Publikum glaubte ihr. Fühlte himmlische Sehnsucht, auch wenn die Hand des Gatten nach den Siebensachen grabschte. Hedy aber durchbrach mit wackelndem Tone fast schon den Glauben an Rhein und Mond, kam mit Spielschürze und Reifen zurück, sang unser aller Kinderlieder: »Fuchs, Hänschen klein, Mariechen auf dem Stein, Männlein, alle Vöglein«, grölte falsch, frech und verwegen: »Iich waiß nich', was soll es bedeueueuten...« Hedy war eine satte, lustige Person, machte nicht hungrige Augen, räkelte sich nicht und blähte keine Nüstern. Zu dick und zu blond, Schnauze, fast Fresse schon, war sie Geliebte von Vater, Mutter und Kind, Blut vom Blut dieser Stadt. Um Liebling des Volkes zu sein, sang sie als Zugabe: »Ich tanz Charleston, du tanzt Charleston, er tanzt Charleston, und was tun Sie?«

Was soll Charleston fünf Minuten von der Reichenberger Straße, wo es noch den Feierabend gibt, um auf dem Balkon die Strippe zu ziehen für den wilden Wein, und Vater bekocht, beflickt und bewaschen werden muß? Sie singen im Chor: »Ich geh stempeln, du gehst stempeln, er geht stempeln, und was tun Sie?«

»Ich brauch Vorschuß, du brauchst Vorschuß, er braucht Vorschuß, und was brauchen Sie?«

»Dies ist Vernunft«, sagte die Dame zum Herrn im grauen Jackett. Gemeinsam seine Schmerzen zu Kaffee und Butterbrot als

Abendvergnügen nicht hinauszuschreien, sondern zu singen: Das ist die Lösung. Chor statt Nervenkitzel. Hier, lange vergeblich gesucht, wächst Selbstironie und Galgenhumor und das Glück der Gemeinschaft.

Berliner Tag in der Saison

Also am Sonnabend sind wir eingeladen gewesen, wie das schon so ist im Winter. Ich habe schrecklich lange beim Friseur warten müssen, aber man wird dann doch noch immer früher fertig als die Herren mit ihren Kragenknöpfchen und überhaupt den Kragen, die immer eine andere Weite haben als die Hemden. Und dann haben wir noch schnell Blumen besorgt, trotzdem es längst nach acht Uhr war. In der Gesellschaft hat es einen bildschönen Hummer gegeben und danach einen Fasan, so mit dem Schwanz auf der Schüssel, wie ich es gern habe, aber meine Köchin sagt, das sei altmodisch, und sie hat es mir nicht erlaubt, als ich neulich Gäste hatte. Es waren eine Menge Leute da, darunter eine wunderschöne Frau goldblond, die ein blaues Kleid anhatte, und eine war braun und hatte braunen Tüll wie ihr Haar und ihre Augen, und viele trugen Schwarz. Eigentlich waren alle schön: und waren belebt und warfen Äugelchen, denn es waren gutklassige Herren da, so was man in einer Gesellschaft unter »gut« versteht. Männer zwischen dreißig und vierzig, kenntnisreich und witzig. Sie zeigten sehr viel von ihrem Witz, um seriös zu erscheinen, denn ein Mensch, der in einer Gesellschaft sich und das Leben ernst nimmt, ist komisch. Und so seltsam es scheinen mag, es gibt trotz der Zeiten eine Menge Leute, die das Leben auch gar nicht ernst zu nehmen brauchen, weil es immer gar so freundlich zu ihnen gewesen ist, mit hübschen Renten von den Vätern her oder einem guten Einkommen, weil das Schicksal ihnen einen besonderen Verstand gegeben hat. Dazu haben wir Mosel getrunken und Chablis, und später hat es Mokka gegeben und Obst und einen feinen Kuchen, etwas ganz Exquisites von einem Kuchen. Drei Jazzspieler waren da. Aber man sollte nicht mit jedermann tanzen, bei der Unsitte, daß einen jeder so in den Arm nehmen darf, wie er lustig ist, bloß weil er einem vorgestellt wurde. Man sollte nur mit Leuten tanzen, die man liebhat, oder mit jemandem, den man einmal sehr lieb haben könnte; aber so mit jedermann, das ist mehr eine Sache für die Herren. Nur ein paar Eingeladene sprachen richtig vom Leben, von Geld und wie man es erwirbt. Und daß es nichts ist, ohne das, und ob die Kurse fallen oder steigen. Sie standen mit beiden Füßen auf dem Boden und spielten einander keine Komödie vor.

Am nächsten Morgen bin ich in eine Ausstellung gegangen, die am Lützowufer war. Früher war in dem Hause eine Post, gegenüber der Nymphe von Calandrelli. Das ist ein Fleck recht für Fontane und ein Fontanesches Liebesgespräch, so ein schwebendes, schwingendes, ganz unwirkliches. Dort, wo die Post war, ist jetzt ein Geschäft für die Ästhetik. An diesem Sonntagmorgen standen viele Autos davor. Inwendig waren wieder sehr viele, sehr schöne Damen in grauen Fellmänteln und braunen Nerzen. Und eine war da in einem hellen Gazellenmantel, ganz hochbeinig, die hatte einen großen, sehr rot geschminkten Mund, und sie trug ihn sehr aufreizend daher. Man kannte wieder einmal sehr viele Leute, die sagten: »Guten Tag«, und »Wie geht es Ihnen?« und »Wir telephonieren einmal«, oder sie sagten auch: »Wie nett, daß wir uns treffen, ich wollte Sie längst anrufen, ich habe ein ganz schlechtes Gewissen.« Oder ich sagte dasselbe. So sprachen wir zueinander, es machte einen unwirklichen Eindruck. An der Wand aber war die Wahrheit. Da hingen Bilder von Renoir. Zuerst war er noch ganz keusch gewesen, hatte einen Knaben gemalt in einer blauen Schürze oder eine Mutter mit einem Kind. Aber später war er immer heidnischer geworden, immer röter, immer sehnsüchtiger nach dem Fleisch der Rosen, der Frauen und der Äpfel, in alles Quellende, Üppige, Strotzende hatte er sich mit hundert Sinnen verliebt, bis der Greis Haremsfrauen malte, die nur noch Orgie sind. Und wenn man sich umdreht, dann sind alle diese Menschen nicht mehr wahr; alle diese Gymnastikfrauen mit den Knabengesichtern haben kein Recht mehr. Ganz dumm ist es, irgend etwas anderes zu sein als blondes Fleisch in vielen Röcken mitten in einem Garten.

Der duftende Wald und Rosenbüsche, und die himmlisch irdischen Frauen an der Wand. Das bleibt. Verzaubert ging man über die schlanke Brücke in den Tiergarten, der voll hing von Nebel, der einsam machte, ganz weit weg zog auf eine Insel, mit weißem Boden und schwarzgrauem Gesträuch und grauen Schleiern, auf die mit schwarzem Strich das Gezweig der entlaubten Bäume gezeichnet war. So süß war die Hexerei dieser Stunde, daß keine Menschen waren auf den Wegen und keine Wagen und alles nur eine Phantasie in grauem Schwarz.

Aber dann kam die Sonne. Der Himmel strahlte blau, und da war ein großes Gewimmel plötzlich von bunten Wollzwergen in Blau und Rot und Grün, ja sogar zitronengelb hatte man sie angeputzt, und die Großmamas standen bei den Eltern, und Tanten kamen und Onkel und sagten: »Dädädädädä, na wie geht's uns denn« — »Na, wer kommt denn da?« — »Und hast du denn schon deinen Wunschzettel gemacht?« Da war wieder der Tag da, und es kam auch bald das Mittagessen. Ein reeller Kalbsbraten, von dem man herunterschneiden kann.

Nachmittags, bei Dunkelwerden huschten wieder die Traumwesen. Als wir im Nebel standen, nach dem Kaffee, entschlossen wir uns, auf einem Autobus in die Stadt zu fahren, sahen vom Deck auf die schimmernden Kreise der Bogenlampen über einem grauen Meer. Und ich war von ganzem Herzen selig, da auch der November seine Süße hat und seine Schönheit, mitten in dieser Stadt, unter den Linden und auf dem Schloßplatz.

Wunderschön kann man jetzt in Berlin Abendbrot essen. Auf dem Parkett tanzten viele, die es besser nicht getan hätten. Aber zwei Mädchen waren da, weiß und golden, so schön, daß um ihretwillen allein es sich lohnte, in diesem Raum zu sitzen, der warm und behaglich war und freundlich trennend mit Nischen und Logen.

Um elf Uhr begann ein Konzert in der Komödie. Welch ein Theater, welch ein Raum, welch ein Fest aus Gold und Rot! Von Loge zu Loge wurde geplaudert. Es war ganz französisches Lustspiel, und viele waren dort, die auch Lust spielten. Aber dann ging ein roter Vorhang zurück, und auf dem Podium standen zwei schwarze Flügel vor einer schwarzen Wand und zwei rote Sessel davor. Das sah höchst unwahr aus. Und dann kamen zwei Fräcke von rechts und von links und spielten für sich allein Jazzmusik. Die Fräcke versanken in der schwarzen Wand, und man sah nur noch rosa Hände sich bewegen. Währenddes war das Theater mit matten Wachskerzen beleuchtet.

In der Pause war alles heiter, und es waren wieder die vielen unwirklichen Damen und Herren da, die sich die Hand gaben und sagten: »Guten Abend, wie geht es Ihnen?« und »Wir telephonieren einmal...« oder »Wie nett, daß wir uns treffen, ich wollte Sie längst anrufen, ich habe ein ganz schlechtes Gewissen«. So sprechen die Menschen untereinander, es sagt keiner zum andern: »Ich habe große Verluste an der Börse gehabt«, oder: »Meine Frau betrügt mich in der Nebenloge«, oder: »Mir tut das Herz so weh vor lauter Liebe«, oder: »Ich habe Schulden gemacht und weiß nicht, wie sie decken.« Keiner sagt das zum andern.

Dann aber war der Tag schon tief in die Nacht versunken. Am Kurfürstendamm blinkten Plakate und Lokale für Ehemänner aus der Provinz. Blondes Fleisch hinter einer Bar. Ein süßes Gesicht und junge Männer, die den Rausch suchen und den Kater finden.

Ein Herr aus der Provinz bewegt sich voll Leidenschaft mit einem Girl. Ich würde so gern der Gattin sagen, sie soll dies ja nicht überschätzen, auch wenn es ein Ehescheidungsgrund ist. Derartige Gründe laufen hier massenweise herum und haben keinerlei Sündenglanz.

Draußen in der kalten Nacht gingen zwei Leute in Pelzen, über ihnen leuchtete und perlte der Sekt im Glas und verdrehte der Mohr die Augen, hoch oben am Himmel. Sie aber gingen wie im alten deutschen Märchen von Jorinde und Joringel und hatten ihre größte Freude eines am andern.

Meine Herren!
oder
Die Herrenpartie

Himmelfahrt gehört den Männern, ist der Tag der Herrenpartie. Die Jungen marschieren in blauem Übungsanzug, die Alten in Hemdsärmeln, Kragen und Weste. Sie sind leicht maskiert. Tragen Papierhüte mit Pleureusen oder auch rote, unten zusammengebundene Hosen. Am Restaurant am See machen sie halt und trinken Bier.

»Ich begrüße Sie unter 100jährigen Kiefern, am grünen Havelstrande. Wir sind durch die Asphaltkästen gewandert, und wie wa die ersten jrünen Bäume gesehn haben, da sind wa in den kernigen Ruf ausjebrochen: ›Meine Herren‹, und denn sind wa weiter am jrünen Havelstrande weiterjejangen, und dann haben wa wieda unsern Ruf erneuert ›Meiiine Herren!‹, und denn sind wa wieda weiterjegangen, und wie wa um die Ecke jebogen sind, haben wa wieder unsern kernigen Wahlspruch ertönen lassen: ›Meiiine Herren.‹ Und nu wolln wa auf unsern Verein anstoßen, ein dreifaches gut Holz, gut Holz, gut Holz.«

»Und nu«, sagt der Tischler Kärnichen, »wolln wa det Lied anstimmen: »Solange eine Hand in de Hosentasche paßt, wird keine Arbeit anjefaßt.‹«

»Kellner, ne Selter mit Kognak.«

Neben Gut Holz tagen die Skatklopper. Sie haben einen Regenschirm aufgehängt. An der Spitze des Regenschirms balanciert eine Melone. »Ich habe zwei Jungs und ein Karo, aber auch 'nen Zehner bei.«

»Drei Jungs, drei Kreuze und dreimal Pike.«

»Der hat mich ooch noch zu bedienen.«

»Jetzt sing wa ein Lied, der Karl, der singt jetzt ein Lied, der Karl, der singt jetzt ein Lied.«

Einfällt der Chor: »Der Karl, der singt jetzt ein Lied, der Karl, der singt jetzt ein Lied.«

»Man soll keinen Menschen hassen, der uns eine Lage schenkt.«

Kärnichen steht auf: »Wer an Himmelfahrt seine Frau mitnimmt, der is 'n Trauerkloß. Wer mit seine Frau Himmelfahrt rausjeht, det is keen Mann nich. Wer mit seine Frau Himmelfahrt rausjeht, der ist kleiner als seine Frau, drum wolln wa anstoßen: ›Rauß mit den Frauen, nieder mit de Frauen, wech mit de Frauen. Raus mit de Frauen, nieder mit de Frauen, wech mit de Frauen. Raus mit de Frauen, nieder mit de Frauen, wech mit de Frauen.‹ Kellner, 'ne Lage!«

»Da unten vor dem Tore, da steht ein Lindenbaum, ich träumt' in seinem Schatten...«

»Wir sind ja noch so jung zur Sparsamkeit, zur Sparsamkeit habn wa noch immer Zeit. Kellner, 'ne Lage.«

»Mensch, stottere, wer nicht stottert, stiehlt!«

Mahrke hat 'ne grüne Matrosenmütze. Auf der grünen Matrosenmütze steht: »Schenk mir doch ein kleines bißchen Liebe.«

Aber das will er ja nicht. Immer is Ärger mit de Frauen. »Ich hab 'ne feine Karte, 'ne Damenkarte, 'ne ganz feine Karte, der da hat mich och noch zu bedienen.« Und dann zerreißt er seinen Schlips.

»Die Frauen, die würden den Schlips wieder richtig richten, aber wir wolln absolut nichts von den Frauen wissen. Und trotzdem der

Schlips in die Brüche gegangen is und die Olle mit 'n Besen wartet, trotzdem wolln wa noch 'ne Lage trinken. Kellner, 'ne Lage. Die Lage bezahlt der liebe Gott. Und nu sing wa noch mal: Im Winter, da fällt der Schnee, im Sommer, da blüht der Klee, da komm wir wieder.«

»Wir habn nu alles verzehrt, wir haben nu alles bezahlt. Nu wolln wa alle ein dreifaches gut Holz anstimmen. Gut Holz, gut Holz, gut Holz.«

»Und nu wolln wir die gastliche Stätte verlassen mit unsern kernigen Wahlspruch: ›Meiiine Herrn.‹«

Der Kastellan und seine Frau stehen vor dem Schloß. »Müssen wir die Gesellschaft reinlassen, wenn sie wollen«, sagt die Frau, »ich denke doch, das kann uns nicht zugemutet werden. Nicht wahr, Friedrich Wilhelm?«

Das Abenteuer in K...titz

Ha, dachte ich, welch ein Zufall, welch ein Abenteuer, als ich um 6 Uhr früh auf dem Bahnsteig des Eisenbahnknotenpunktes stand und der Anschlußschnellzug nach Berlin nicht ging. Siehe da, etwas ganz Programmloses, Unvorhergesehenes, wahrlich, ein rechter Streich des Schicksals, und ich bin gespannt, äußerst gespannt. Außerhalb des Bahnhofs entdecke ich zunächst, daß die Häuser des Eisenbahnknotenpunktes keine Attrappe für D-Zugreisende sind, wie Berliner gern annehmen, sondern daß K...titz wirklich existiert, und begebe mich in einen Gasthof. Man ist eine Frau, man muß etwas für sich tun, und ich ziehe mich mit Sorgfalt an. Was aber beginnt man dann in K...titz? Die Landschaft ist mehr eine Gegend. Es gibt hier keinerlei Erinnerungen, weder an eine berühmte Wiege noch an den Tod eines Unsterblichen, an eine Schlacht, oder Friedensvertrag zum Zweck einer solchen. Es gibt nur Gegenwart, zusammengesetzt aus Textilwaren, Unternehmungsgeist und sehr vielen, sehr häßlichen Häusern, wozu noch ein Kaiser Wilhelm in Bronze kommt und ein Kriegerdenkmal, auf dem ein Soldat mit wehender Fahne einem anderen Soldaten den Fuß auf die Brust setzt, was man Heldenpose zu nennen pflegt.

Nun gehe ich schon das zweitemal durch die Hauptstraße. Ich werde ein Pfund Kaffee bei Tengelmann mitnehmen und Kochschokolade von Kaiser's Kaffeegeschäft, fällt mir ein, und ich kaufe. Ich weiß nicht recht, weshalb, da es das wahrscheinlich auch in Berlin gibt, aber es ist durchaus nichts zu sehen in der kleinen Stadt. Doch Salamanders Schuhgeschäft ist dort, 275 Mark kosten die Halbschuhe statt 850 Mark. Wenn man nur wüßte, ob's billiger wird? Es bleibt also wirklich nur die Besichtigung des Zentralviehhofs übrig; er soll so besonders gut angelegt sein.

Es ist ½ 11 Uhr. Ich werde mir den Kopf waschen lassen, denke ich, hier hat man so schön Zeit, und störe den Hotelportier aus seiner Ruhe. »Bei Meyer«, sagt er, »der Meyer ist sehr kulant.« Frau Meyer sagt Verährteste und steckt sich meinen Kamm in ihre blonden Locken. Das dauert eine Stunde. Als ich das Haar anfasse, ist es voll Seife. Ach, denke ich, ich laß mir noch einmal den Kopf waschen. Diesmal heißt er Burtzke. Dann ist es 1 Uhr. Nun kann man endlich Mittag essen und in eine Konditorei gehen. Alte Damen in schwarzem Umhang und Kapotthut machen Handarbeit. Alte Herren, das Augenglas auf der Nasenspitze, spielen ihren Tarock. »Wie ungepflegt das Kind von der Frau Assessor ist«, sagt die Frau Oberpostdirektor und wirft mir einen vorwurfsvollen Blick zu. Trotzdem ich sicher keine Schuld habe, fühle ich mich betroffen und finde, daß sie recht hat. Was für feine, alte Damen, welch joviale Herren, welch freundliche Kellnerin, denke ich gerührt. Und möchte mich zu ihnen setzen und auch von Dienstboten reden. Aber ich gehöre nicht dazu. So sehe ich weiter das »Daheim« und »Die Woche« an und ergötze mich an den Abbildungen sehr schöner Herren in Uniform, die teils neben einem Sarg, teils neben einer weißverschleierten Frau stehen. Das sind lauter Lieblinge des Volks a. D. Dann bleibt wirklich nur das Kino. Es handelt sich um einen Koffer, aber es war keine Leiche darin, obwohl es so aussieht, sondern nichts. Dafür schreiten die Leute über teppichbelegte Marmorböden, frühstücken auf Gartenterrassen, lassen sich Pelzmäntel umlegen, kriegen sich, fahren immer Auto, haben als Hauptberuf die Liebe, sind im Nebenberuf entschlossen, tatkräftig und Bankdirektoren und leben überhaupt so, wie man im Leben zu leben pflegt. Und dann sah ich die Geschichte zum zweitenmal an. Nach dem Abendbrot überlege ich noch einmal, ob man irgendwo hingehen könne, aber es bleibt wieder bloß das Kino, und ich weiß doch nun, daß der Koffer leer ist.

Am anderen Morgen steige ich in den Berliner Zug. So, denke ich, jetzt habe ich noch den Kaffee und die Schokolade im Hotel liegenlassen. Ich treffe sofort Bekannte: »Ja, wo kommen Sie denn her?« werde ich erstaunt gefragt. Ich lächle geheimnisvoll und ziehe den Schleier herunter. Ich fand nicht den Mut zuzugeben, daß ich in einer fremden Stadt war, ein wenig gespannt, ein wenig neugierig, um mir zweimal den Kopf waschen zu lassen, vier Stunden im Kino zu sitzen, das »Daheim« zu lesen und etwas zu kaufen, um es dann dort liegenzulassen.

Törichterweise, als ob wir nicht alle dasäßen ein wenig gespannt, ein wenig neugierig, genötigt, uns denselben Film immer von neuem anzusehen, was alles Rabbi Akiba in seiner etwas philosophischen und gebildeteren Ausdrucksweise auch schon mal gesagt haben dürfte.

Zur Naturgeschichte des großen Tieres

Die Menschen sind eine sehr merkwürdige Gattung.

»Ha«, sagen die Erfolglosen von dem Erfolgreichen, »er ist unfreundlich, eingebildet, hochmütig, mißgünstig und − geiiizig!!« »Ja«, sagen sie und halten sich die Hand vor den Mund, »er macht sogar unsaubere Dinge, und seine Frau erst!!!«

Und dann gehen sie hin und arbeiten an nichts so eifrig, als des gleichen Rufes teilhaftig zu werden. Die Menschen sind eine sehr merkwürdige Gattung. Denn es ist gar kein Zweifel, daß ein großes Tier zu sein resp. zu heiraten das erstrebenswerteste Ziel unserer Zeitgenossen ist.

In der Hand des großen Tieres laufen die bekannten vielen Fäden zusammen. Dafür hat es ein Privatbureau mit dicken Teppichen, Doppeltüren, Ledersofa, dito Klubsesseln und einem Schreibtisch, der vorn wie hinten ist. Auf diesem Schreibtisch befinden sich zwei Telephone, eines für die innere Welt und eines für die äußere Welt, je ein Dutzend Bleistifte, Federhalter und Radiergummi. Davor sitzt es, wenn es da ist. Es ist aber selten da. Wenn es da ist, disponiert es. Es ruft seine Abteilungsvorstände und Subdirektoren zusammen und gibt Verhaltungsmaßregeln, die bei sinkender Mark von genial vorausschauendem Blick zeugen. Wenn man es privat spricht, zuckt es die Achseln und sagt »Zufall«, was wahr ist und bescheiden klingt.

Im wesentlichen muß ein solches Tier gründen. Es verwandelt ein Privatgeschäft in eine Aktiengesellschaft, es legt zwei Fabriken zusammen. Es organisiert Organisationen, Einkaufsorganisationen, Verkaufsorganisationen, Einfuhrorganisationen, Ausfuhrorganisationen. Es fusioniert, syndikalisiert, vertrustet. Zu diesem Zweck reist es immer erster Klasse, Schlafwagen. Es hat dann eine Konferenz, an welche sich ein Essen anschließt, bei dem es viele und gute Sachen gibt, dann kommt wieder eine Konferenz, mehrere Telephongespräche mit dem Vertreter an der Zentralstelle, daran schließt sich die Schlafwagenheimfahrt.

Das ist das Berufsleben des großen Tieres.

Wenn das große Tier wieder an seinem eigentlichen Wohnsitz ist, das ist entweder das Haus, wo seine Familie wohnt, resp. der Ort, wo es seine Steuern zahlt, so muß es ein Auto oder ein Gemälde, einen Landsitz oder einen Barockschrank besichtigen, die noch ganz billig zu haben sind, es muß einen Minister, einen Bürgermeister, den Vorstand eines wissenschaftlichen Instituts empfangen oder bei einem solchen einen Besuch machen. Für seine Frau hat es den bekannten flüchtigen Kuß auf die Stirn, und die in allen Lebenslagen übliche Anrede, mein liebes Kind. (Es tut mir sehr leid, mein liebes Kind, aber du mußt mit Peter zu Haus bleiben, heute muß ich die Kinderheilstätten besichtigen, ich habe dreimal abgesagt.)

Das große Tier ist meist schlecht angezogen. »Aber persönlich ist es so einfach«, sagen die Leute dann. Wenn es gut angezogen ist, hat es meist eine sehr schöne Frau, die ihm eines Tages durchbrennt, oder seinerseits Beziehungen, die nur nach dem Prinzip der Variationsrechnung zu erkennen sind. Das ist das Privatleben des großen Tieres. Vor einem großen Tier warfen früher Soldaten ohne Kniebeuge die Beine in die Höhe. Es gab Musik, Ehrenjungfrauen, galonierte Diener und Hochrufe. Das Ganze hat sich heute auf eine Autohupe konzentriert, die symbolischerweise wie ein Ochsengebrüll oder Schafsgeblök das Ohr des großen Tieres erfüllt.

Früher war das große Tier mit goldenem Brokat, mit hellfarbenem Tuch oder sonst einem schönen Fell versehen. Es hatte Orden und sogenannte Ehrenzeichen auf der Brust, dazu trug es einen dreigespitzten Hut oder einen Helm, auf dem sich ein Raubvogel befand. So ehrlich ging es im alten Europa her. Heute trägt es einen grauen oder dunklen Rock. Das ist das, was man mit Demokratie bezeichnet.

Vor dem Kriege wurde das große Tier in Amerika gefunden und »Bestia Americana« genannt, seit dem Kriege kommt es in ganz West- und Mitteleuropa vor, und namhafte Zoologen bezeichnen es mit Bestia Americana[3].

Neben ihm gibt es überall Regierungen, deren hauptsächlichste Auszeichnung darin besteht, daß sie mit ausgezeichnet, exzellent angesprochen werden.

Anspruchsvolle Mädchen

»Die Mädchen sind so anspruchsvoll geworden«, hört man allerorten von den jüngeren, älteren und ganz alten Damen. Und dann sagen die älteren und die ganz alten Damen: »Sehen Sie nur das anspruchsvolle Mädchen, die seidenen Strümpfe, und alle acht Tage geht die zum Friseur und läßt sich die Haare brennen. Wir trugen selbstgestrickte oder baumwollene Strümpfe, und häufiger Besuch des Friseurs war das Zeichen eines gesicherten Wohlstands oder galt als unsolide. Von seidenen Strümpfen gar nicht zu reden.«

Und trotz alledem und trotz allem Gerede sind die Mädchen bescheidener geworden, wie alle Lebensansprüche überhaupt geringer geworden sind. Die Zweizimmerwohnung, allerhöchstens die Dreizimmerwohnung, ist die übliche Basis für das junge Ehepaar. Wenige und kleine Möbel sind nicht nur Mode, sondern ebenfalls ein Ausdruck für die Bescheidenheit der Zeit. Mit einer Couch und einem Gummibaum ist man schon komplett. Wer braucht noch ein großes Büfett, Hauptgegenstand der Wohnung unserer Eltern? Niemand. Denn wir haben nichts, womit wir es füllen könnten. Wir sehnen uns auch nicht mehr danach, Porzellan und Glas und Silber zu stapeln, Nippesfiguren und Bronzen sind für uns ein Ballast geworden.

Die frühere Frau wollte eine große Wohnung, einen anständigen Wäschevorrat, Glas und Porzellan, mindestens für sechs, lieber noch für zwölf Personen. Sie wollte ein Büfett, auf dem sie Kristallgegenstände und die Kaffeemaschine und die Keksdose aufstellen konnte. Sie wollte schöne Teppiche, sie wollte ein richtiges Schlafzimmer mit Frisiertoilette. Ihr Heim war ihre tägliche Sorge, sie fürchtete sich nicht vor dem Staubwischen, nicht vor dem Putzen, nicht vor dem Reinemachen. Sie war bescheiden, wenn ihr Leben gesichert war, wenn sie alles hatte, was ihr notwendig schien.

Das neue Mädchen, die junge Frau von heute, ist in unsicheren Zeiten aufgewachsen, in Zeiten, in denen das Notwendigste in Frage gestellt wurde. Sie kennt das Leben, und sie ist bereit, jeden Tag zu arbeiten, jeden Tag, wenn es dem Manne oder dem Vater schlechter gehen sollte, die Wohnung zu verlassen und zu arbeiten, um ihn zu unterstützen. Sie will keine Vorräte mehr, weil es schwer ist, sie zu verwalten, weil ihr das Aufräumen der Wohnung sowenig wie möglich Arbeit machen darf. Aber sie muß und will nett aussehen. Das Hübschaussehen, das »make-up«, wie der Amerikaner sagt, das Sichzurechtmachen, wie es in Berlin heißt, ist ja heutzutage keine Sache der Koketterie mehr, geschieht nicht, um einen reichen Mann zu finden, wie in früheren Zeiten, sondern seidene Strümpfe und gewellte Haare sind Waffen im Lebenskampf geworden.

Überall haben es die Hübschen und Gepflegten leichter. Die Hübsche verkauft mehr, der Hübschen diktiert der Chef lieber, von einer Hübschen wird lieber Unterricht genommen und lieber ein Hut bestellt. Das ist grausam, aber es ist so. Hübsch ist man aber heutzutage nicht, man kann's werden. Und wenn sie sich hübsch aussehend fühlt, so wird ihr Selbstbewußtsein gestärkt, und sie ist der Schwere des Lebens besser gewachsen.

Manches Mädchen würde lieber das Geld für den Friseur auf die hohe Kante legen, aber sie ist klug genug, um es nicht zu tun. Das Mädchen, von dem die Nachbarin sagt: »Sie ist so anspruchsvoll«, ist vielleicht eine besonders tapfere Kämpferin im Lebenskampf, und manche, die mit einem gelockten Kopf wie ein Püppchen herumläuft, unterstützt daheim eine alte Mutter und die Familie des arbeitslosen Bruders mit demselben Geld, von dem sie sich fünfundzwanzig Jahre früher einen Wäschevorrat für die Aussteuer angeschafft hätte oder den Grundstock für ein Sparkassenguthaben gelegt hätte.

Berliner Existenzen

Die Leerlaufexistenz
oder
Die Luftperson

Es gibt in Berlin, wie natürlich auch in anderen großen Städten, zwei Sorten von Menschen: Die einen rechnen mit dem großen Coup, die nennt man Optimisten, die anderen haben ein Einkommen von 150 Mark an steigend und werden Pessimisten genannt.

Die ersteren besitzen im wesentlichen ein Telephon und leben von Konferenzen und Beziehungen. Will man sie aber anrufen, so tönt das Besetztzeichen, oder es meldet sich niemand, denn die Leerlaufexistenz befindet sich den größten Teil des Jahres auf Reisen. Sie ernährt sich offenbar wie die alten deutschen Kaiser im Umherziehen, nur pflegen in ihrem Gefolge keine Prinzen zu sein. Sie benutzt durchgehende internationale Züge mit Schlafwagen und steigt nur in Ritz- und Bristol-Hotels ab.

Alles dies tut sie, um Beziehungen anzuknüpfen. Die Beziehungen hat sie deswegen, damit eine Beziehung zur anderen Beziehung sagt: »Aber sie hat glänzende Beziehungen.« Auf Grund dieser Beziehungen nährt sie sich von Finanzprojekten. Das Wesentliche an einem Finanzprojekt pflegen die Unkosten zu sein, die mit seiner Erörterung verknüpft sind. Es gehören dazu ein Hotel, sehr viele Klubsessel, ein Frühstück, das mit Hors d'œuvre beginnt und über die kalte Poularde mit Chester endet. Das Ganze wird Konferenz genannt. Leerlaufexistenzen haben *nur* Konferenzen. Endzweck ist, nach der »Carte du chic« leben zu können.

Die »Carte du chic« ist eine Karte von Europa, die von einer französischen Modezeitung herausgegeben wird und in der nur solche Orte verzeichnet sind, die es »schick« ist zu besuchen. Mit Anweisungen, was man an einem solchen Orte tut und was man dazu anzieht. Deutschland scheidet natürlich aus. Im Januar hat man in St. Moritz zu sein oder in Ägypten. Februar, März gehört der Riviera. April Deauville, wovon der 18. bis 22. April in Sevilla zur Feria zu verbringen sind. Möglich sind im Sommer Cowes, Dinord und der Lido, auch eventuell englische Landsitze. Mit dem Oktober ist es so eine Sache. Es bleibt eigentlich nur Pau. Wenn man sich nicht schon bereits zu diesem Zeitpunkt in die »schicken« Hauptstädte, als welche nur Rom und Paris in Frage kommen, begeben will. An allen sonstgenannten Orten gibt es Golf und Tennis, Autoausflüge und Charleston, wird geritten, getanzt und Flirt gespielt. Willst du die Leerlaufexistenz besuchen, so fragt sie: »geschäftlich oder privat?«.

Für privat hat sie im allgemeinen nur Zeit, wenn privat mit einer Beziehung zusammenhängt. Sie sagt dann: »Morgen allerdings fahre ich nach Dresden im Flugzeug, ja und übermorgen bin ich zu einer Konferenz in Hamburg, erlauben Sie einen Augenblick, ich hole lieber mein Notizbuch«, und dann nennt sie einen Termin in vierzehn Tagen nachmittags 7 bis ½ 8 Uhr. In einer solchen halben Stunde kannst du eine Maschine von 20 000 Pferdekräften um sich selber rotieren sehen. Fünfzehnmal telephoniert es. Die Leerlauf-existenz sagt: von Konsuln und Generaldirektoren, und das Wort Fusionierung spielt eine große Rolle.

»Die Industrie«, sagt die Leerlaufexistenz, »ist etwas sehr Fei-nes. Die Schwerindustrie natürlich. Textil und Holz, das ist aller-dings beinahe schon Handel.« Sie sagt, sie arbeite nur mit Schwerindustriellen, jetzt sei sie gerade dabei, die Friedrichsberger Messingschraubenwerke mit den Vereinigten Weißenseer Tontau-benfabriken unter einen Hut zu bringen, pardon, zu fusionieren. Aber der Direktor Breitfuß sei gerade nach Heidelberg zu einer Tagung des Sonderausschusses für die Normung der Muttern F.12 gefahren, und der Fritz Blumentopf, der ihm den Fitzke vorstellen wollte, der mit dem Patz befreundet ist, der den Kobalt kennt, von den W.T.T.F., der sagte ihm, daß Patz gerade in Dresden sitzt, um Stahlspäne zu normalisieren. »Ich werde also mit dem Baseler Schnellzug nach Heidelberg fahren, vorausgesetzt natürlich, daß ich einen Schlafwagen bekomme, um wenigstens Breitfuß zu spre-chen. Aber ich kenne das. Man denkt, große Industrielle erschlie-ßen Petroleumquellen, bauen Eisenbahnen, haben weitausschau-ende Pläne, Interessen in Mexiko und Spione in allen Ländern. Aber wenn du sie in Biarritz triffst, so sagen sie: ›Es sind keine Preise zu erzielen‹, oder: ›Wir müssen wieder lernen, mit dem halben Pfennig zu kalkulieren‹, und von Spionage kann keine Rede sein. Und wenn ich dem Breitfuß die Fusionierung vorschlage, so höre ich schon, wie er sagt: ›Ich sehe nicht ein, daß dabei ein höherer Verdienst herausspringt.‹«

So sagt die Leerlaufexistenz, aber sie richtet sich nicht nach dieser Erkenntnis, sondern fährt nach Heidelberg, und mit dem großen Coup und den 20 000 Mark auf einen Sitz ist es nichts.

Worauf sie eine neue Fusionierung entriert zwischen den L.M.N. und den R.S.T.

Es ist ein völlig sinnloses Gemöchte. Rät man ihr aber, Ameise zu werden und es mit den 200 Mark im Monat zu versuchen, so will sie nicht. Sie widersetzt sich. Sie sagt, das sei die einzig, wirklich, völlig hoffnungslose Existenz. Redet man ihr zu, spricht man ihr vom Boden, auf dem wir seit 1918 stehen, sagt man, daß seit neuestem die Moral und die Solidität wieder möglich sein werden, denn »eine Republik sei zu allen Zeiten eine sehr seriöse Angelegenheit gewesen und die Liederlichkeit zumeist eine Sache der Höfe«, so erklärt sie, daß noch nie ein schäbiger, aber reinlicher Anzug Erfolg erzielte. Sie sagt: es sei ein großer Irrtum, zu glauben, die Menschen hätten Respekt vor der Arbeit und den täglichen Sorgen. Sie wollen etwas Hübsches sehen, aber sie fragen nicht nach der Herkunft. Sie denken nicht nach über den Mitmenschen. Sie glauben, was man ihnen erzählt. Und sie erheben sich vor dem Brokatmantel lieber als vor der Aktentasche und vor dem Smoking eher als dem geflickten Jackett. Jedermann fühlt sich mehr geschmeichelt, wenn er eine Tasse Kaffee für eine Dame bezahlen darf, die einen Mercedes ihr eigen nennt, als für eine, die sie sich selbst verdient, auch wenn er Autobesitzer verachtet und für Knotenstöcke ist. Hast du erst den gebeugten Ameisenrücken, sagt die Leerlaufexistenz, so zuckt ein jeder die Achsel und sagt: der scheint untüchtig zu sein. Sie hingegen halte es deshalb mit der »Carte du chic« und den auf- und zugemachten Löchern, die sie Kredit nennt, und den eventuellen Differenzen mit der Bank, womit sie ein überzogenes Konto zu bezeichnen pflegt.

Die Vorkriegsexistenz

Es gibt zwei Arten von Vorkriegsexistenzen, die einen besitzen nur noch ihren Bekanntenkreis und den Geschmack, mit dessen Hilfe sie sich durchschlagen können. Die anderen haben außerdem ihre Renten behalten.

Die letzteren frühstücken im Bett und telephonieren zunächst: »Morgen, mein Kind, na, wie geht's? – Gut. Ja? – Mir nicht, ich weiß nicht, der Magen, offenbar der Magen. Man wird Abschied nehmen müssen: — von der Gänseleber, meinst du? — Ja, gut, auch von der Gänseleber. — Natürlich kommt Kettner, Emma hat ihn bestellt, wird jetzt recht wacklig. Neuer? Nein, Kettner verordnet mir wenigstens keine Sachen, die mir nicht schmecken. Ich hab' mich bestimmt gestern in der Matthäikirchstraße verdorben, gute Küche, aber können keine Bowlen brauen, bei der Konsulin schmecke ich sie wenigstens vorher ab, dabei wollte ich mich heute nach einem Schneider umsehen. Hab' mich doch voriges Jahr, als Dunbey — auch alt geworden — von Doubletree und Mopp aus der New Bondstreet endlich wieder mal nach Berlin kam, miserabel equipiert, Motti und Pips auch. Ich dachte erst, drüben haben sie auch keine Stoffe mehr, jetzt muß ich erfahren, die Londoner Schneider taugen überhaupt nichts, die wahren wohnen in Oxford! Scheußlicher Ärger, was? — Komm doch ein bißchen her. Ich habe die zwei Kakemonos nun doch dem Museum überlassen, da mich China nur noch vor der Sungperiode interessierte. Dafür habe ich den Géricault an die Wand gegeben, prima Stück, sehr billig, aus Paris, man kann doch leider keine deutschen Bilder aufhängen. — Hallo? Hallo? Liebes Kind, trennen Sie doch nicht immerzu! Bist du noch dort? Endlich! Dein Frankenthal scheint mir nicht echt zu sein. Frankenthal faßt sich körniger an. A propos England soll in Köln aus dem Nachlaß eines Gouverneurs ein Chippendalescher Stuhl versteigert werden. Die Lehne ist nachgewiesen echt. Allerdings, die Vorderbeine werden angezweifelt. Mindestens das linke. Ich würde ihn trotzdem zu den meinen stellen. Man hat mehr Konzessionen gemacht in den letzten Jahren. Also du kommst.«

Man kommt, im Vorzimmer hängen bunte Stiche von Parforcejagden und Rennen und Dörbecksche Berliner Redensarten. »Na, Emma«, fragt man die Wirtschafterin. »Wie geht's dem Herrn?« — »Danke«, sagt Emma, »wir haben heute morgen ein Hühnersüppchen gegessen. Der Herr Geheimrat hat nichts verboten.« Die Vorkriegsexistenz nimmt gerade eine »Kollation« Porter und Sandwichs, fordert dazu auf. Vor ihr liegt ein Auktionskatalog: »Der gute Georg läßt versteigern. Französische Quattrocentobilder, schrecklich, nicht? Er ist ruiniert, fertig, und war immer so vergnügt, wenn ich noch an seine roten Redouten denke! Das Gedeck war rot, die Beleuchtung, die Kleider der Mädchen und das Menü, Hummern, Roastbeef, Karotten, Erdbeereis, roter Sekt, and so on. Erna aus dem Palais war damals noch dabei, schöne

Person, in Monte hängt sie als Venus gemalt.«

»Dann wird er also sein Haus verkaufen?«

»Das schöne Haus? Ach nein, das glaub' ich nicht.«

»Aber Milly hat sich erst vor ein paar Tagen ein herrliches Kleid gekauft.«

»Nun ja, ein Kleid.«

»Und der Diener?«

»Den behalten sie natürlich.«

»Du, dann weiß ich aber nicht, was ich so schrecklich finden soll.«

»Sie haben absolut kein Geld mehr! Begreif doch!«

»Sie werden sich also mit Haus, Diener und Pariser Toiletten weiter durchfretten?«

»Ja, schrecklich. − Übrigens, den großen Überlandwagen hat er mir angeboten. Aber ich hab' was gegen Maschinen, und diese Chauffeure sind so eine Art Sportsleute. Nee, danke!«

Und dann geht dieser ausgewachsene Mann, der hoch in den Fünfundvierzig ist, wirklich, am hellerlichten Vormittag um 12 Uhr fort, um zu bummeln. Er sucht sich eine Autotaxe mit dreifacher Schachbrettreihe, die zwar teuer sind, aber dafür bequemer.

Das Vorkriegsexemplar ist natürlich ein Lindenherr, es kauft nur in Läden, die seit siebzig dort domizilieren und bei denen es ein Konto hat. Auch besucht es nur Lokale, die bei Fontane vorkommen und ihn und das Seine genau kennen. Es weiß noch die Namen der Kommandeure sämtlicher Garde- und sonstiger besseren Kavallerieregimenter. Am Riemen seines Rennglases hat es zehn Klubabzeichen, und es erwägt ernsthaft, ob es in der nächsten Turfsaison wieder im grauen Gehrock und Zylinder erscheinen soll.

Was die Frauen betrifft, so liebt er sie alle, sagt zu jeder, daß er sie einmal heiraten wollte, und entdeckt noch an der häßlichsten ein zierliches Hälschen, weshalb sie ihn wiederlieben. Zudem hat er die Haupteigenschaft eines Don Juan, nämlich Zeit. Er ist der Kümmerer, Krankenbesucher und Festbegleiter. Er holt immer ab und nimmt immer mit. Für ihn gibt es keine ausverkauften Theater und Vergnügungen, er hat die soziale Frage durch ein System von Trinkgeldnehmen und -geben gelöst. Lernt er eine Frau kennen, so hält er sich auch nicht eine Minute bei einem literarischen oder Hotelgespräch auf, sondern küßt die Fingerspitzen und sagt mit tiefem Blick: »Ich glaube −.« Oder: »Sofort, als Sie ins Zimmer traten —.« Oder: »Merkwürdige Augen haben Sie —.« Er wird dann schnell kosmisch und spricht von Sternennächten. Er scheut keineswegs platonische Beziehungen, trotzdem sie die teuersten sind. Er liefert die tägliche Telephonade, Blumen, Schokolade, die Frühstücks-, Tee- und Ausfahrtsunternehmungen. Für ihn gibt es noch Ballettratten und Zirkusmädchen. Auch kennt er viele Miezen, Miezen sind auch Krabben, oder 'zückende Käfer.

»Sehen Sie dort, das ist Mieze, hübsches Mädchen, hat angefangen bei der Arkadia und ist später ins Palais gekommen, nachdem sie lange bei der Gersonschen Garde gestanden hat. Hat sicher ihre hunderttausend Mark, 'ne rosa Perle, allein zwanzigtausend Mark heute, hat ihr mal der verrückte Dicky geschenkt und 'ne eigene Wohnung. Jetzt haben's die Mädchen viel schwerer. Nur Bank und Industrie. Traurig.«

Im Vordergrund steht seine lebenslange stadtbekannte große platonische Liebe, natürlich die Gattin eines Großindustriellen und Konsuls, die er zum Photographen, zum Zahnarzt, zur Modeschau, zur Akademieeröffnung, Vorlesungsabenden, zu Koks- und anderen Lasterstätten, Premieren, Matineen, kurz, zu allen schicken Unternehmungen begleitet. Sodann gibt es »alte Freundin, Jugendbekannte vom Neuen See, wir sind zusammen Schlittschuh gelaufen, Sie wissen doch, die Tochter vom alten X., natürlich, aus der U.'schen Familie, dessen Bruder sich später — die Schwester hat den B. geheiratet und ist schrecklich reingefallen«.

Eingeweihte munkeln, daß er eine Freundin hat, größer und blonder, als man es jetzt trägt, er hat sie vor 25 Jahren einem Gardeoffizier entführt, damals war sie reizend, aber untreu, inzwischen ist sie treu, aber lästig geworden. Mittags von 1 bis 2 Uhr geht er mit ihr spazieren. Eingeweihte munkeln, er werde sie doch einmal heiraten, aber er wird es wohl der Konsulin nicht antun, solange sie lebt.

Er unterhält sich nicht gern mit Männern, denn er simpelt nur gern fach, von seinem Fach verstehen sie nichts, denn das ist die Liebe. Zu diesem Zwecke empfängt er jeden Nachmittag eine andere Dame zum Tee: »Tach«, sagt er, »wie geht's, bist schon 'zückender kleiner Käfer, gutes Kleid hast du an, Klasse! Werderscher? Nein? Ach, kauft man jetzt am Kurfürstendamm? Komisch! — Du kommst von der Arbeit? Aus 'm Bureau? — Was denn, jeden Tag? Ernsthaft? Komisch! Wie lange treibst du denn schon den Unfug? Drei Jahre? Komisch! — Mit so 'nem hübschen

Blondkopf und aus so guter Familie? Komisch! Und so gut durchwachsen und knusperig, komisch!« Er betrachtet Frauen vom Standpunkt eines Bratenkochs. »Bitte, bleib so sitzen, nein so, halbes Profil! Ausgezeichnet! Dich hätte ich bestimmt geheiratet, wenn ich überhaupt daran hätte denken können. – Warum ich mit jeder vom Heiraten rede? Mir ist im Augenblick so. Wirklich. Habe jetzt reizende Ratte kennengelernt, möchte sie lancieren, kann was, das Mädchen! Warum schaust du mich so an?« »Komisch«, sagt die Dame, »es ist zu fordern, daß du samt deinen Möbeln, deiner Kenntnis des Bowlenbrauens und der Austern, deiner Existenz, die zwischen einer platonischen und einer illegitimen Liebe teilen kann und sich dabei wohl fühlt und die nur aktiv wird, wenn es gilt, Feste zu arrangieren, daß du samt einigen Läden der Passage mumifiziert und für ein Museum aufbewahrt würdest.«

»Komische Sachen sagst du.«

Die Luxusgroßmama

Um halb zehn telephoniert sie mit der verheirateten Tochter. »Na, Kindchen, wie geht es? Wie war's bei Lehmanns gestern abend? – Das Essen war nicht gut? Das habe ich mir gedacht. Bei Lehmanns ist das Essen nie gut. Sie bestellen immer beim Traiteur. Gut ist es nur, wenn man im Hause selbst kocht. Ich habe es Trude Lehmann immer gesagt, sie soll unsere Kriepke nehmen, da weiß man, was man hat. Was gab's denn? – Ach, der ewige Portionsschlei, den hat man sich doch den ganzen Winter übergegessen, und wenn man nicht mindestens ein halbes Pfund auf die Person rechnet, hat man nichts als Gräten. Und nur Butterkugeln dazu? – Und dann Pute? Trocken? – Natürlich trocken. Puten sind nie saftig. – Kompott haben sie gegeben? – Ich versteh' Trude wirklich nicht. Kompott ist doch ganz altmodisch. Und später? – Hat nicht mit dem Mokka geklappt. Ich möchte einmal erleben, daß es bei Lehmanns mit dem Mokka klappt. Trude ist ja untüchtig. Sie versteht es auch nicht mit den Dienstboten. Sie verwöhnt alle Angestellten. Und dann gibt sie nur Butterkugeln zum Schlei. – Ich glaube, daß es ihnen sehr gutgeht. Ach nein, nicht durchs

Geschäft. Vater meint, eine Transaktion. Er soll 10 000 Mark auf einen Hieb verdient haben, es können auch 100 000 Mark sein. Ich weiß es nicht. Wie geht's bei euch? Was sagt dein Mann? – Auch nicht gut? Weißt du, die Herren klagen immer. Wenn es nach ihnen geht, sollte man nie was ausgeben. Sie sehen immer schwarz.

Warst du nun gestern bei der Glauker? Du kannst nur zur Glauker gehen. Das andere taugt ja nichts. Du willst also Frisko nehmen? Das würde ich nicht tun. Das hat doch schon voriges Jahr alles getragen. Nimm lieber Panama. Warst du gestern bei der Modenschau von Mohr? Ich war vorgestern. Da war eine Zusammenstellung aus beige, rosé und bleu, bezaubernd und noch nicht einmal sehr teuer. Fünfhundert. Käte ist ja ein gerissenes Ding. Sie hat mit Mohr verabredet, daß er siebenhundert Mark sagt, wenn sie mit ihrem Mann kommt, und sich dann zweihundert abhandeln läßt. Sie sagt, ihr Erich ist dann so begeistert von seiner Tüchtigkeit, daß er sofort kauft. Die versteht's. Anders als du. Ich verstehe dich ja nicht. Willst du täglich in dem braunen Mantel herumlaufen? Den kannst du unmöglich weiter tragen. Du hast deinen Mann zu sehr verwöhnt. Aus den Männern ist nie Geld rauszukriegen. Sie wollen schenken. Schick ihm die Rechnung, dann ist er einverstanden. Übrigens, die neuen Schuhe gefielen mir zu Hause gar nicht mehr. Ich habe aber glücklicherweise eine kleine Schramme über dem linken Hacken entdeckt, und da habe ich sie zurückgetragen. Sie wollten sie nicht zurücknehmen, ich sagte aber, ein lädiertes Paar nehme ich nicht, und wenn sie mich als Kundin behalten wollten, dann müßten sie es tun. Da haben sie es dann auch getan.

Wie war denn gestern abend dein Georgettekleid? Gut? – Ich finde es nicht mehr ganz tadellos. Lotte? – So? – Paris? – Neu? – Gut? – Na, soweit Lotte gut aussehen kann. Die jungen Leute heutzutage sind ja blind, sehen nur die Verpackung. Sie ist doch tatsächlich häßlich. Hast du dir schon mal den kleinen Finger von ihrer linken Hand angesehen, also, das ist was Unglaubliches, völlig unproportioniert. Daß das nicht jeden abstößt. Dabei hat ihr Mann jetzt einen Maybach angeschafft und läßt sie allein nach Paris. Ich bin nicht mißtrauisch, aber man gibt doch den Leuten keinen Anlaß zum Reden!

Du hast ganz recht, was man heutzutage alles einlädt. Aber Lehmanns sind kein Maßstab. Apropos einladen, wie hältst du es mit Ludwigs neuer Frau? Als Junggeselle war er mir ja lieb und wert. Aber mit der Frau jetzt weiterzuverkehren? Nein, wenn es noch eine Schauspielerin wäre, oder Film oder irgend etwas, aber bloß sein gewesenes Verhältnis. Das sehe ich nicht ein. − Ja, sie soll sehr nett sein. Die Geheimrat Dicks hat mit ihr Einkäufe gemacht. Natürlich, da hat sie doch jemanden, zu dem sie sagen kann: ›Nur Blau ist richtig, liebes Kindchen.‹ Das tut sie nur aus Protektionswut. Die Dicks sind ja überspannt. Die Tochter soll von ihrem Musiker wieder geschieden werden. Was sind das auch für Sachen. Wenn es noch ein Kapellmeister gewesen wäre oder irgendein Mann mit einem Namen, aber der war doch nichts. Das sah man gleich. Aber ich glaube, wir laden Ludwigs Frau doch ein. Da ist unser Gustav tüchtiger. Wird schrecklich viel eingeladen. Wollen ihn natürlich angeln. Aber er denkt noch gar nicht daran, Mädchen sind keine Heringsware, die man aufhebt für lange Jahre. Aber die jungen Leute wären ja dumm, wenn sie heiraten würden. −

Ach, Baby kommt ans Telephon. Ja, was ist denn das, na mein Honigschnuckelchen, na, du Süßes, wann kommst du denn zu der Oma? Morgen? Ja? Mein Süßes, ja. Ada, ada gehen. Geh nur mit der Nenna.

Er ist süß und kolossal weit. Ich habe gestern den kleinen Fips von Käte gesehen, der ist drei Monate älter als unsrer und spricht noch gar nichts, er läuft allerdings. Macht im ganzen einen zurückgebliebenen Eindruck, ist auch unliebenswürdig. Sie ernähren es ja auch falsch. Ich habe ihr gesagt, sie soll unsern Arzt nehmen, und unsere Kinderfrau war auch viel besser.

Kommst du morgen früh mit in die Zentralmarkthalle? Vater schickt mir den Wagen. Ich besorge dann gleich dort das Fleisch, es ist mindestens 15 Pfennig das Pfund billiger wie hier draußen. Ich will dann noch mal zur Putzmacherin gehen.

Nachmittag ist Bridge, und dann hat Frau Tührke mir gesagt, daß ich in einen Vortrag von Miethe über Raffael mitkommen soll. Morgen abend kommt die Miß, willst du nicht auch mitkommen? Eine reizende Person, spricht vorzüglich. Ich finde das sehr hübsch, daß ihr so viel eingeladen seid. Wenn man jung ist, muß man tanzen.

Übrigens habe ich mich jetzt über die verschiedenen Gymnastik-systeme orientiert. Mensendieck ist für mich zu anstrengend, Laban und Loheland sind eigentlich nur für Grazie, Bode verbindet es mit Turnen, ich gehe aber nächste Woche noch einmal zu anderen Kursen, um es mir anzusehen. – Nein, wir werden Ostern nicht verreisen. Vati kann jetzt nicht weg, du weißt doch, wie die Herren sind, und im Juni oder Juli müssen wir nach Gastein.

Jetzt muß ich aber aufhören. Denke dir, die Grete hatte sich doch das Bein gebrochen, nun haben sie sie gestern mit der Bahre in den Schlafwagen gebracht, nach Cannes. Warum sie nicht hier blieb? Na, sie hatten doch schon im Palace Zimmer bestellt. Schrecklich, nicht?«

Der Konjunkteur

Dieses Exemplar kommt in allen Hauptstädten Deutschlands vor, obwohl nirgends mit so reiner Hautfärbung wie in Berlin. Seine Vorfahren blieben unbekannt, und man kann sich nur an sein Auftauchen seit 1918 halten. 1918 wurde es »der Führer«. Zu diesem Zweck gründete es die Zeitschrift »Sonne von Osten« und bestieg die Rednertribüne bei sämtlichen Isten. Es war gegen Kapital und Krieg und hielt es mit der menschlichen Seele. Es war für »Gemeinschaft« und wollte die Welt umarmen, so die Millionen von Schiller unterm Sternenzelt: »Mensch, Bruder, Krone der Schöpfung.« »Ein Privatmann«, sagte es, »ist eben ein Idiot.« Der Führer hielt es mit dem Geist und gab seinen Jüngern die Erklärungen für die Zusammenhänge zwischen Krieg, russischer Revolution und dem Kommenden. »Frankreich, England, Amerika sind erledigt, ihr Kalk spritzt umher. Zugrunde wird alles gehen, was mit Erkenntnis zusammenhängt und der Ratio. Der Vernünftelnde ist der Sterbende, denn gekommen ist die Sterbestunde der Menschenausnutzung, der Anbetung der Quantität, des tausend Dutzend im Tag.« Aufsteige Schau und Intuition, der Osten, Buddha, aber selbst Indien war ihm nicht östlich genug, und er meinte »vielleicht Laotse«. – Er stand am 1. Mai mit einer Freundin oben auf der letzten Stufe zum alten Museum und sah den Demonstrationszug, berauscht von Zukunft, Verbrüderung und Einbezogensein in eine weltweite Idee. Er begann schwarze russische Blusen zu tragen und ließ sich die Haare bis zum Nacken wachsen. In seinem Zimmer hingen Bilder, die ein Gewirr von Strichen waren. »Das sind wir«, sagte er, »das Chaos.« Daneben hing eine Art von Sonnenspektrum, welches er mit »Die Liebe« bezeichnete.

Damals schrieb er ein Drama. »Lassalle« natürlich. Der Sohn erschießt zuletzt den Vater, nicht gerade wegen des Hausschlüssels, wie bei Hasenclever, sondern symbolischer, weil wir hinwegmüßten über die schuldigen Väter, die kapitalistisch und mechanisch Gesinnten, die sich vermessen hatten, den Dampf und die elektrischen Ströme für das Leben selbst zu halten. In dem Stück gab es endlose Debatten zwischen dem Feldherrn, dem Kapitalisten, drei Herren in Blau, Gelb und Grün und dem Führer. Der Führer war er. Er floh nach dem Mord mit einem Mädchen, um die Welt neu aufzubauen. Das Mädchen war ein Edelmensch, sollte die Hände über dem Leibe falten, ein blaues Gewand tragen und ein blondes Holbein-Gesicht, und nichts weiter tun als den neuen Menschen gebären. Er war Antifeminist, denn sein Ideal war der »Held«, die Verkörperung von Logos und Eros, welch letzteres Wort er sehr häufig, und zwar Eroos aussprach. Die Frauen waren nicht reif für den Geist, er versuchte sie zu heben, womit er auf Maskenbällen begann. Demgemäß hielt er auch gar nichts von der Ehe: Der Mann müsse frei bleiben – und er propagierte das Mutterrecht, das heißt sowohl die Anerkennung als auch das Recht auf Bezahlen. Er verachtete die, die lüstern waren nach einem Ehebund, nach Ansehen und Auskommen. Ansonsten hatte er eine Geliebte, die er Sonja nannte, obwohl sie Margot hieß. Mit ihr lebte er von Streitigkeiten mit seinem Verleger, von dem niemand so viel Geld bekam wie er, da er außergewöhlich geschickte Verträge geschlossen hatte.

1926 war er Syndikus der V.-X.-Y.-Gesellschaft, M.d.L., Kuratoriums- und Klubmitglied und zugleich sozialer Beirat bei der Arbeiterfürsorgeabteilung der Y.-X.-Aktiengesellschaft, außerdem hatte er mit der Tochter eines Industriellen einen Zweckverband gegründet. Seitdem sagte er: »Meine Frau hingegen.«

Ein Freund aus seiner Münchener Zeit rief ihn an. »Sieh da, mein Lieber, sehr erfreut, außerordentlich erfreut, nur augenblicklich stark überlastet, zuviel zu tun, es kriselt, die Leute verdienen nicht genug, wollen Lohnerhöhung, bei den Zeiten, na, werden sehen. Morgen fahre ich nach London, von dort nach Genf, möchte auch lieber mal zu mir selber kommen. Man verliert sich, das Leben frißt einen auf. Schrecklich! Eine stille Stunde mit einem Buch ist einem nicht mehr vergönnt. Wie ich dich beneide – ach, dreihundert

Mark hast du, trotzdem hast du recht, was hat man denn schon von dem Geld, gar nichts. Gewiß, ich war im Winter in der Schweiz und im Sommer in Norwegen − aber nur um auszuspannen. − Also du rufst noch mal an, wenn ich von der Kölner Tagung zurückkomme. Weißt du, was ich hörte, die Schnapsflaschen sollen normalisiert werden. Tolle Idee? Was? Stell dir mal so 'ne Batterie gleiche Schnapsflaschen nach 'nem guten Diner vor, das ist ja, als ob unsere Frauen gleich angezogen gingen, wie die Revuegirls, nicht zu unterscheiden, ob Boonekamp oder Danziger Goldwasser oder Benediktiner. Nicht wahr, tolle Idee? Also, du rufst an, in etwa drei Wochen, halt, nein, erst am 25., etwa gegen sieben Uhr abends, nicht wahr? Leb wohl, auf Wiedersehen. − Hallo, hallo, wie geht es deiner Frau, ihr seid doch jetzt hoffentlich verheiratet? − So, sie müßte verreisen, na, reis doch, es ist jetzt noch sehr warm in Sizilien. − Du kannst noch nicht mal nach Friedrichroda? Ach, das tut mir leid, das hätte ich nicht gedacht. Aber glaub mir, die langen Eisenbahnfahrten strengen sehr an, es geht nichts über die blauen Havelseen. Also, leb wohl, gute Besserung!«

Der Freund hat nicht angerufen, es hätte auch keinen Zweck gehabt, denn an diesem Tag saß der Herr Doktor in der Vorhalle des Piccadillyhotels mit dem alten Geheimrat zusammen, als Bevollmächtigter der V.X.Y.G., umringt von weißen Hemdbrüsten und Graubärten. Vor dem Lauschenden erhob sich ein ungeheurer Wirrwarr bekannter Namen. »Unser Außenminister«, begann er, als ich den Herrn Reichskanzler sprach«, fährt er fort, »fragte er mich: ›Was soll man tun?‹ Nun, ich sagte ihm, was man tun soll.« Er vergißt nicht die entzückende Frau des Botschafters zu erwähnen und endet mit den Eindrücken seiner letzten Amerikareise: »Maschinen«, sagte er, »Maschinen, Hände, Rationalisierung, das Dreifache wird drüben geschafft, und dann klagen sie hier über schlechte Löhne! Und dabei geht's den Leuten nicht schlecht, ich bin da neulich in ein Kino gegangen, Sonnabendabend in der Frankfurter Allee, überfüllt, sage ich Ihnen, überfüllt, und alle gut angezogen, da sieht man's doch, bei diesen Zeiten!«

»Unser Herr Doktor«, sagt der alte Geheimrat, »ist noch ein junger Heißsporn, allzu scharf macht schartig, wir wollen doch zugeben, daß der Arbeiter jede Konjunktur zuerst spürt.« Nein, er gibt nicht zu, er hält nichts von Verständnis. »Recht behält die beste technische Methode, Amerika ist Trumpf. Bei uns herrscht überall Sentimentalität. Da erlaubt man so einen Potemkin-Film, da ist man gegen Schmutz und Schund. Ja, müssen wir denn nicht unsere Kinder schützen? In England hat man auch den Potemkin verboten. Wir verstehen ja nicht zu regieren. Die Leute brauchen Orden und Titel. Sie können in Bayern fast schon einen Prokuristen mit Herrn Kommerzienrat anreden, und das Resultat ist, daß die Leute zufrieden sind.«

Ein junger Fabrikant fragte ihn, ob er denn gar nichts von den Menschen halte.

Aber der Konjunkteur erwiderte, man müsse mit der Zeit gehen, worunter er ein risikoloses Einkommen verstehe, oder für praktische Ideale sein, was zweimal im Jahre verreisen heißt, oder für eine klare Absage an verschwommene Theorien, womit er eine Achtzimmerwohnung bezeichnet.

Die Nachbarin

»Tach, Wally, wie geht's? Machste mit auf Frühlingseinkäufe? Nee, du leidest jetzt auch so an Hitzen. Das ist so in unserm Alter. Denn ist am besten, du nimmst Knoblauch. Hastes auch in den Beinen? Ich sehe ja immer, wie du gehst. Das sieht nicht schön aus. So ein kleines Stückchen rohen Knoblauch dreimal am Tage auf Stulle, das ist besser als jede Kur. Weißte, die Frau Baronin, die in erster Ehe mit dem Doktor verheiratet war, der habe ich es auch empfohlen, und der Doktor hat gesagt, was dir Frau Riecke empfiehlt, das kannste nehmen. Ich habe auch für heute mittag Knoblauch an Schweinebauch genommen. So'n Stückchen fetter Schweinebauch mit Weißkohl, so recht schön gedünstet mit'n bißchen Kümmel und eine Scheibe Brot, da setzt man nichts zu. Weißte, bei Sabatzkes, da war gestern unser Trudchen, hatten sie vier Dutzend Krebse und drei Flaschen Liebfrauenmilch und noch Sekt aufgefahren, und denn haben sie Sie zu mir geschickt und sagen lassen, ich soll mitmachen. Der Bräutigam von Wanda ist da, und sie wollen feiern. Ich habe sagen lassen, ich bin nicht für so 'n Gepichel und Gepräpel ohne Geld. Ich bin nicht für gestotterten Sekt. Wir sind überhaupt nicht für gestotterte Ware. Bezahl bar und spar! Und dabei ist der Bräutigam von Wanda bloß aus

Rixdorf und überhaupt bloß Verkäufer beim Kaufmann bei uns an der Ecke, und sie ist doch aus einer Beamtenfamilie. Ihr Vater war Bahnwärter an der polnischen Grenze. – Du findst Neukölln auch gut? Nee, ich sage dir, die jungen Mächen haben hinterm Kottbusser Damm schon einen ganz andern Ausdruck. Nee, nee, Rixdorf ist eine üble Gegend, und wenn du auch Neukölln sagst.

Was sagste da von mein Otto? Mein Otto aus Neukölln? Nee, der ist in der Frankfurter Allee geboren. Weißt du noch die Mibkes, die in der kleinen Frankfurter Straße gewohnt haben und die immer mit dem Umschlagtuch ging und die denn eine Villa in Zeuthen bekommen haben, ein Wassergrundstück mit Anlegeplatz und ein Segelboot, alles von weißen Bohnen im Krieg, und die dann immer in Glacés ging, trotzdem sie Nummer acht hat, die haben nun alles verloren, er hat Pleite gemacht, hat sie gesagt, aber ihren GmbH-Mantel hat sie behalten, hat sie gesagt, so eine Protze. Drüben geht grade die Schulzen, die macht's nicht mehr lange. Ich habe es ihr gesagt. ›Nee‹, habe ich gesagt, ›Frau Schulz, Sie sehn man elend aus, das sieht man Ihnen ordentlich an, daß Sie so krank sind.‹ Und da ist sie mir doch ganz patzig gekommen und hat gesagt: ›Na, und Sie, Frau Riecke, Sie sehn auch nicht besser aus, Sie haben eine ganz gelbe Gesichtsfarbe, wie von der Leber‹, wo ich doch nur von der Laube verbrannt bin.

Da sind auch Leute ins Haus gezogen, richtige Proleten, ich glaube, nicht mal verheiratet, und da sagt mir heute Frau Paruschka, sie haben Wanzen mitgebracht, und sie hat es auch schon dem Verwalter gemeldet, und sie will sie anzeigen. Wanzen braucht sich kein Mensch gefallen zu lassen. Ich habe Frau Paruschka auch gesagt, sie soll nur ruhig mich als Zeugin nennen, ich habe gehört, daß sie von Paruschkas gesagt hat: Die hat auch ihre Klamotten nich von ihrem Mann sein Malergerüste bezahlt. Das kann ich beeiden. Zu mein' Paul hab' ich auch gesagt, brauchst nicht mit dem neuen Mieter ihren Georch verkehren, wo du nu auf die hohe Schule gehst.

Spielst du wieder in der Lotterie? Du bist doch auch damals mit 's Los reingefallen. Nun spart man sich das, und erst die Inflation und denn die Lotterie, ich sage, das ist der Betrug am Volke. Ich wollte in den Bund der Schacht-Gegner für die Aufwertung der Tausendmarkscheine eintreten. Aber mein Mann hat gesagt, det wäre Blaack.

Aber mit der Minna vom Seifengeschäft bin ich Schubkarren

gefahren, Emil spielt mit 'm Bräutijam von Minna egal weg Karten, und sie is immer bei und nimmt ihrem Bräutijam das Geld weg, das er mein' Mann abgenommen hat. Wenn die Männer erst beim Kartenspielen sind, is ja aus. Da bin ich ins Seifengeschäft gegangen und habe gesagt: ›Ihnen werd' ich die Rente entziehen‹, habe ich gesagt, ›ich gehe zum Bezirksvorsteher und sage ihm Bescheid.‹ Erst die Rente, und denn nähen sie heimlich, und denn ziehen sie den jungen Mann aus. Nee, es muß alles in der Welt seine Ordnung haben.

Aber nun habe ich keine Zeit mehr. Heute ist nämlich Vaters Todestag, und da gehe ich immer mit Mutter auf Vaters Grab, und denn nehmen wir die Lieblingstasse von Vater mit und den Thermos, und denn trinken wir auf 'n Friedhof aus seine Tasse Kaffee. Es ist bloß 'n bißchen frisch heute.«

»Die Pflanze«
oder
»Fräulein Peters«

Sie wird von der weiblichen Provinz verachtet, von der männlichen hingegen gern gesehen. Sie stelzt kurzröckig, langbeinig und blondhaarig durch die Berliner Straßen und hat bewirkt, daß das Ausland uns elegant findet. »Nun sieh dir die Pflanze an, ich möchte nur wissen, wo die Pflanzen das Geld hernehmen, um sich soo anzuziehen? Oder vielmehr, ich möchte es lieber nicht wissen«, sagt Frau von Mißbilliger. »Du fragst?« sagt Herr von Mißbilliger. »Aktiengesellschaft.« »Ja, unsere Herrenwelt.«

Die Pflanze hingegen bekommt ihr Gewand weder von der Herrenwelt noch vom lieben Gott, sondern kauft billig und selbst. Die Pflanze hat eine scharfe Ethik. Konfekt, Blumen, seidene Strümpfe und Handschuhe sind Geschenke und erlaubt. Kleider hingegen Bezahlung und verpönt. Ob sich eine Schuhe schenken läßt, hängt davon ab, aber es bedeutet immerhin einen Abstieg.

Sie tanzt in allen Lokalen des feinen Westens, also willst du dich nicht für dumm kaufen lassen und glaubst ebenfalls an Lebenswandel. Es ist aber nicht so. Sie arbeitet nicht nur, sie schuftet und macht Überstunden, denn »erstens«, sagt sie, »ist Vater arbeitslos und Erich auch und Trudes Mann ebenfalls; Trude ist Mutters Kind von ihrem ersten Mann, und Mutter schleppt immer noch heimlich hin, weil sie doch ein kleines Kind haben, und da haben wir zwei, Wally und ich, die ganze Familie über Winter verfuttert. Bloß die Miete ist angestanden. Jetzt fängt wenigstens Grete bei Wertheim wieder an. Wovon meine Mutter lebt, weiß ich nicht, ich glaube, bloß von dem Malz und trockene Schrippen in Salz gestippt.«

Also wo waren wir stehengeblieben: »Ihr bei uns liegendes Depot reicht durch die jüngsten Kursrückgänge nicht mehr zur Deckung Ihres Debetsaldos...«

Was die Herrenwelt betrifft, so war sie sehr jung, und der hatte auch nichts, trotzdem er ein feiner Herr war. Da hat sie für zwei gearbeitet. Eines Tages war ein Wechsel fällig, da nahm sie ihr Erspartes und löste ihn ein. Selbstverständlich. Das ging sehr lange so. Aber er dachte auch, sie ist eine Berliner Pflanze, und sah nicht ein, weshalb nicht. Sie hingegen liebte ihn. »Ich weiß noch, das werde ich nie vergessen, wir hatten mal durchgebummelt, und als ich morgens ins Geschäft kam und mir der Chef diktieren wollte, da sah er mich an und schüttelte den Kopf, gar nichts weiter, er schüttelte nur den Kopf. Aber das war zu gräßlich.«

»Und er?«

»Aah, er ist sehr reich geworden, ist Syndikus, aber es war bald zu Ende. Nun kommt er immer noch und will wieder anfangen. Aber ich kann nicht mehr. Es war zu schrecklich.«

»Waren Sie denn gar nicht glücklich?«

»Acht Tage vielleicht, dann hat er doch schon mit der Stippke angefangen, erinnern Sie sich noch an die Stippke mit der Löwenmähne, die immer so ausgeschnitten ging, daß die Herren beim Diktieren eine Aussicht hatten, na! Mit der, denken Sie, ja hat er angefangen und mich weggestellt. Aber er hat sie natürlich auch nicht geheiratet, trotzdem sie Geld hatte.«

»Aber so ein schönes Mädel wie Sie wird doch nicht deswegen ihre Jugend vertrauern?«

»Ich weiß nicht, dazu ist mir das zu nahegegangen. Ich bin ja 'n bißchen verrückt. Aber es hilft doch nichts. Ich will keinen anderen. Is' ja doch alles Kroppzeug, die Männer. Wollen doch nur das eine, ob sie verheiratet sind oder nicht. Weihnachten habe ich eine kleine goldene Uhr verkauft, die ich noch hatte, und dafür habe ich ihm ein Zigarettenetui geschenkt, und er? Er hat mir ein Pfund

Konfekt geschickt. Das hat er schnell am Abend in der Konditorei in seinem Hause gekauft. Nee, das mach' ich nicht noch einmal durch. Ich arbeite und gehe abends auch tanzen, aber mehr is nich, und wenn einer hier von den Herren was will, dann sage ich, diktieren mit Himmelbett ist vier Häuser weiter. Was soll man denn machen mit der Bande?«

»Ja, ja, was soll man machen mit der Bande?«

»Ach, ich könnte erzählen. Der Doktor X. von Abteilung G.K., wissen Sie, der Schlanke mit den Propellerohren, ist doch ganz jung verheiratet, sagt er doch gestern morgen, als ich ihm die Post bringe, ich denke, ich falle vom Stengel: ›Na, Peterchen, meine Frau ist verreist, wie wär's, Sie machten Sonntag mit mir 'ne Spritztour per Auto?‹ Na, ich habe natürlich bloß gelacht. Aber da soll unsereins noch heiraten wollen, wenn man sieht, wie sie alle ihre Frauen betrügen.«

»Es gibt auch andere.«

»Na, ja, so 'ne Miesepetrigen, nee, und so langweilig und glubschen einen immer mit de Augen an, vor lauter Liebe, huch, nee. Nischt for mir.«

»Wenn Sie einer liebt, finden Sie ihn miesepetrig. Mir geht's ja auch so, aber wir müssen jetzt endlich weiter schreiben. Wo waren wir?«

»Debetsaldos aus...«

»...weshalb wir Sie ersuchen, bis 18. cr. Mk. 12 000, unterstreichen Mk. 12 000, zur Verringerung unseres Guthabens einzuzahlen.«

Langsam beginnt der Chef ihr Leben auszufüllen. Sie avanciert zu seiner Privatsekretärin. »Einmal hat er mir sein Buch mit Widmung geschenkt«, sagt sie zehn Jahre später. »Ich frage Sie, das hat er doch nicht nötig gehabt? Also bedeutet es doch was! Nicht wahr?«

»Ja«, sagt man, »es kann etwas bedeuten, es braucht aber nichts zu bedeuten.« Aber das will sie nicht hören. Sie macht sich das Leben bequem. Sie hat eine Idealgestalt, und mit der verbringt sie ihr Leben, um die kreisen ihre Gedanken und Wünsche, für ihn schreibt sie Gedichte, malt Aquarelle, für ihn bildet sie sich und macht Zukunftspläne. Wer stände ihm näher als sie? Ihr hat er neulich gesagt: »...was mache ich bloß mit der Handelskammer...«, ihr überläßt er, an den alten Geheimrat in Ruhrbrück zu schreiben, mit ihr bespricht er den ganzen Tageslauf. Sie wacht vor seinem Bureau und läßt niemand Ungewünschten ein. Ihr verdankt er die Viertelstunde nach Tisch und die Ruhe vor einer Reise. Und neulich hat er sogar zu ihr gesagt, wie unangenehm Dr. B. vom Syndikat sei und wie man ihn wohl hinausdrängen könnte. Was kann Ihm eine Gesellschaftsgans bedeuten?

Nichts kann sie aus ihrem Traum reißen. Störend ist nur, wenn er heiratet, aber auch das nur für ein paar Wochen. Dann findet sie, daß die Frau ihn nicht versteht. Und inzwischen ist sie vierzig.

Die Dame aus den 80er Jahren

Sie trägt immer noch Gainsborough-Hüte mit wallenden schwarzen Federn und die Frisur aus der Zeit, wo sie »ihre Triumphe feierte«. Mit dem wallenden Hut hoch oben auf der Frisur ist sie auch gemalt, in großer Toilette, dekolletiert, mit wippendem Füßchen, von Rüschen umwallt, auf einer Bank in einer Landschaft. Jetzt trägt sie immer ein schwarzes Samtband um den Hals.

Sie nimmt, trotzdem die ganze Hinterwohnung vermietet wurde, ihre Schokolade im Bett. Sie schickt einem »Billetts« ins Haus: »Margueritte K. bittet Sie, am Sonntag bei ihr zu frühstükken.« Sie lädt immer zum Frühstück. Mittagessen und Abendessen sind Proletariersache.

Man kommt. Im Vorzimmer steht ein Bär mit einer Schale in den Pfoten. Sonst sind überall Photographien, gewidmete natürlich. Das Bild ihres »guten Mannes« in einem handgearbeiteten Rahmen aus Lehm, in den alle möglichen Gegenstände gedrückt sind, Hosenknöpfe, Reißnägel, Schuhzwecken, das Ganze dann bronziert. Auch stecken viele Bilder in mehreren japanischen Fächern. Im Herrenzimmer stehen fünf Füllhörner »auf Fuß« auf dem Bücherkasten, das größte in der Mitte. Im Salon sind Stellagen, mit Samt überzogen, mit Alpenrosen und Edelweiß bestickt. Auch ist mehrfach Bambus verwendet, und überall stehen Paravents. Sie sammelte Meißner, lauter nackte Putten, die industrielle Arbeiten verrichten. Der Blasebalg war die Verbindung mit der Zeit, das Rokoko war »das Schöne«.

Wenn sie ihre Gäste empfängt, so trägt sie tea gowns und drapiert Schals um sich. Sie ruckelt völlig unmotiviert mit den

Augendeckeln und lächelt. Man sitzt auf lauter Stühlchen, die zu zerbrechen drohen, eine rosa Lampe verbreitet sanften Schimmer. Man hat immerzu Angst, es fällt alles um. Der Möbelstil macht jedermann klar, warum die ersten Lustspielfilme immer vom Umfallen handelten. Die Dame spricht alle Sprachen gleich gut. Ihr Deutsch ist das gebrochene der Diplomatenfrauen und Chansonetten, so als sei sie eigentlich mit Französisch aufgewachsen.

»Mon enfant, quelle chance, daß Sie als erste kommen, wie reizend, mit Ihnen noch ein Weilchen faire de conversation. Es kommen nur ein paar Menschen, der Minister hat auch zugesagt.« Der Minister ist ein Gesandter a. D. Das heißt, er war früher einmal Geschäftsträger. Soweit es die Diplomatie betrifft, benutzt sie nur die Fachausdrücke. Auch tritt manchmal ein junger Attaché auf. Der erzählt dann, daß »sein Minister« gestern in der französischen Botschaft war. Man könne sich schon denken, nicht wahr! Tja. Jetzt ist sie völlig in ihrem Element. »Als der Staatssekretär drei Stunden zu spät in den Reichstag kam, weil er bei der Frau des Botschafters... Erinnern Sie sich noch?« Alles kichert.

Dann kommt das Theater dran. Sie spricht immerzu vom Theater. Deutsche Prosaliteratur ist offenbar nichts für Damen. Sie liest nur französisch. Sie tritt nie allein auf und sagt bedauernd: »Mon Dieu, mon enfant, sans garde et sans cavalier?« Was den Kavalier anbetrifft, so kommt es ihr nur auf den Smoking an und darauf, daß er sie »anbetet«. Andernfalls wirft sie ihm »den Bettel vor die Füße«.

Sie hält enorm viel von der Liebe. Auch sagt sie »Courschneiden«, »Hofmachen«, »Verehrer«. Das Wort Erotik oder gar ein noch wissenschaftlicheres fehlt in ihrem Sprachschatz. Sie sagt eventuell une liaison. Aber obwohl sie eine solche seit immer hat, würde sie dies doch nicht einmal vor sich selber zugeben. Sie verkehrt nicht mit »derartigen« Frauen. Auch hält sie viel von Heirat, doch würde sie nie das Wort »gute Partie« aussprechen. »Mon enfant«, sagt sie, »ich möchte nicht, daß Sie sich verplempern, glauben Sie einer erfahrenen Frau. Auf die Männer von heutzutage ist kein Verlaß. Nur beim eigenen Ehemann findet die Frau Schutz.« Sie hält überhaupt viel vom »Schutz finden«. Bei ihren beiden Ehescheidungen hat sie sich allerdings nur auf die eigene Kraft verlassen und sie durchaus nach dem Gesichtspunkt der »Partie« getätigt.

Sie sagt herrliche Gemeinplätze. Zum Beispiel: »Die Männer

ertragen es nicht, daß man sie wahrhaft liebt.« Auch sagt sie: »Es gibt keine Freundschaft zwischen Mann und Frau«, und formt gelegentlich diesen Satz in Frageform um. Die moderne Jugend begreift sie nicht. Sie sagt: »Ihr habt euch mit euren kurzen Röcken und Haaren der wahren Weiblichkeit beraubt.« Berufstätigkeit hält sie, soweit es sich nicht um Schauspielerinnen handelt, für ein Zeichen von Robustheit und leicht verächtlich. Nichtarbeitenkönnen zeugt von Sensibilität und Vornehmheit.

Sie spricht viel von früher: »Früher, mon Dieu, mon enfant, aus aller Welt sind sie mir zugeflogen. Ich hatte Freunde in Paris, in London, in Florenz. Meine Post hätten Sie sehen sollen. Ich schrieb Briefe, wie nichts flossen sie mir dahin. ›Au courant de la plume‹, sagte die alte Fürstin Metternich. Man ist gekommen und hat mich gebeten, gebeten, mit mir plaudern zu dürfen. Weihnachten hat es um sechs Uhr geklingelt, und ein paar Stunden später war mein Zimmer ein Blumenladen. Ach, und an meinem Geburtstag, mon Dieu, heutzutage machen ja die Frauen den Männern den Hof. Sie wissen, der Duc d'Aubreyville lag zu meinen Füßen, hier auf dem Taburett, er flehte mich an, aber ich versagte mich ihm. Vielleicht eine Torheit, aber ich konnte nicht anders. Mon enfant, gegen die Männer, toujours en défense. Ihr seid ja anders. Aber wenigstens die dehors wahren.«

Kursbücher, Steuer oder gar Stempelkarten sind Dinge, die eine Dame nicht kennen darf. Sie ist wohltätig und gut zu »den Leuten«, aber sie hat keinen Schimmer, was Arbeit heißt. Sie glaubt, daß die Dinge dieser Welt »mit Seele« zusammenhängen. Sie ahnt nicht, daß es Geldfragen gibt. Wenn sie dritter Klasse fährt, so tut sie das »aus Einfachheit«. Sämtliche Dinge, die sie sich nicht leisten kann, hält sie für übertriebenen Luxus, doch beurteilt sie z. B. Wohnungen danach, wieviel Personen man im Eßzimmer setzen kann. Auch erscheint ihr die Gesinnung von Leuten, die in den Querstraßen des Tiergartenviertels wohnen, von vornherein garantiert. Berliner, die aus anderen Gegenden herstammen, werden, soweit sie nicht Ausländer sind, nicht gern gesehen.

Was ihre Kinder betrifft, so hat sie eine verheiratete Tochter, bei der alles gut ist, und einen Sohn, der auswärts studiert. Aber man glaubt ihr beide nicht. Im Grunde genommen ist sie eine schrecklich gute Person, sie deckt die schönsten Tische und bewahrt die komische Kunst des Augenwerfens, Zähnefletschens, Wippens, Lockens und Versagens für eine kommende Generation. An ihr allein begreift man noch, warum die Literatur sich fast ausschließlich mit der Liebe beschäftigt. Die Chinesen, als das reifere und ältere Volk, haben diesen Stoff schon seit mehreren Jahrhunderten ad acta gelegt.

1913 *oder* Jeunesse dorée

»'n Tach, Bob, ich fahre also morgen nach Oxford, studierenshalber, ziemlich anständigen Wechsel bekommen, ob es für erstklassig reicht, weiß ich nicht. – Du, übrigens, Margit kommt in Pension nach Sussex. – Was du sagst! Ihre Alten bringen sie rüber, bevor sie nach der Isle of Wight gehen? Die Margit ist doch die einzige Frau. – Ja, warum nicht? Frage nie, warum nicht, frage immer: warum ja? Ich treffe mich mit ihr Sonnabend. Wir müssen uns endlich aussprechen. Nach dem Tennis, denke ich, wird es gehen. Eine sehr komplizierte Sache. Ihre Eltern wollen doch nicht mehr erlauben, daß wir zusammen Tennis spielen, sie soll heiraten. Dabei hat es doch auch schon mal Jugendlieben gegeben, die aufeinander gewartet haben. Aber da ist jetzt so ein alter Esel, Jurist und Fabrikbesitzer, den wollen die Eltern, Margit will nicht, aber sie hängt so an zu Hause, und die Mutter sagt, Liebesheirat sei Unsinn. Und bekommt je einer von uns das Mädchen, das er liebt? Nie. Natürlich nicht. Warum ja? Ist die Welt zum Jasagen da?

Du, hast du das Buch gelesen, das bei Axel Junker herauskam? Na weißte, alles, was wir uns wünschen, spricht der aus. Na toll. – Rheinsberg, ja Rheinsberg. In Rheinsberg sagt die Welt ja. Aber sonst?

Unsinn: (höre das schöne Wort Unsinn), daß ich nach Oxford gehe. Papa will aus mir einen Gentleman machen, einen Repräsentanten, es wird nicht gelingen. Ich werde weder Tennis- noch Ruderchampion.

Es wäre aber genauso Unsinn, nach München zu gehen. Gut, ich hätte Brentano gehört, auch Lipps, aber wozu das alles? Vielleicht die Südsee? Ja, es müßte gut sein in der Südsee, so viel Geld aber, um sich die wirkliche Einsamkeit zu leisten, hat man doch nicht. – Man muß Geld haben, um es entbehren zu können. Hübscher Aphorismus, nicht? Fast schon ein Paradoxon. Übrigens habe ich bei Wilde ein ausgezeichnetes Wort für deine Beziehung zu Käte gefunden: Frauen wollen Erlebnisse, Männer Episoden. – Nicht? Ich habe jetzt Margit aus dem Inselverlag seine Märchen und Erzählungen geschenkt, na fabelhaft. Die Nachtigall und die Rose. Aber du kennst ja Wilde auswendig. Nur die Orchidee im Knopfloch fehlt dir noch. Auch dir, obwohl du doch noch etwas von Orchideen hältst.

Heute abend ist Abschiedsgesellschaft bei Lipperts. Gegenstück zur Südseesehnsucht. Rührend, nicht wahr? Der Fisch und die Fische, die Pute und die Puten, das Eis und die Eise. Ich kann es nicht mehr mitmachen. Diese Langeweile, diese ewigen Hors-d'œuvres, diesen Heiratsmarkt, grauenhaft, besonders wo unsereiner vor dem Referendar doch nicht als Partie zählt. Das Wort Partie, kennzeichnet es nicht das ganze Ausmaß dieser entsetzlichen Bourgeoisie, zu der wir gehören, ich bin vorgestern im Norden gewesen, du hältst dir die Nase zu, ja gut, ich nicht, ich rieche Menschen und das Menschliche, gut, aber gehöre ich dort hin? Können die Armen mit meiner Liebe etwas anfangen? Nein, ich bin ein Fremder hier wie dort. Keine Idee, keine Aussicht. Sozialismus oder Südsee? Ich bin nicht geneigt, ein Proletarierleben zu führen. Und du? Du hältst nichts vom Sozialismus. Nein, Endziel ist das Kleinbürgertum. Das Ideal des Häuschens ist kein Ideal, nein, aber Elend, besonders städtisches, unmalerisches Fabrikelend noch weniger. Der Pauperismus ist gewiß unbekämpfbar, ist naturgegeben, aber was hältst du von einer Änderung der Güterverteilung. Ich bitte dich, lies Rathenau ›Zur Mechanik des Geistes‹. Wenn wir statt drei Dutzend Hemden ein halbes hätten und jeder Arbeiter ebensoviel, wäre der Konsum größer und folglich auch der Verdienst.

Deine Erstdrucke und Fayencen sind eine Flucht, sonst nichts. Einfach Flucht. Du kaufst, gut, das ist auch eine Methode, um sich abzufinden. Übrigens ist sehr schlechte Stimmung daheim. Papa meint immer, es krisle, glaubst du daran? Ich nicht. Brennen heutzutage Häuser ab? Gibt es heutzutage Kriege? Ich bitte dich! Hast du ›Die falsche Rechnung‹ von Angell gelesen? Glaubst du etwa, unsere Väter, diese guten Rechner, lassen sich auf Kriege ein? Am selben Tage streikt die Sozialdemokratie. Du sagst Balkan. Nun ja, Balkan. Kannst du das aussprechen. Tschadaltschalinie. Tschadaltscha. Sollen sich einbuddeln. Komische Sache.

Gestern war ich im Kolleg bei Wilamowitz, na, herrlich. Ich sehe kommen, daß ich die Juristerei ganz aufgebe.

Du, weißt du, was wir Sonntag gemacht haben, wir sind mit dem Auto nach Stettin gefahren, haben gebrochen gesprochen und gefragt: ›Können Sie mir sagen, wo liegt Börlin?‹ ›Falsch, falsch‹, haben die Leute geschrien, ›gerade in der Richtung, aus der Sie kommen.‹ Und da hat Peter das Auto herumgerissen, und wir haben ›Thank you!‹ geschrien und uns scheckig gelacht. Du, meine Alten gehen nach Ägypten. Wohin fahren die deinen? Hallo, hallo, ist getrennt.«

1927. Der Jeunesse-dorée-Jüngling von 1913 hat einen Briefmarkenladen aufgemacht. – »Ja, guten Tag, Bob, wie geht es dir, nett, daß du mich mal besuchst. Ja, bißchen klein und primitiv das Ganze. Wo denkst du hin, die Eltern haben alles verkaufen müssen. Ja, Vater hatte ganz falsch kalkuliert. Er war doch Patriot, weißt du. Erst sagte er, Deutschland wird siegen, nein, kein Zweifel. Deutschlands Feinde müssen untergehen. Rührend, aber falsch. Als ich aus Frankreich auf Urlaub kam und mir zu sagen erlaubte, wir hätten uns von der Marne zurückgezogen: mein Vater hätte mir bald die Tür gewiesen – unsere Soldaten und unsere Flotte und unsere Führer! Na ja, und dann hat er an die Mark geglaubt und seine Hypotheken behalten und Obligationen.

Sieben Millionen ist er losgeworden. – Aufwertung, sagst du? Na ja. 1932 bekommt Vater etwa 3000 Mark von einer und 3000 von einer anderen Seite und ich etwa 4000 Mark, summa sum marum 10 000 Mark. Na, Krösus von Lydien ist das nicht, besonders wenn man 5000 Mark Schulden hat. Ich war zu alt, um mich richtig zu legen. Ich stand natürlich verkehrt. Wäre ich 1900 geboren worden, dann hätte ich gewußt, daß Bildung hinderlich und Sparen Naivität ist, daß man Schulden machen muß, um vorwärtszukommen, Spekulieren der einzig anständige Beruf ist und Verschwenden einem etwas einbringt. Ich war zu alt mit meinen dreißig Jahren, um diesen Taumel mitzumachen. Ich war drei Jahre an der Aisne gelegen, ich war verwundet worden, ich gehörte zum alten Eisen. Ich lag wie Oblomow auf einem Sofa und rührte mich nicht. Erst 1924 bin ich aus meiner Oblomowerei erwacht, habe mich erhoben und einen Briefmarkenhandel angefangen. Du siehst, es geht, ich bekomme wieder kleine Ehrgeizkämpfe um alte Thurn und Taxis oder eine finnische Trauermarke.

Und du bist der Oppenheimer, bei den großen Antiquaren. Einkauf? Ist doch eine glänzende Lösung. Und deine schöne Wohnung hast du behalten? Sieh mal an! Nicht alles, so, aber doch drei Zimmer. Du wohnst jetzt draußen? Wo? Ach, ganz draußen in Stahnsdorf und bist sehr glücklich. Ja, weißt du, eine kleine Wohnung draußen, das müßte sehr hübsch sein, aber kommt es nicht zu teuer? So ein eigener Haushalt? Hast du ein Mädchen? – Auch eine Aufwärterin, aber trotzdem. Ich kann nicht unter 300 Mark im Monat kommen. Miete und Telephon und Licht und Kohlen und Aufwartung und Wäsche, es kostet doch alles, dabei schaffe ich mir überhaupt nichts mehr an. Ich müßte so notwendig einen guten Wintermantel haben. Aber ich verkneife es mir wieder. Meine Frau? Sie ist doch längst mit einem Ingenieur verheiratet, ja, es ist gut so. Wir stehen sehr nett miteinander. Sie hat damals 1921 geglaubt, sie kann ohne den Ingenieur nicht mehr leben. – Irgendeine Maskenballbekanntschaft, ja, toll, na, es war mir nicht ganz leicht. Ehefrau ist Ehefrau. Ja, das ist etwas Seltsames. Man hängt, warum, weiß man selbst nicht, aber man hängt. Dabei hatte ich und habe ich längst aufgehört, sie zu lieben, und es war auch alles zu elend, in dem einen möblierten Zimmer. – Tja, was aus Margit wurde? 1914, als der Krieg ausbrach, wurde ihr Fabrikant und Jurist als Landsturmmann eingezogen. Na, ich bitte dich. Margit konnte doch keinen einfachen Feldgrauen heiraten. Sie heiratete ihn auch nicht, sondern 1915 einen Leutnant, welcher bald Oberleutnant wurde, 1918 stellte sich heraus, daß nicht nur sein Vater Lehrer, sondern er selbst Referendar, also dasselbe wie ich 1915 war. Ich hingegen war nicht Leutnant gewesen. Die Revolution nahm ihm die Achselstücke, und da verließ Margit ihn und ehelichte einen Bohnenimporteur. Er verwertete später Heeresbestände. Wie er sie verwertete, weiß der Kuckuck, für sich jedenfalls glänzend. Margit bekam ihren persönlichen Wagen, zum Teint gestrichen und gepolstert. Sie hatten eine Villa in Dahlem und natürlich ein großes Gut. Kurzum, das war eine Partie! Nur war es 1924 aus, dergestalt, daß der Ehemann entfloh und Margit nichts blieb als höchst unangenehme Prozesse. 1924 aber tippte sie falsch. Statt nach dem Leutnant und dem Kapitalismus es nunmehr mit den wieder neu aufkommenden freien Berufen zu versuchen, verband sie sich mit einem Privatbankier, solider, dachte sie, kann man doch nicht sein, aber Anfang 1925 blieb auch hier nur der Konkurs. Jetzt frettet sie sich so durch. Ihre Eltern haben auch nichts mehr, sie versucht es mit dem Film, hat aber kein Talent, näht seidene Wäsche, macht Püppchen, alles, du lieber Gott, nicht erstklassig, wie soll sie auch. Ich hoffe, so zynisch bin ich, sie entschließt sich nun endlich zu einem Lebenswandel, aber diese Mädchen werden selten fähige Kokotten. Sie hatte auch mal ein gutes Herz. So was hindert. Armer Kerl.«

»Wollen wir noch ins Café gehen?«

»Nein, nicht mehr: ich fange an, mich zu stabilisieren, ich habe nichts für Kaffeehäuser mehr übrig, aber ein Glas Bier im Freien.«

»Du scheinst ein Glas Bier im Freien beinahe schon für Landleben zu halten.«

Die Einspännerin

Es gibt Leerlaufexistenzen ohne Einkommen, die einen Chevrolet besitzen, unbezahlte Mieten, Kleider aus der Lennéstraße, die in den Hoteldielen tanzen, und die jeder kennt, und Menschen, mit einem Einkommen von fünfhundert Mark aufwärts, die noch nie jemand gesehen hat. Diese Menschen besitzen Dreizimmerwohnungen, halten etwas von der Leistung und erwerben ihr Geld auf redliche Weise. Manchmal reisen sie an die Ostsee. Frauen dieser Art sind völlig einsam. Sie sind geschieden oder ledig. Aber darauf kommt es nicht an. Die Einspännerin hat nie Zeit. Sie ist vielleicht Ärztin, tüchtig, undefinierbar alt, d. h. so um dreißig und hübsch, hat eine große Praxis, arbeitet wissenschaftlich, hat Fachsitzungen, kurzum, ihr Professor und Lehrer schätzt sie, empfiehlt ihr Patienten, die bei ihr bleiben und mit all ihren Sorgen zu ihr kommen. Sie beginnt um neun Uhr früh und endet um zehn abends und lebt mit ihrer Mutter zusammen. Besucht man sie zum Tee, so sitzt man in ihrem Wohnzimmer, das mit einer großen Stehlampe und ein paar modernen Holzschnitten aufgefrischt wurde. Sie hat einen burschikosen Medizinerton am Leibe und nennt alle Welt »mein Herzchen«. Sie spricht mit Kokotten von der Geschäftslage, rät Anfängerinnen, wenn schon, dann wenigstens zum Arzt zu gehen, macht höchst pessimistische Statistiken über die Männer, gibt Anweisungen für Frauen und solche, die es werden wollen, kurzum, ist ein famoser Kerl.

Wenn man sie spricht, spricht sie zuerst vom Geld: »Ich möchte mir eine Höhensonne anschaffen, ich komme nicht dazu, so ein Haushalt mit Mädchen kostet zuviel. Dauernd ist was zu reparieren, die Miete, das Licht, Telephon, es bleibt übers tägliche Leben nichts übrig. Meinen Sie, ich könnte mir ein gutes Kleid anschaffen, ausgeschlossen, meine Kundschaft, die ›Aktiengesellschaften‹, können das. ›Ich verstehe nicht, wie Fräulein Doktor Geldsorgen haben können, mit so 'ne schöne Haut und soviel Garderobe im Schrank, das kann doch nicht schwer sein‹, hat neulich eine Patientin zu mir gesagt. Hübsch, nicht? Ich bin froh, wenn ich im Sommer wieder verreisen kann.«

»Und das Innenleben?«

»Abgesagt.«

»Gar nicht?«

»Ja.«

»Warum aber? Ich finde das so schade.«

»Sie wissen doch...«

»Ja, aber immer noch? Das ist doch zehn Jahre her. Sehen Sie sich noch?«

»Manchmal auf der Straße, aber wir grüßen uns nicht. Er hat übrigens auch nicht geheiratet. Wird auch nicht.«

»Aber es gibt doch nicht bloß den einen, wenn Sie ihn auch geliebt haben und er Sie wahrscheinlich auch. Ist es nicht unrecht, daß Sie sich in diese Liebe zu dem einen, der noch dazu ein ganz ungeeignetes Objekt zu sein scheint, so hineinreden und -rennen? Im übrigen glaube ich es Ihnen nicht ganz. Sie wollen einen freien Kopf für die Arbeit haben, und für die Herzecke haben Sie sich ein Ideal gemacht, auf das Sie Ihre Wünsche konzentrieren. Das ist ein bequemer Ausweg und steigert die Leistung. Sie haben ja recht! Wenn unsereins glücklich liebt, so ist einem ja nicht nur ein Haar auf seinem Haupte lieber als unser aller Leben, sondern, was viel schlimmer ist, auch als unser aller Leistung. Die Wahrheit ist: man kann sehr oft lieben. Ja, man kann sogar mehrere nebeneinander liebhaben, auf verschiedene Weise. Das alles sind nur Dinge, die wir uns schwer eingestehen. Das Leben ist sehr reich.«

»Das finde ich auch, aber gehört ein Mann dazu?«

»Ich denke schon...«

»Ich kann kein Verhältnis haben, und anders ist kein Mann heutzutage auf die Dauer mit einem zusammen. Ja, eine Weile, gewiß, und gemeinsame Interessen, das ist ja alles ganz nett, aber ohne Aussichten ist eine Freundschaft ein rarer Vogel.«

»Und warum kein Verhältnis? Es kann doch kommen, nicht etwa krampfhaft suchen, aber bereit sein.«

»Haben Sie schon einmal zu Ende gedacht, was das bedeutet? Diese Abhängigkeit, diese Angst, und daß das Dienstmädchen was merkt. Zu einer Bekannten von mir, die lebenswandelt, hat das Mädchen neulich gesagt: ›Und ewig Ihre seidne Wäsche waschen, das können Sie auch alleine machen.‹ Nein, ich könnte so etwas nicht ertragen. Wenn ein Mann mich derartig liebt, besteht gar kein Grund, mich nicht zu heiraten. Und heiraten kan ich nur den einen, mit dem es nicht möglich ist. Soll ich Angst haben vor der Portiersfrau, wenn ich zu spät nach Hause komme? Nein, danke.«

»Gott, ich rede Ihnen ja auch nicht zu. Ich finde es bloß so schade. Es geht soviel Wärme verloren.«

»Ach, Unsinn, man überschätzt das alles heutzutage. Als wir auf die Universität kamen, war das eine große Seligkeit, und wir hatten Ehrgeiz und wollten was leisten und hatten unsern großen Stolz. Und was ist kaum fünfzehn Jahre später? Das Girl ist gekommen. Wir wollten einen neuen Frauentyp schaffen. Wissen Sie noch, wie wir gebrannt haben vor Seligkeit, daß wir an alles herankonnten, diese ganze große Männerwelt voll Mathematik und Chemie und herrlichen historischen Offenbarungen in uns aufzunehmen. Und jetzt ist das Resultat, daß die kleinen Mädchen von sechzehn in meiner Sprechstunde sitzen und ich schon froh bin, wenn sie nicht krank sind, und der Kopf ist nur noch zur Frisur da. Ich finde, die Akademikerinnen sind arg ins Hintertreffen gekommen.«

»Sie vergesen die Garçonne.«

»Die Garçonne? Gut. Aber ist dies alles etwas anderes als der Parademarsch in breiter Front auf das Bett zu? Es ist eine Enttäuschung, die wir erlebt haben, nein, nein, leugnen Sie nicht, wir alle haben sie erlebt, die wir uns gelüsten ließen nach der Männer Bildung, Weisheit und Können und erfuhren, wie weit das Leben ist, wenn man die Suche nach Wahrheit zum Stern seines Daseins macht. Die Enttäuschung an der nächsten Generation. Das Leben habe ich täglich in meiner Sprechstunde, ich entbehre nichts, ich bin ganz erfüllt davon, aber daß nach uns eine Generation kommt, die alles vergessen hat, das ist arg.«

»Aber es wächst eine neue Generation heran, die schon sehr reizend ist, interesiert wie die Jungen, sportlich, und keine Kleideraffen. – Wo waren Sie übrigens gestern abend? Ich habe vergeblich telephoniert.«

»Ich habe auswärts gegessen. Zum Piepen. Da beobachte ich immer, wie die Herren der Geschäftswelt den weiblichen Angestellten Geschäftsgeheimnisse zu entlocken gedenken, mit Hilfe von einer Flasche Wein. Rechts die Pfote mit dem Bleistift und links die mit der Zärtlichkeit. Bei den Frauen gibt es zwei Sorten, die einen, die mehr den Bleistift sehen und die Geschäftswelt an der Nase herumführen. Die anderen, die auf den Wein hereinfallen. Himmlisch.«

»Immer Zuschauer. Sonntag könnten wir übrigens miteinander in den Grunewald fahren.«

»Könnten wir . . .«

»Das ist nett, daß Sie sich mal freimachen. Werden wir tüchtig marschieren. Es ist jetzt so herrlich draußen. Wissen Sie, ich freue mich richtig, daß wir uns mal nicht so en passant sprechen.«

»Ich auch, so ein richtiges Frauengespräch ist eines der besten Dinge dieser Welt. Und was die Männer davor für eine Angst haben.«

»Eigentlich können einem die Männer leid tun, die haben das nicht, dies ›Darüberreden und Bekennen und Erklären, dies herrliche Sichausgequatsche, der einzige Trost und die einzige Rache.‹

»Und die Glückserhöhung auch.«

»Also auf Wiedersehen.«

Der Generaldirektor
oder
»Die Verhältnisse«

»Liebes Kind, sehr willkommen. Aber bitte, Moment, nehmen Sie Platz, ich spreche gerade.« (Ins Telephon) »Heute ist Sitzung vom Deutschen Industrie- und Handelstag. Daran habe ich gar nicht gedacht. Da ist noch um 12 Uhr außerdem die Sitzung der Fabrikanten von Markenartikeln. Vor lauter Sitzungen kommt kein Mensch zum Arbeiten. Übrigens schrieb mir Honig vom Verband deutscher Klosettsitzfabrikanten sehr sorgenvoll über unsere Zollpolitik. Eine Regierung ist das, eine Regierung! Sie sagen, Holz sei ein Kinderspiel. Baumwolle, das sei ein Problem. Ich kann Ihnen nur sagen, wenn ich einen Sohn habe, darf er mir nicht ins Holz. Früher, ja, da habe ich allein von der Spundabteilung leben können, aber bei den jetzigen Verhältnissen, wo einen die Spesen auffressen. – Also auf Wiedersehen.«

»Liebes Kind, Sie sehen, Hochbetrieb, was soll man machen. Man kommt nicht zu sich selber.« (Es klopft. Die Unterschriftsmappe wird gebracht.) »Legen Sie hin.« (Telephon.) »Sie sehen. Bitte, Moment.« (Ins Telephon) »Geben Sie mir den Herrn Geheimrat. – Hallo, ja, lieber Geheimrat, wir können nicht kommen, wir sind seit Januar täglich aus, abgesehen von den Tagen, an denen wir selber Besuch hatten. Dreifach, vierfach eingeladen. Am Sonntag, wo die Sezession eröffnet wurde, waren wir erst zur Eröffnung um fünf. Diner bei der Konsulin, abends noch Empfang bei den Letten. Man ist doch schon kein Mensch mehr. Ich komme nach Haus, ziehe den Frack an, fahre weg, seit Oktober geht das so, aber auf zwei Sachen an einem Abend kann ich bei so vorgerückter Saison nicht gehen. Außerdem wird meine Frau noch nicht zurück sein. – Cannes, ja Cannes, sie schreibt, die Engländer sehr steif und kaum Deutsche. Sie hat viel zuviel zum Anziehen mitgenommen. Sie kennen doch unsere Damen. Seit vierzehn Tagen wollte ich sie besuchen, aber man kommt ja nicht weg bei den Zeiten. Da wird jetzt beraten, ob unsere Einkaufsgenossenschaft bleibt. Wenn sie auffliegt, dann frißt einer den anderen auf. Ich garantiere Ihnen, von der ganzen Holzindustrie bleibt nichts übrig. Faßholz geht noch, aber Schneidematerial ist überhaupt nichts mehr. Zufällig traf ich neulich meinen Freund Klauske, fabriziert Türkischrotöl, hat da einen kleinen Betrieb am Rhein, murkst mit zehn Mann, das lohnt sich. Oder die Fliegenfängerwerke in Gera: werden 10 Prozent zahlen. Radio fällt jedem ein, aber Fliegenfänger? Fliegenfänger sind ein Artikel. Oder Sportgeräte müßte man machen. Aber so schnell stelle einer mal seinen Betrieb um. Na, wir sehen uns ja im Reichswirtschaftsamt. Was sagen Sie übrigens zu Zuckermühl? Da arbeite ich seit dreiviertel Jahren daran, daß er in den R.W.R. kommt, und am Tage, wo ich es durchgesetzt habe, erscheint im V.d.H. ein Artikel gegen den R.W.R. Man soll sein eigenes Organ nicht in der Hand haben!! Das ist doch kaum zu glauben! Also auf Wiedersehen.«

»Nun, schönes Kind, was verschafft mir die Ehre?«

»Geld.«

Das Telephon klingelt. »Sie sehen. Bitte, Moment. Geben Sie mir, bitte den Herrn Hofrat. Guten Tag, Herr Hofrat. Sie fahren nach dem Süden, ja, es war ein bißchen viel. Und die ständige Börsenflaute, obwohl ich sie für richtig halte. Ungesunde Hochkonjunktur gewesen. Industrie ist miserabel. Die ganze Welt fabriziert selber und hat sich vom alten Europa unabhängig gemacht. Die Industrie ist gewiß kein Glück für die Menschen, aber wir haben sie nun mal. Und Absatz haben wir keinen. − Sie haben recht. Zuviel Mensch, viel zuviel Menschen! Wenn ich von Luxus in Berlin reden höre, wird mir ganz schlecht. Die paar Restaurants am Kurfürstendamm sind kein Maßstab. Wer kommt denn hintern Alexanderplatz? Wir werden's nicht ändern. Die Verhältnisse sind stärker als wir. Ja, ja. Wir sind alle Geschobene. Grüßen Sie Ihre Frau. Auch in Cannes, ja, zu teuer und zu englisch, gar kein Vergnügen − schreibt Ihre Frau? − Meine auch. Eigentlich wollte ich seit vierzehn Tagen hinfahren. Aber es ist kein Schlafwagen zu haben. − Tageszug bis Basel? − Ach, nein, ich habe nicht gern einen ganzen Tag zum Nachdenken. Ich werde schon noch einen Schlafwagen bekommen. Gute Erholung. Im Sommer nach Karlsbad. Ich muß! Ja, ja. Ein Unfug, diese Fressereien! Grüßen Sie Ihre Frau.

Sie sehen, aber ich stehe gleich zu Ihrer Verfügung. Einen Moment, bitte.« (Ins Telephon) »Ich möchte gern Herrn Otto haben. Herr Otto? − So, es wird also in Nieder-Klappsmühl gestreikt. Unter uns gesagt, haben die Leute recht: Miserable Löhne. Wovon sollen sie leben? Es ist schrecklich. Der Arbeiter spürt jede Schwankung als erster. Aber für uns sehr unangenehm. Wenn die Preise hochgehen, können wir nicht mehr exportieren. − Also mein Kind, was ist mit Ihnen?«

»Ich brauche fünfhundert Mark.«

»Aber um Gottes willen, was ist denn passiert? Könnten Sie denn nicht schlimmstenfalls das Kapital angreifen?«

»Wie meinen Sie das?«

»Sie haben doch ein gutes Gehalt, haben Sie nichts auf der Bank? − Na, eine eiserne Reserve?«

»Ich habe immer mein Gehalt verbraucht. Ich war voriges Jahr in Italien.«

»Das kann man sich eben nicht leisten von Gehältern. Man muß doch einen Fonds haben. Sie haben doch aber eine Wohnung gekauft?«

»Auf Abzahlung.«

»Und Möbel?«

»Auch auf Abzahlung. Dafür brauch' ich auch jetzt das Geld.«

»Das ist doch aber grauenhaft, ganz ohne Hintergrund, so kann man doch nicht existieren.«

»So existieren aber neun Zehntel aller Menschen.«

Telephon. »Wieviel brauchen Sie? – Ob ich fünfzigtausend frei habe? – Ist denn die Sache sicher? – So, nein, aber 12 Prozent, gar keine Sicherheiten? – Was denn? – Eine Hypothek. So. – Na, das scheint mir sehr sorgenvoll. Und die Steuer? Wie, man kann die Steuer vermeiden? Kommen Sie heute abend zu einer Flasche Rotspon!«

Die Tigerin

Ein elegantes Pensionszimmer. Zwei Frauen.

»Tach, mein Süßes, wie geht's? Himmlisch sehen Sie aus, nein, nein, entzückend, fabelhaftes Kostüm, Gott, wirklich. Sie sind der einzige anständige Mensch hier. Ich muß Ihnen sagen, ich bin entsetzt, grauenhaft, diese Stadt, lauter Schwindel, einer lebt immer größer als der andere, die Armen, sagen Sie, tun das wegen des Kredits. Ach was, Kredit, dafür Sektdiners im Esplanade und Poussagen? Ach, Unsinn, einer will immer dem andern Sand in die Augen streuen und lebt neunfach über seine Verhältnisse. Wissen Sie, die Käte hat mir eine Geschichte erzählt, Lotte habe sich von dem Bankier P. einen Pelzmantel bezahlen lassen. Was sagen Sie zu Lottes Mann? Hätten Sie das je für möglich gehalten? Diese vollendete Bürgerlichkeit! Da kann man wieder mal sehen! Und wenn man nicht so lebt, wird man für geizig gehalten und zählt nicht mit. In Frankfurt haben sich die jungen Leute früher höher in die Steuerliste eingetragen, damit man sie überschätzt. Menschen? Aber ich bitte Sie! Partien, nur Partien. Einer saniert sich immer am andern…

Gott, wie langweilig es in Pau war! Jetzt will ich zum Wintersport. Diesmal wird Deutschland in Mode kommen. Passen Sie auf.«

Das Telephon.

»Ach, Sie, ja, sechsmal habe ich versucht, Sie zu erreichen.

Immer besetzt. Wieviel Verehrerinnen haben angerufen? Also, verehrter Herr Regisseur, Meister von der Jupiterlampe, wann werden Sie Ihren zierlichen Körper zu mir schwenken? Sie Zucker-häschen, Sie Goldschnutchen. Gut, aber natürlich... Five o'clock tea, bei mir, gut... Haben Sie gut geschlafen?... Huch, nein... O-Gott-o-Gott!... Ich nicht, wie könnt ich. Also morgen. Leb wohl, mein Süßer.« (Hängt ab.)

»Gräßliche Hundsbande, dieses Mannsvolk, nur als Kassen-schrank zu brauchen, tausendmal lieber Geld als einen Mann. Aus dem eigenen Kabriolett spuck ich auf alles. Das war der Oskar, der Regisseur, na, ich sage Ihnen, der Film, das ist erst ein Milieu, lieber Steine klopfen... Warum ich dann nicht Steine klopfe? Weil ich in den Zelten in einer Zehnzimmerwohnung geboren wurde, deshalb. Ich mache jetzt ein Operettenlibretto und einen Revue-text, und außerdem zeichne ich, ganz gemeine Sachen, für, frag mich nicht, was für Zeitschriften. Nur mit Dreck verdient man Geld. Äh, die Menschen!«

Das Telephon.

»Aber, Herr Geheimrat, hier die Exzellenz persönlich, liegen zu dero Füßen, bin ein Samtkissen für den Absatz Eurer Hoheit. Na, und was wird?... Also Sie glauben, Ihre Bank gibt den Kredit. O mein Zuckerhäschen. Warum nicht, Zuckerhäschen? Herr Ge-heimrat, ein Mann, der Kredit gibt, ist immer ein Zuckerhäschen. Anna, selbstverständlich. Natürlich zum Abküssen. Morgen mit-tag. Natürlich morgen mittag. Drei Uhr, gut, um fünf Uhr muß ich zu Haus sein. Weinstube, ach was, gehen wir in ein Hotel. Gut, Linden, gut. Tjö, mein Süßer.« (Hängt ab.)

»Was sagen Sie, Weinstube will das alte Ekel mit mir gehen, ja Kuchen, nichts für unsereins, Weinstube! Hat dabei eine bezau-bernde Frau. Ist einer wie der andre. Ob ich mit allen was habe? Ich schwöre dir, mit keinem. Ich bin zu heikel geworden. Ich mag nicht. Warum ich mich so hinstelle? Wenn ich mich geben würde, wie ich wirklich bin, so elend, so unglücklich, so müde der Kleider-fragen, so nur ein kleines Bündel, sehnsüchtig nach einem guten Wort, so müde der Männer und ihres ewigen Gewirtschaftes um den einen Punkt, dann könnte ich bei den paar alten Bekannten, bei den paar guten Familien, die ich noch habe, Schokolade hausieren oder Kinderfräulein werden, wie die Käte. Nein, meine Liebe. Ich habe kein Herz mehr. Meinen Sie, ich kann das noch einmal, dasitzen, zittern, warten, um sieben Uhr einen Abendbrot-

tisch decken, so wie man einen Tisch für einen Mann deckt, mit
Blumen und tausend Neckereien, mit amüsanten Tischkarten,
einen Tisch à deux, nachdem man ein Essen hat herrichten lassen,
lieber Reh oder Schnitzel, lieber Spargel oder Haricots, so wie man
dann überlegt, was ihm wohl am besten schmeckt, und wie man
über die Weinsorte nachdenkt, ich kann es nicht noch einmal,
mich langsam, ausführlich, narzissahaft anziehen, wie man sich
eben für einen Mann anzieht und mit einem letzten Blick in den
Spiegel, bist doch eine schöne Person. Und um acht Uhr gewartet
und um zehn Uhr geweint und um elf Uhr müde und krank ins Bett
geschlichen, j'aurais élé si bonne, si douce – aber er hat es mich
nicht sein lassen. Ich war ein Stück Wachs, über das ein Rollwagen
fuhr. Man kann nur einmal soo leiden, so armselig dran sein, so
betteln müssen, nur einmal, damals hab' ich auch schießen wollen,
man wirft das Leben über Bord oder sich selber.«

Das Telephon.

»Hallo, ach du mein Zuckerhäschen, mein Goldschnutchen,
mein fünfmal teures Leben, lieber Doktor, den ganzen Tag habe
ich auf Ihren Anruf gewartet. Glauben Sie nun wieder nicht.
Tatsächlich. Ernst beiseite. Was wäre ernster als die Liebe. Natürlich, mein Goldfasan, meine Pfauenfeder. Wann ist das Fest? Am
18. Januar, fest. So, also ich entwerfe bestimmt noch die Einla-
dungskarten. Auch die Tombola soll ich arrangieren? Gut. Wieviel
Prozent? Das geht. Morgen abend. Ja, ich habe Zeit. Wo denn? Ins
Theater? Ich mag kein Theater, ich möchte ins Kino. Ja, gut, Kino.
Late supper. Das kann ich leider nicht mehr. Aber Kino ist auch
schön und so dunkel. Oder lieben Sie mich etwa nicht mehr? Mich,
die kleine Waldfee. Nein? Oh, Sie Böser!! Aber ich muß Schluß
machen, habe Besuch. – Nein, eine Frau. – Hübsch? Ja, natürlich.
Ich komme nur mit hübschen Frauen zusammen. A trois? – Ach,
was Sie denken. – Hübsche Frauen sind kleidsamer. Aber nun
Schluß. Die Ihre Hochachtungsvollst.«

Hängt ab.

»Warum schütteln Sie Ihr weises Haupt? Der Ton? Sie finden
den Ton nicht fein? Mein Herzchen, fein bin ich inwendig, nicht
für die Welt. Wie soll man denn die Bande behandeln? Eifersüchtig
machen und tyrannisieren und ausnutzen. Kriechen alle zu
Kreuze. Es gibt eine Menge, die sich einbilden, wahre Liebe ist nur,
wenn's viel Geld kostet. Man muß sich schenken lassen und unzufrieden sein.

Je teurer man ist, um so feiner kommt man den Männern vor. Oder hat es wohl noch was von Piedestal? Wenn ich schon von dem berühmten Piedestal nur höre, wird mir schlecht. Nee, danke.«

Das Telephon.

»Ja, ich bin außer mir, ich habe noch nicht das Samtkleid, ich bitte, ich habe lauter Premieren. Soll ich denn immerzu mit dem schwarzen Georgette herumlaufen? Was denken Sie denn? Eine so gute Kundin, ich war mit Ihrem schwarzen Spitzenkleid im Fashion abgebildet. Ich schicke Ihnen die Photographie, und da lassen Sie mich warten? Also morgen? Lassen Sie mich überlegen. Um halb drei Uhr Déjeuner, um fünf Uhr bei mir Tee, um sieben Uhr Kino. Also etwa um halb zwei. In einer halben Stunde müssen wir aber probiert haben.«

Hängt ab.

»Leben über Bord werfen, habe ich vorhin gesagt. Ich will alles in der Welt, bloß nicht noch einmal lieben. Alles an der Strippe haben, dann geht's. Marionetten, alles Marionetten. Jetzt gehen Sie aber, es kommt gleich was angeschwirrt, prima, aber dämlich, na, Gott, klug sind wir alleine. Kaufen Sie sich einen Mantel, Jacke ist unmöglich. Es geht alles gut, wenn man sich nicht verliebt, tu's nicht, dazu bist du mir zu schade, Süßes. Auf bald.«

Von ½ 8 bis ¾ 9 Uhr

(Rrr, der Wecker.) »Zum Donnerwetter noch mal, will denn das Biest nicht aufhören? Gott sei Dank, Viertel acht. Um halb acht muß ich aufstehen, eine Stunde, ja, eine Stunde muß ich rechnen inklusive Rasieren, vorausgesetzt, daß niemand anruft, aber es wird jemand anrufen. (Rrr, das Telephon.) Natürlich, hallo, was ist? Ach ja, Otto — was willst du? — Wegen des Zahlungsbefehls? — Legste erst mal Widerspruch ein. — Steht doch drauf auf dem Zahlungsbefehl. — Ans Gericht? Natürlich ans Gericht, wohin denn sonst? — Adieu: Grüß Mutter. — Neffen muß man haben. Neffen. Herrgott, schon dreiviertel, nu aber raus. Um drei nach halb geht der Zehner, alle Viertelstunde — zum Donnerwetter, nun reißt auch noch das Schuhband, 'n Auto müßte man haben, die Anschaffung ist das

wenigste, aber die Reparaturen – geht der Zehner – wenn ich ihn
erwische – aber ich werd' mir doch ein Taxi nehmen – aber wie
das dauernde Taxigefahre ins Geld läuft, ist schrecklich – also
wenn ich den Zehner erwische, kann ich um 8.43 am Lehrter
Bahnhof sein, wo Maud ankommt, die blöde Ziege, aber ihr Mann
ist maßgebend im Gummi, und sie hat's Geld gehabt – so was
wirkt immer nach, auch wenn das ganze Geld längst inflatiert ist.
– Kann ich um Viertel zehn Knaufke im Zentralhotel treffen –
(Rrr, das Telephon): Wer ist dort? Hallo, was? – Zum Donnerwetter! Ein Viertel neun Uhr – hallo, wie? wer? Ach, entschuldigen Sie, natürlich, bitte, Frau Baronin – Ihr Mann hat Sie wegen
falscher eidesstattlicher Versicherung angezeigt? – In bezug auf
Ihren Sohn? – Ja, gnädige Frau – in der Sprechstunde – wirklich,
es hat so lange Zeit – wirklich, bestimmt – nein – gar nichts –
sicher nicht. Auf Wiedersehen. Zum Donnerwetter – gleich halb,
nun muß ich doch noch ein Taxi nehmen.

Ich müßte noch vor 10 Uhr bei Hillenberg und Zumbusch
anfragen, was nun aus der Entschädigungsklage wegen des versof-
fenen Seidengarns geworden ist, quälen sich auch – möchte mal
wissen, wer sich nicht quält – Spedititon ist auch ein miserables
Geschäft – fressen sich alle gegenseitig auf – wer nicht, möcht' ich
wissen – bei dem Unterbieten in Deutschland, Viertel zehn
Knaufke, um zehn Uhr muß ich ja mit dem Oberregierungsrat vom
Reichswirtschaftsministerium sprechen. – Die Beamten haben's
gut. – Wieder kein sauberer Kragen da. Zum Donnerwetter,
Fräulein Lindner, wo sind denn meine Kragen – (Rrr, das Telephon) Verdammter Klingelkasten: Hallo, wer? – Liebe Frau
Baronin, wirklich – heut nachmittag – sicher – ich muß weg –
Verzeihung –. Der Brief in der Aufwertungssache muß heute noch
weg, und die Abrechnung mit der Bank muß eingefordert werden,
jetzt, wo alles steigt, muß ich Esel verkaufen.

Fräulein Lindner, bringen Sie mir schnell den Kaffee rein, ich
trink' ihn beim Anziehen. Um elf Uhr ist Termin beim Landgericht
III und um halb zwölf in der Grunerstraße, verrückt kann man
werden, ein ruhiger Syndikusposten ist das richtige, mein Associé,
der Meyrowitz, der Esel, läßt sich's auch wohler sein, Fräulein
Lindner, verbinden Sie mich schnell mit dem Bureau, rasch, rasch.
Ja, Kubalke, hören Sie mal, die Urheberrechtssache Felician Meyer
(Heilbronn) gegen Funkstunde Berlin muß heute noch mir vorge-
legt werden.

Was ist los, wer hat angerufen? Der Gummiverband, wann ist eilige Sitzung anberaumt, um 12 Uhr, das kann ich gar nicht, um ½ 12 Uhr ist Termin, muß man mal sehen. Und ein Telegramm: Wie? Was? Waas: »Wenn nicht sofort herkommen, übergeben Prozeß anderem Anwalt.« Wegen 300 Mark soll man nach Plauen fahren und hier 1000 Mark schießenlassen? Unverschämtheit von den Leuten. Was man für die anderen Leute tut, kann einem keiner bezahlen. Ich werd' wieder nicht wegkommen in den Gerichtsferien, und dabei verdient so ein Mensch wie der Meyer, der gar nichts tut, mehr wie unsereiner, hat reich geheiratet. Na ja, wer's kann.

(Rrr. Das Telephon.)

Wer? Aber lieber Neumann, seien Sie doch nicht so verzweifelt, es ist doch erst Räumungsklage erhoben. Das ist doch noch kein Urteil — ich muß weg, mein ganzes Programm gerät durcheinander, wenn ich Ihnen sage, erst die Klage — wirklich — heute nachmittag ist Sprechstunde. Fräulein Lindner, rasch, rasch ein Auto bestellen — Sie haben ganz recht, ja natürlich, erst die Häuser für ein Butterbrot kaufen, dann verkommen lassen, dann die Läden kündigen, ja, die Ausländer, Auto da? Sprechstunde, Neumann.

(Rrr. Das Telephon.)

Der Teufel soll das Ding holen, ich bin weg, Fräulein Lindner, tot meinetwegen, verstorben. Wie spät? Zehn nach halb? Lehrter Bahnhof, aber schnell!

Jahreszeiten in Berlin

Rat an Cafétiers

Im Ausland erfuhren wir, daß das Conti geschlossen worden ist. Das Café Continental hat jene dämmrige Atmosphäre, die allein dem Geist zuträglich ist.

Das Zuhause ist ein modernes, möbliertes Zimmer, winziger Käfig – vom Bett aus konnte man die Wäsche aus dem Schrank nehmen. Das Zuhause ist ein schlecht zu heizender, altmodischer Raum, viel zu voll oder viel zu leer, ohne jede Gemütlichkeit, mit häßlichen Lampen. Aber im Café Continental war Wärme, eine Tasse Kaffee, eine Schale Haut, zwei Eier im Glas und Gustav, der Ober, ein guter Mensch, eine anständige Seele, immer bereit, nicht nur Zeitungen zu bringen, sondern ein persönliches Wort zu sprechen.

Aber nun hören wir, daß das Conti eine neue Möblierung erhalten soll. Man soll derartige Cafés nicht neu möblieren, man soll sie sogar auch nicht neu anstreichen.

Ein Berliner Cafetier hatte eine alte Konditorei, in der sich hauptsächlich Künstler trafen, es war ein verräuchertes Lokal, schlecht gelüftet durch eine Klappe, die auf den Hof ging, in dem gerade unter der Klappe die Mülleimer standen. Der Hof war so eng, daß die Sonne höchstens bis zur zweiten Etage kam. Es war ewig dunkel in der kleinen Konditorei, nur ein paar irisierende Tulpen und ausgebrannte elektrische Birnen beleuchteten das Ganze. Rote Marmortische standen da, kleine Holzstühle ohne Armlehnen mit Rohrgeflecht. Das war alles. Aber der Wirt kam aus Wien, kannte jeden Gast und, was das wichtigste war, jeden seiner Artikel, Kompositionen, Dramen und Bilder.

Eines Tages aber kam er auf die Idee, das an den Künstlern verdiente Geld dazu zu verwenden, es für sie wieder auszugeben, indem er aus dem Café einen modern möblierten Raum machte. Das Café wurde hell gestrichen. Die Wände wurden bemalt. Reizende helle Möbel kamen hinein, bunte weiche Sessel. Es war wirklich ein hübsches Kaffeehaus. Aber es ging keiner von den Alten mehr hinein. Es kamen Damen, es kamen Geschäftsleute, aber Stammgäste blieben weg. Es war ihnen zu neu, zu elegant, es störten sie die Tischtücher, die Blumensträuße. Es störte sie das Neue – als Revolutionäre liebten sie keine Neuerungen – in ihren Kaffeehäusern muß alles hundert Jahre alt sein, die Fensterscheiben angeräuchert, und man muß die Reste seiner Raucherei auf den Fußboden werfen können, ohne Angst davor zu haben, es könnten Teppiche verletzt werden oder helle Möbel.

Und dies ist wahrscheinlich der einzige Punkt, in denen Trotzki und Mussolini in ihren Kaffeehauszeiten völlig einig waren.

Erinnerungen an Cafés
oder
Das alte Europa

In München gab es früher ein Café mit roten Samtsofas und goldenen Spiegeln aus der Zeit des guten Königs Maximilian, der regiert hat zwischen Ludwig I., der die Lola Montez mehr liebte als die Verfassung und noch dazu eine Biersteuer einführen wollte, was ihm 1848 seinen Thron kostete, und Ludwig II., der Wagner liebte und Kainz und entsetzlich ungemütlich und königlich war.

Die Konditorei in der Theatinerstraße stammte aus der Zeit des Königs Maximilian mit den Marmortischen, mit den roten Samtsofas und den schweren Mahagonisesseln und den feinen, alten, schwarzgekleideten Damen, die auch aus der Zeit des guten Königs stammten. Es war still in dieser Konditorei, besonders im Winter, wenn Schnee lag und Menschen und Wagen wie Schatten vorüberglitten. Daneben waren kleine Läden, ganz kleine, feine Läden, auch aus der Zeit des Königs Maximilian. Ein Papierladen mit Japanpapieren und Lederbüchern und achatnen Federhaltern und ein Drechsler, der Elfenbeinketten fertigte, Stöcke und Schachfiguren. Zwei alte Damen aber boten Schachteln feil, Schreibmappen und Puderdosen mit Goldspitzen und Röschen und Blüten aus Rokokobändern. Später hat man die Konditorei aufgehellt und aufgefrischt. Statt der roten Samtmöbel stehen weiße Lackmöbel darin, die schwarz abgesetzt sind. Die goldenen Spiegel sind fort, und die alten Damen. Und überall hängt das rote Herz, das geschätzt werden soll.

Im Sommer aber gibt es die Hofgartencafés. Stühle stehen um runde Tische, zwischen denen viel Platz gelassen ist. In Berlin stehen die Tische so dicht wie möglich wegen der Ausnutzung des Grundstücks. Nicht eine Minute darf man vergessen, wie schwer das Leben ist. Der Hofgarten aber ist eigentlich der Kurpark oder der Stadtgarten einer Stadt unter 50 000 Einwohnern. Alte Herren, die viel schimpfen, sitzen allein, trinken ihren Kaffee, lesen Zeitung oder spielen Tarock. Später schimpfen sie gemeinsam, während sie ihre Stöcke mit beiden Händen auf dem Rücken halten. Alte Damen sticken und essen Kuchen und sprechen von der neuen Generation, Töchtern, Söhnen und Enkeln, von den Wohnungen und vom Vermieten. Große alte Bäume duften, und an den Wänden, die den Hofgarten umgeben, ist Arkadien gemalt. Griechenland um 1825, teils Türkenkriege und teils Homer, teils Soldaten in weißen Röcken und teils Ithaka, das felsige Eiland.

Wenn man heute ehrlich über Rom schreibt, so muß man gestehen, daß der Autolärm alles übertönt. Und wer vom Garten der Villa Medici auf Rom sieht, der hört das Geblök ohne Unterbrechung, und es ist schwer, die Stille von Gärten, die Einsamkeit der Laubengänge zu genießen, den rankenden Efeu um weiße Statuen, und sich in die Betrachtung der Geschichte zu versenken, wenn der Chor der Hupen uns aufdringlich und unaufhörlich mit hier und heute belästigt. Aber auch auf dem Pincio gibt es ein Café, nicht anders als das Café im Hofgarten in München. Runde Tische stehen weit auseinander unter großen, alten Bäumen. Der Lärm des Lebens und der neuen Zeit dringt nicht bis zu den Cafés, in denen alte Leute Ruhe finden.

Die schönste Erinnerung ist die an einen Sonntagnachmittag in Nauplia, welches weit weg auf dem Peleponnes liegt.

Der Hauptplatz des Ortes sieht aus wie Frankfurt an der Oder, nur steht im Hintergrund eine mittelalterliche Festung auf hohem Fels, eine Festung, an der Türken und Venezianer abwechselnd gebaut haben, um sie immer wieder gegeneinander zu verteidigen und sich von ihren Zinnen aus zu beböllern und zu beschießen. Das ist das, was man den Sinn der Geschichte nennen könnte.

Auf dem Platz ist ein Café, ein Café wie im Münchener Hofgarten oder auf dem Pincio. Wir saßen und tranken Kaffee, den herrlichen türkischen Kaffee, aus winzigen Tassen einen starken Schluck süßen Mokkas. Hinter uns saßen zwei Offiziere, daneben der Rechtsanwalt und der Apotheker. Sie diskutierten. Aus einem Hause kam eine schlanke Dame in Schwarz, sie kam nach einer Weile wieder und trug ein Kuchenpaket. Ein junges Mädchen in Hellblau begleitete eine alte Dame. Sie gingen langsam über den Platz. Der Rechtsanwalt und der Apotheker standen auf. Die

Offiziere folgten, dann war der Platz leer. Ein Herr und zwei Knaben gingen vorüber. Sie warteten. Und dann kam langsam eine Kalesche, wirklich eine Kalesche, ein großer altmodischer Landauer mit zwei Pferden davor. Die schlanke Dame in Schwarz mit dem Kuchenpaket trat zu dem Herrn mit den zwei Knaben. Sie begrüßten sich und stiegen ein. Die alte Dame erschien mit dem sehr feinen, hellblau gekleideten jungen Mädchen und stieg dazu. Die Knaben kletterten auf den Bock, und dann war die ganze Stadt ausgeräumt.

Wir saßen, aßen eingemachte Früchte und sahen auf den Felsen und die Festung.

Soldaten, aussehend wie die Soldaten in ganz Europa, grau oder blaugrau oder graugrün, schlenderten über den Platz. Die Dunkelheit brach rasch herein, wie die Dunkelheit im Süden hereinbricht, da kamen der Rechtsanwalt und der Apotheker wieder und diskutierten und setzten sich an ein Tischchen und bestellten eine Tasse Kaffee.

Dann kamen auch die Offiziere zurück. Sie machten uns Mädchen Augen, wie Offiziere im Süden wohl Mädchen Augen machen. Aber dann ließen sie es, indem sie uns wohl für Engländerinnen hielten.

Dann kam auch die Kalesche zurück. Die alte Dame mit dem jungen Mädchen in Hellblau stieg aus, die schlanke Dame in Schwarz, der Herr mit den zwei Knaben. Die Stadt füllte sich wieder. Es war ganz dunkel geworden. Man richtete eine große Leinwand auf und begann mit dem Kino im Freien.

Zwischen Weihnachten und Neujahr

Von Punsch, Krach, Schreck und anderen bevorstehenden Scherzen

Vor Weihnachten kaufen die Menschen wie zur Zeit unserer Großväter ein Paar Pantoffeln, schöne warme Socken und ein Schokoladenherz. Zwischen Weihnachten und Neujahr bereiten sie sich auf Silvester vor mit Mummenschanz und Lärm und Neckerei. Das meiste ist altüberliefert, aber es gibt ein Herz zum

Anstecken, das einen alten Vers aktualisiert hat. »Letzte Notverordnung«, »Laß es dir gutgehen, auch wenn du in Not bist, was hast du vom Leben, wenn du erst tot bist«. Unter dieser Devise stehen Frauen und Männer in den Alkoholläden resp. den Papiergeschäften und erhandeln sich etwas Freude für die einzige Nacht des Jahres, die in Berlin Karneval ist. Was den Alkohol anbetrifft, so wird bekanntlich das neue Jahr nicht mit anständigem Wein begrüßt, sondern mit jenem komischen Mischgetränk, das man Punsch nennt. Dieses Getränk hat die Eigenschaft, müde und tränenselig zu machen, jenen Zustand hervorzurufen, bei dem der Mensch anfängt, die Lorelei zu singen, was bekanntlich der höchste Ausdruck des Glückes ist.

Wenn nun Punsch der verbreitetste Scherzartikel ist, so kann man die weniger alkoholischen Genüsse in mehrere Sorten einteilen; da gibt es erstens solche, die den Menschen verändern und die die Grundlage aller Maskerade seit grauen Vorzeiten gewesen sind, nämlich falsche rote Nasen, Brillen, Masken, Perücken. Hüte, vor allem jede erdenkliche Form von Hüten, Schäferhütchen, Zylinder, längst verstorbene Kopfbedeckungen treten in Papier wieder auf. Einen solchen Hut auf dem Kopf, Papierchrysanthemen im Knopfloch, ist jeder ein Kavalier, noch dazu wenn er sich eine Brille aufsetzt und eine lustige Nase vorbindet. Außer diesen einfachsten Formen der Maskerade gehört zu einem richtigen Vergnügen der Lärm. Sterbende Schweinchen, Quietschinstrumente, Gurken, Kindersauger und Mohrrüben, die blasen, die angenehme Musik der Knarren und der Heulsirenen. Aber was ist der Lärm gegen das Vergnügen, das man empfindet, wenn erschreckte Wirte oder Hausherren ihre Fenster schon in Trümmern sehen? Unter der Devise »Jeder muß erschrecken« kauft man sechs Metallplatten, die die Anweisung enthalten: »Man halte die sechs Metallplatten an eine Wand und lasse sie dann zu Boden fallen. Es ertönt ein ohrenzerreißendes Geklirr, und jeder meint, es wäre eine Glasscheibe zerbrochen.« Aus der Furcht und dem Erschrecken des Nebenmenschen entspringt die reinste Festesfreude.

Da ist der olle ehrliche Pfannkuchen, der mit Konfetti oder ganz gemein mit Mostrich gefüllt ist, da sind jene Streichhölzer, von denen man schon weiß, daß sie entweder gar nicht angehen oder lichterloh aufflammen, oder Zigaretten, die mit Heu gefüllt sind. Aber auch die neuesten Errungenschaften auf diesem Gebiet zie-

hen ihre erheiternde Wirkung aus der Verlegenheit des Nebenmenschen. Er setzt sich hin, und es quietscht; er will Zigaretten
nehmen, und die Schachtel hopst ihm entgegen. Er öffnet ein Buch,
und es grinst ihn ein Storch mit Säugling an. Er gießt sich einen
Likör ein, er faßt an, o Graus, das Likörglas knickt, und der ganze
Likör fließt über das Tischtuch. Wer da noch nicht ganz glücklich
ist, kann sogar schießen, leider nur mit bunten Wattekugeln in die
Luft, und kleine Festungstürme sprengen, aus denen sich ein Regen von Glücksklee, kleinen Schweinchen und ähnlichem Symbol
ergießt.

Wer aber in jener Nacht schüchtern ist und gern einen Gegenstand besitzt, durch den es sich leichter anbandeln läßt, greife zum
Weingeist-Liebesthermometer, und das Mädchen möchte ich sehen, dessen Herz nicht höher schlägt, wenn ein leichter Druck von
Manneshand genügt, um das Thermometer über die Grade »verliebt« und »großes Herz« hinaus bis auf den Grad »eifersüchtig«
steigen zu lassen.

Aschermittwoch

Der Herr resümierte per ultimo Fasching. Er hatte im ganzen fünf
Kostümfeste besucht. Ausgezogen war er, um in bedrückender
Lage sich einen leichten Mosel zu suchen. Eine spritzige Unbe-
schwertheit für fünf Stunden. Aber nichts, sagen die Herren, ist so
schwer zu finden wie die Leichte. Kurzum, er fand zuerst eine
Blonde, mit glatten Haaren, eine breite rote Schleife vorn an der
engen weißen Bluse, blaue Hosen, rote Schärpe um den Leib.
Stellte sich heraus, Bauhausmädchen von 17 Jahren: Most, aber
kein Mosel. Verantwortung zu groß, Herrgott, man ist doch nicht
mehr 19 Jahre alt. Er ließ sie stehen, sie lief weg, geradewegs einem
völlig albernen grünen Gemüse in die Arme. Der fühlte keine
Verantwortung.

Der Herr stand da, war traurig und ging weg.

Beim zweiten Maskenball war er in großem Kreise, begegnete
dabei Ursula. Deren Mann war beinahe schon menjouhaft. Ursula
war zart, still und in den Angetrauten verliebt. Sie begegnete der
Huldigung und leisen Verliebtheit des Herrn ohne jegliches Ver-

ständnis, befriedigt, unjung und gleichgültig. Hingegen warf sich ihm eine andere Frau des Kreises, kaum älter als Ursula, gleich an den Hals. Aber Krakel und Losgetobe der Einsamen ist das Gegenteil von Leichtigkeit, denn Leichtigkeit kommt aus der Fülle.

Kam der nächste Ball. Griff er leider Bowlensekt. Mannequin. Er fragte höflich: »Gerson?« »Früher«, sagte sie, »bin ich natürlich dagewesen, jetzt bei Meyerstein u. Lewin in der Taubenstraße.« Sagte sofort: »Kleiner«, und erzählte, sie wohne gegenüber vom Edenhotel. »Also im Affenhaus«, sagte der Herr erstaunt. »Gegenüber vom Edenhotel« enthüllte sich schließlich als Wormser Straße. Sie sagte dem schwer einzuordnenden Herrn auf den Kopf zu, er sei ein höherer Beamter, entwickelte überhaupt eine ungeheure Fachkenntnis der Männlichkeit. »Huch, da ist ja Wölfchen. Tag, Wölfchen.« Wölfchen, eine üppige Glatzenerscheinung, wußte gar nicht und war schließlich Rechtsanwalt Wolfffsky vom Kammergericht, Freund der Freundin der Freundin. Der Herr kannte diesen Vorkriegsjargon aus dem Palais und dem Riche, ließ Bowlensekt Bowlensekt sein und bummelte einsam die Budapester Straße hinunter, sich in den Gefilden um die Gedächtniskirche zu verlieren.

Der Winter stieg, es war kein rechter Winter. Es fiel kein Schnee, aber auch keine Dividende. Der Herr gedachte des Frühlings, des Wunsches nach leichtem Mosel, er gedachte sich einzudecken bis zur Sommerreise. So ging er ein letztesmal, fuhr endlos bis dorthin, wo die Messehallen stehen. Schon um 10 Uhr begegnete ihm das Gesuchte. Die Leichte, die Heitere, die Spritzige. Unsichtbare Schellen klingelten ihr um Hals und Füße und Hände. Ihr Gewand war aus bunten Flicken zusammengesetzt, das Gesicht frisch und wissend zugleich. Aber kaum tat sie den Mund auf, begann sie dem Herrn von seinem Leben zu sprechen: »Sie sind verheiratet.« Alles Leugnen half nichts, obwohl der Herr es wirklich nicht ist. Sie sprach viel von sich. Erzählte von der beängstigenden Leidenschaft vieler für sie. Sie wurde sanft, anschmiegsam und nun dem Herrn beängstigend. Dies war Rotspon, Herrgott, solider Rotspon, da half nur sofortige Flucht. Als er draußen stand, war der Funkturm im Nebel ein gigantischer Fund, beglückend und befreiend zugleich. Ende der Torheit und Signal zum Einmarsch in das geraffte Leben.

Zwei Tage später kam ein Brief ohne Unterschrift: »Meine Ruh ist hin, mein Herz ist schwer.«

Es ist kein guter Jahrgang. Most, Bowlensekt und solider Rotspon ist alles. Kein Mosel zu kriegen. Es ist kein guter Jahrgang gewesen, sagte der Herr.

Der Klatschtod

Käte fragte Lotte, ob ihr Mann wüßte, daß sie wüßte, daß er wüßte, worauf Lotte empört war und zu Herta sich dahingehend äußerte, unter dem Siegel der Verschwiegenheit natürlich, daß Käte es womöglich fertigbekommen könnte und fragen, ob er wüßte, daß sie wüßte, daß er wüßte, daß sie wüßte.

Worauf Herta, die den Mann liebte, hinging und ihn fragte, ob er wüßte, daß sie wüßte, daß er wüßte. Worauf der empörte Mann Lotte zur Rede stellte, die Käte zur Rede stellte, die Herta zur Rede stellte; woraufhin keine mehr wußte, was jede wußte oder nicht wußte, woraus sich so viel entwickelte, daß drei Tage später folgende Anzeige in der Zeitung stand: »In der X-Straße hat sich heute Fräulein Herta M. und in der Y-Straße Fräulein Käte K. und Frau Lotte S. gemeinsam mit Leuchtgas vergiftet. Die Motive, die die drei Frauen zu der schrecklichen Tat geführt haben, sind in ein völliges Dunkel gehüllt.«

Instinkt

Herr von A.: Die Frau von X gefällt mir nicht.

Herr von B.: Ich habe auch meiner Frau gesagt, sie solle den Verkehr einschränken.

Herr von A.: Sie paßt nicht zu uns.

Herr von C., ein Ortsfremder: Was ist denn gegen Frau von X zu sagen?

Herr von A.: Sie hat so was Brünettes!

Das Hotel

Das Hotel ist das Paradies, in dem das Glück in Gestalt des Richtigen gleich dutzendweise auftritt, es befindet sich daselbst fast immer ein italienischer berühmter Geigenvirtuose, ein englischer Gelehrter von Rang, ein Rennfahrer und Herrenreiter, die blendende Wiener Schauspielerin, die Gattin des spanischen Gesandten in Tokio und die eines französischen Deputé. Alle diese wirbeln durcheinander, erleben Romane und brennen durch. So ist das Hotel, denkt das junge Mädchen. Das ist aber nicht so.

Ein Hotel ist ein gewerbliches Unternehmen, in dem die Großstadtgeräusche durch die beständig essenden Menschen paralysiert werden sollen.

Es gibt dort im wesentlichen die enttäuschten Frauen aller Nationen zwischen 30 und 40 Jahren. Sie haben Seele, daher eine Nebenbuhlerin und hadern mit dem Schicksal. Sie sprechen viel von den Füßen, zu denen man lag, und den Herzen, die sie knicken, teils im Präsens, teils im Imperfekt. Sie reden davon im Gegensatz zur Kanaille, die sich ebenfalls gleichmäßig über alle Nationen verteilt und den Unterhaltungsstoff des Hotels bildet. Sie nimmt weder üble Nachrede noch Männer wichtig. Sie besitzt ein festes Portemonnaie auf zwei Beinen, welches sie befähigt, sich schöne Kleider für die andern anzuschaffen. Im übrigen ist sie niemals sooo hübsch!

Ferner zweite Abteilung gibt es die jungen Leute.

Erstens die jungen Leute mit der internationalen, pomadisierten Schiebereinheitstolle. Sie haben eine blonde Freundin in Brokat, mit der sie abends tanzen. Zweitens die andern jungen Leute, die zusehen. Sie leben von Vaters Geld, setzen sich zu einer Pulle Sekt und warten aufs Amüsiertwerden. Außer diesen gibt es die verschiedenen Nationen.

Erstens die Deutschen. Diese Nation wird im wesentlichen durch Ehepaare vertreten. Sie sind gern öffentlich zärtlich, wodurch sie schnell von den andern als solche erkannt werden.

Sodann gibt es Engländer oder vielmehr Misses. Wenn sie sehr jung sind, sind sie dreißig. Sie treten lang und hager und zu dritt auf, häkeln an dem ewigen Jumper, haben ein ausgezeichnetes Guidebook und durch Cook eine feste Verbindung mit dem Heimatland.

Es gibt auch ältere Ehepaare. Diese haben liebliche Töchter, die Gegenstände zum Flirt suchen. Bekanntlich ist aber nichts so schwer, als die rechten Gegenstände zu finden.

Franzosen und Italiener sind in Hotels sagenhafte Völker und werden selbst in ihren Heimatländern nur stabil angetroffen.

Die Hauptbeschäftigung aller dieser Nationen ist, auf Post zu warten und einzukaufen.

Für die jungen Leute in Blond und Schwarz, für die langen Misses, für die deutschen Ehepaare ist der weibliche Teil der Hotelgäste wochenlang in Läden gelaufen, hat mit Sorgfalt überlegt und gewählt, hatte Konferenzen mit der Schneiderin und Streit mit den Männern.

Neben dem großen Hotel befindet sich die Natur, in welche einen Ausflug zu machen sich öfters lohnt.

Bildung

Sehr viele Bücher gelesen haben — klug sein.

Eigene Gedanken haben — offene Türen einrennen: sagen und denken und meinen die Leute.

Vor dem berühmten Schloß stehen ein paar Reisende und fragen sich, warum der Bau so italienisch wirke. Eine der Damen, eine ungelehrte und instinktsichere Frau, gerät in Eifer: »Das flache Dach«, ruft sie, »die vielen Horizontalen, die geraden Fensterbekrönungen und die antiken Medaillen«, und freut sich der eigenen Entdeckungen. Die andern lächeln über soviel Pathos und naive Beflissenheit. Der Banause sieht in den Führer, der Kluge lächelt über den Banausen, er hat schon vorher im Führer nachgesehen, er sieht immer vorher im Führer nach. Die Doktorin, summa cum laude natürlich, sagt sehr viel Gutes, es klingt wie die Einleitungen von einem Dutzend grundgescheiter Bücher — anderer. Es könnte scheinen, als ob die Dumme die Klügste wäre.

Zwei Tage darauf, es regnet natürlich, sitzt eine Studentin bei mir: »Als ich noch nichts gelesen hatte«, beginnt sie, »suchte ich Zusammenhänge, entdeckte manches, verkündete dies strahlend. Man lächelte darob und fand, ich hätte noch sehr viel zu lernen. Ich lernte also sehr viel, bis ich mich nicht mehr zu denken getraute. Dann machte ich Examina, schlug weiter in Büchern nach, immer und alles, las vorzüglich Einleitungen, manchmal auch ein Göschen-Bändchen, und orientierte mich darüber, wer wo und wann über das betreffende Gebiet geschrieben habe, und es fanden sich sogar Leute, die mich für gescheit resp. gebildet hielten. Scire ubi sit scientia est scientiam habere, wenn man nur weiß, in welchen Schachteln die Wissenschaft verpackt ist, dann besitzt man die Wissenschaft. Erst schämte ich mich des Betruges, dann entdeckte ich, daß das das übliche sei. Man nimmt 80 Bücher und macht ein 81. daraus, und wenn man Varianten zu Gedanken anderer entdeckt, dann heißt das Ideen haben. Resultat: man verbrenne die Lexika, man mache Tabula rasa, auf daß man den schöpferischen Kopf von dem Vielwisser unterscheide.«

Tabula rasa, das war natürlich das Stichwort für den jungen russischen Bolschewisten, der dabeisaß und meine Keksbüchse erleichtern half resp. Tee trank.

»Ha, da sehen Sie selbst, was zu beweisen war. Der Bolschewismus in jeder Beziehung, das heißt in diesem Sinne der Antihistorizismus ist das einzige Regenerationsmittel der europäischen Menschheit. Was anderes haßt denn Dostojewski als ebendiesen Historizismus des Westlers? Bei ihm fängt jeder Mensch von vorn an, jeder stellt sich alle Probleme neu, während Sie glauben, daß Sie alle bisherigen Meinungen kennen müssen, um den Mut zu einer eigenen zu finden. Sie sind sehr feige«, sagt er verächtlich und lehnt sich schmerzvoll zurück.

»Vielleicht«, sage ich, »aber dies scheint mir gerade das Wesen unserer Kultur, daß Generation auf Generation die Steinchen zusammenträgt zu ihrem unendlichen Bau, daß jeder nur Glied ist in der Kette der Schaffer und Werksleute. Aber man kann auch Ihren Standpunkt, den Sie mit Stolz antiwestlich und dem Hunnentum verwandt zu nennen lieben, diesen Standpunkt des Tabula-rasa-Machens und des Verbrennens verteidigen mit dem Argument eines Europäers, das höchst aristokratisch klingt und hochmütig. Denn Sie sind sich wahrscheinlich nicht dessen bewußt, daß unser ganzes Gespräch nichts war als eine Paraphrase über ein Thema von Nietzsche: ›Daß alle Menschen leben können, verdirbt auf die Dauer nicht nur das Schreiben, sondern auch das Denken.‹«

Das war aber dem Russen zuviel, und er verschwand, obgleich die Hoteldiele geheizt war und man draußen eine kommende Eiszeit schon beängstigend nahe zu spüren vermeinte.

Abwarten

»Was bleibt übrig?« sagte einer, »man muß auf der Stelle treten.«
Das heißt, minder militärisch ausgedrückt, abwarten.

Wir warten also wieder einmal.

Inzwischen versucht man, mit dem Leben fertig zu werden, denn das Leben wartet nicht mit uns. Wir müssen alles weiter zahlen. Steuern, Miete, Gas, Telephon und Licht, und jeden Tag werden wir älter. Inzwischen bekommen wir Post.

In der Post steht: »Auf Ihr Geehrtes vom 25. März teilen wir Ihnen mit, daß wir erst die weitere Entwicklung, zumindest die Konferenz in Genf abwarten wollen, ehe wir die Hypothek bereitstellen.«

In der Post steht: »Über Ihren Vorschlag, einen Reisenden zu einer allgemeinen Tour auf alle kleinen Plätze der Provinzen Sachsen und Schlesien zu schicken, kann ich mich zu meinem Bedauern bei diesen unsicheren Zeiten erst rückäußern, wenn die Reichstagswahlen vorbei sind.«

In der Post steht: »Wegen eines neuen Vertrages wollen wir bei der ungeklärten Lage erst einmal den Volksentscheid abwarten.«

In der Post steht: »Was nun fernerhin Ihre Filmidee betrifft, so können wir uns im Augenblick noch nicht entscheiden, da die geschäftlichen Aussichten für einen derartigen Film sehr gering sind. Ich bitte Sie also, sich deswegen bis nach den Preußenwahlen zu gedulden.«

In der Post steht: »Wegen der Aufstellung eines neuen Dampfkessels müssen wir uns, bei den ungeklärten Verhältnissen, unsere Entschließungen bis nach der Reichspräsidentenwahl vorbehalten.«

In der Post steht: »Ich möchte Ihnen mitteilen, daß ich mich wegen der Wohnung erst nach dem 31. Juli entscheiden kann. Bis dahin muß es in der Schwebe bleiben.«

Und inzwischen bekommen wir auch andere Post.

Die Post enthält die Bitte von Vereinen, ihre kaum noch aufrechtzuerhaltenden Wohlfahrtsunternehmungen zu unterstützen.

Die Post enthält die Bitte von Kaufhäusern, ihnen Sommermäntel, Strandpyjamas oder elektrische Lampen abzukaufen.

Die Post enthält die Bitte von Malermeistern, ihrer zu gedenken und unsere doch sicher sehr verkommene Wohnung streichen zu lassen.

Die Post enthält die Bitte, Zigarren 50 Prozent billiger, Fehlfarben, zu kaufen und Wein, den rassigen Herrenwein, besonders gute Moselsorte, 1,50 Mark die Flasche, nicht zu vergessen. Es kommt die Bitte der Feinkosthandlung, den Vorrat an Konserven bald zu ergänzen, und das vornehme Pelzgeschäft bietet Silberfüchse, auch Blaufüchse, früher 3000 Mark, jetzt schon für 175 Mark an. Es kommen Briefe des Hotels in der Schweiz, wo man früher gewohnt hat, wahre Liebesbriefe. Man soll doch kommen, man würde schon über den Preis einig werden, und wie man sich freuen würde, uns zu empfangen, so liebe Leute! Und das Essen? Und die Bedienung? Alles in der gewohnten Güte. Und wir bekommen Briefe von sehr vornehmen Grafen auf sehr schönen Schlössern, die uns einladen, ihr Gast zu sein. Park und Tennisplatz und Jagdmöglichkeit und Sonnenterrasse und Windspiel und Bridge, Gast zu sein. »Paying Guest!« Es kommt die Bitte von Buchhandlungen, die uns führen wollen zu allem Glück der Erde, zum großen Genuß der großen Geister, wir sollen für 2,85 Mark dieses Glück einhandeln oder wenigstens einen alten Brockhaus kaufen. Es kommt die Bitte, an Versteigerungen teilzunehmen...

Wir warten also.

»Ist Post gekomen?«

»Nein«, sage ich und werfe alles in den Papierkorb.

Inzwischen werden wir alle älter und warten ab. Inzwischen lebt man von Tag zu Tag,

Inzwischen weiß man nicht, ist man leichtsinnig oder albern oder geizig.

Inzwischen bekommen wir Post.

Das Filetbeefsteak

Der Tag in Moabit begann mit einer Rinderlunge, die, von Tuberkeln durchsetzt, als zur menschlichen Nahrung nicht mehr geeignet von der Frau Schlächermeister mit 150 Goldmark bezahlt werden mußte. Daran schloß sich eine Weinbrandverfälschung und Schinkenspeck und ein Kalbsfiletbeefsteak.

Ein Berliner Kaufmann machte im vorigen Frühling mit einer Gefährtin einen Ausflug nach einem lieblichen Orte an der Spree und bestellte dort in einem guten Restaurant zwei Portionen Kalbsfilet zu je 3 Mark, wobei er annahm, daß die Kartoffeln einberechnet seien. Bei der Bezahlung stellte sich heraus, daß es Maltakartoffeln, die Portion zu 60 Pfennig, waren. Der Preis wurde als zu hoch beanstandet, der Kellner ging in die Küche, erklärte, es seien alte Kartoffeln gewesen zu 20 Pfg. die Portion, so daß der Gast 80 Pfg. herausbekam, aber hungrig aufstand, verärgert war und die Filetbeefsteaks anzeigte.

Vor dem Schöffengericht kam man nach dem Gutachten der Preisprüfungsstelle auf einen Preis von 2,60 Mark, 1,30 Mark Rohpreis — 100 Prozent, also 40 Pfennig zuviel für das Beefsteak, und darob zu einem Strafbefehl von 50 Mark. Zu diesem Zweck waren aufgeboten: ein Richter, zwei Schöffen, ein Staatsanwalt, ein Rechtsanwalt, ein Gerichtsschreiber, zwei Wachtmeister, zwei Zeugen, ein Sachverständiger, also elf Personen. Der Angeklagte beruhigte sich nicht bei dem Urteil, und so stand er heute vor der Berufungskammer eines Landgerichts. Zu der Premierenbesetzung waren noch zwei Landgerichtsräte und die Präsidenten des Reichsverbandes des Gastwirts- und des Kaffeehausgewerbes hinzugekommen. Nach sorgfältigsten Diskussionen über unausgeschältes und reines Filet, über Kopf-, Spitz- und Gulaschverwertung kam man zu einem Rohpreis von 1,75 Mark, statt 1,30 Mark, so daß die Beefsteaks eigentlich unterbezahlt waren, denn hinsichtlich des Zuschlags müsse man bedenken: Sommerlokal, Wetterabhängigkeit, bloß drei Monate Betrieb, wahrscheinlich seien 100 Prozent zuwenig. »Ja, wenn wir es so machen«, meinte der Richter, »müßten wir ja auch in das Filetbeefsteak die Hypothekenbelastung einkalkulieren.« Auf die Frage, warum er etwas für 3 Mark gewählt habe, obwohl es auch etwas für 2,50 Mark gegeben habe, antwortete der Zeuge nicht.

Der Prozeß wurde vertagt, da der Gutachter der Preisprüfungsstelle fehlte. Außerdem wurde zum nächsten Termin noch ein fünfter Sachverständiger bestellt. Im übrigen wurde die Gefährtin die jetzige Frau des Zeugen, und sicher besteht ein tiefer Zusammenhang zwischen der Anzeige wegen eines zu kleinen Filetbeefsteaks und der Legitimität des Ausflugs.

Beschäftigung

»Wie?« sage ich, »die Badezimmerbatterie haben sie noch nicht geliefert, da werd' ich aber mal gleich telephonieren, man kann doch nicht so existieren.«

»Bergmann 3468.«

»Wwwwwwwu...«

Fräulein vom Amt: »Besetzt.« Ich warte.

»Bergmann 3468.«

Zentrale: »Hier Brutschke & Co.«

»Ich möchte bitte den Herrn sprechen, der mit der Badezimmerangelegenheit Neanderstraße 50 Bescheid weiß.«

Schweigen. Ich haue den Apparat.

Zentrale: »Was ist denn los?«

»Ich möchte bitte den Herrn sprechen, der mit meiner Badezimmerangelegenheit Bescheid weiß.«

»Einen Augenblick.« Ich warte.

Fräulein vom Amt: »Hier Amt.«

»Aber Fräulein, ich war doch verbunden, trennen Sie mich doch nicht.«

Das Amt: »Legen Sie den Hörer auf die Gabel und warten Sie, bis der Teilnehmer Sie wieder anruft.« — »Aber Fräulein, der Teilnehmer hat mich ja gar nicht angerufen. Ich habe ja den Teilnehmer angerufen.« — »Bitte, Nummer.« — »Bergmann 3468.«

»Wwwwu...«

Ich warte.

Das Amt: »Besetzt.«

Ich warte.

»Bergmann 3468.«

»Hier Brutschke & Co.«

»Könnte ich, bitte, den Herrn sprechen, der mit meiner Badezimmerangelegenheit Bescheid weiß.« — »Da sind Sie mit der falschen Abteilung verbunden.« — »Dann geben Sie mir, bitte, die richtige.« — »Das kann ich von hier aus nicht, da müssen Sie noch einmal das Amt verlangen.«

Als ich den Hörer wieder abnehme:

Unbekannt: »Hallo.«

»Wer ist dort?«

»Hier Technisches Bureau Brutschke & Co.« — »Könnte ich,

bitte, den Herrn sprechen, der mit meiner Badezimmer…«

»Ich sagte Ihnen doch, Sie müssen das Amt verlangen.« – »Ich wollte ja auch das Amt.«

Ich warte. »Bergmann 3468.« – »Wwwwwwu…« – »Besetzt!« – Ich warte. »Bergmann 3468.« – »Hier Brutschke & Co.« – »Verbinden Sie mich, bitte, mit der richtigen Abteilung wegen meiner Badezimmerangelegenheit.« – »Einen Momang.«

Unbekannt: »Hallo!«

»Hier auch Hallo!«

»Machen Sie keine Witze, wir haben zu tun.« – »Ich auch, ich möchte, bitte, den Herrn sprechen, der mit der Badezimmerangelegenheit Neanderstraße 50 Bescheid weiß.« – »Da kann ich Ihnen keine Auskunft geben.«

Weg! Ich haue den Apparat. Endlich wieder der Hallo-Mann. »Ich kann die Zentrale nicht bekommen.« – »Ich werde Sie weiterverbinden.«

Pause!

Das Amt: »Sprechen Sie noch?« – »Aber Fräulein, um Gottes willen, trennen Sie mich nicht wieder.«

Ein Neuer: »Sind Sie noch dort?«

»Jawohl.«

»Einen Augenblick, bitte.«

Ich warte.

»Der Herr hat leider gerade Mittagspause.« – »Wann wird der Herr wiederkommen?« – »Einen Augenblick, bitte.« Pause. »Das ist unbestimmt. Rufen Sie so gegen fünf noch mal die Objekteabteilung an.«

5 Uhr nachmittags.

»Bergmann 3468.« – »Hier Brutschke & Co.« – »Bitte die Objekteabteilung.« – »Einen Augenblick, bitte.« – »Könnte ich, bitte, den Herrn sprechen, der mit meiner Badezimmerangelegenheit Bescheid weiß?« – »Einen Augenblick, bitte.«

Pause.

»Einen Augenblick, bitte, der Herr ist im Hause, der Herr muß erst gesucht werden.«

Pause.

»Der Herr ist nicht zu finden, rufen Sie, bitte, in 10 Minuten noch einmal an.«

5.30 Uhr.

»Bergmann 3468.« – »Hier Brutschke & Co.« – »Bitte, die

Objekteabteilung.« − »Einen Augenblick, bitte.« − »Könnte ich, bitte, den Herrn sprechen, der mit der Badezimmerangelegenheit Neanderstraße 50 Bescheid weiß?« − »Einen Augenblick, bitte.«
Pause.
»Hier Brutschke & Co., Objekteabteilung. Müller, ja, gnädige Frau, um was handelt es sich denn?«
»Wir warten nun schon drei Wochen auf die Badezimmerbatterie.«
»Ach ja, die ist bereits bei der Montageabteilung, da müssen Sie dort reklamieren.«
»Verbinden Sie mich dann, bitte, mit der Montageabteilung.«
»Einen Augenblick, bitte.«
Pause.
»Da meldet sich niemand mehr. Die Montageabteilung ist bereits geschlossen.«

Atem einer anderen Welt

In Berlin telephoniert man. »Könnte ich bitte Herrn Dr. Liebenswert sprechen?«
Sekretärin: »Herr Doktor ist nicht da.«
»Wann ist Herr Doktor zu sprechen?«
»Das ist ganz unbestimmt.«
Klapp. Abgehängt.
Drei Tage muß man telephonieren, bis man den Herrn erreicht. Man telephoniert mit einem Herrn aus Frankfurt.
»Könnte ich bitte Herrn Doktor Eschweiler sprechen?«
Sekretärin: »Herr Doktor ist nicht da.«
»Wann ist Herr Doktor zu sprechen?«
»Das ist ganz unbestimmt. Aber bitte sagen Sie mir Ihre Telephonnummer.«
»Aber, Fräulein, ich kann ja noch einmal anrufen.«
Sekretärin: »Nein, Herr Doktor hat mir extra gesagt, ich soll mir die Telephonnummern aller Damen und Herren aufschreiben, die anrufen.«
Fünf Minuten darauf telephoniert es.
»Hier Doktor Eschweiler.«

Herr Doktor Eschweiler ist sehr beschäftigt, er kennt mich nicht, weder dem Namen nach noch von Person. Er weiß nicht, ob ich eine alte Großmutter oder eine junge Schönheit bin. Ich will ihn sprechen, nicht er mich. Trotzdem haben wir folgenden Dialog:

»Selbstverständlich, gnädige Frau, nur muß ich Ihnen leider sagen, es geht erst Anfang der nächsten Woche.«

»Wann sind Sie zugegen?«

»Etwa um elf Uhr vormittags.«

»Ich kann vormittags immer schlecht telephonieren.«

»Also bitte, gnädige Frau, nachmittags, oder ich kann ja auch Sie anrufen. Und wenn Sie mich verfehlen sollten, schreiben Sie mir eine Karte. Oder vielleicht paßt es Ihnen morgens. Ich wohne hier Hotel X und habe Telephon in meinem Zimmer. Wenn Sie mich um halb neun anrufen, paßt es mir immer. Aber wie gesagt, ich rufe auch gern Sie an.«

»Gut, gut«, sage ich fast gelangweilt von soviel Ausführlichkeit, »es wird schon klappen. Auf Wiedersehen.«

Aber dann lehne ich mich doch zurück und denke: Atem einer anderen Welt! Und bekomme Sehnsucht nach Gelassenheit, Muße und Stille, nach Liebenswürdigkeit, Ausführlichkeit und Langeweile.

Vineta und Poseidon

Einst saß ich in Frankfurt, heimatlos und verärgert, weil mir alle erzählten, daß sie schon eine freie Reichsstadt, Kreuzpunkt zwischen üppigem Flandern und kunstreichem Süd gewesen sei, während unsereins, droben in der Sandbüchse, wahrscheinlich noch auf Bäumen gehaust hätte. Und ich tat das, was eine Frau tut, wenn sie unglücklich ist. Ich griff zum Telephonbuch. Aber schon stutzte ich. Was kann mit Menschen los sein, die »Amt Taunus« haben? Würden sie mir nicht gleich sagen, was für e lieblische Gejend im Gegensatz zum Grunewald der Stadtwald sei? Oder gar »Amt Römer«? »Ach, keine Brücke führt von Mensch zu Mensch.«

Da sah ich zu meiner hellen Freude, daß auch in Frankfurt mit Telephon gekocht wird; »Amt Hansa.« Hansa ist nicht gerade das Beste, ist im Norden schon fast Moabit, aber im Süden immerhin

Tiergarten. Und während ich den Hörer abnahm, war ich beinahe zu Hause. Muttersprache, Mutterlaut: »Hansa«, sagte ich, und ich roch Benzin.

Die Wichtigkeit der Art der Telephonnummer wird stark unterschätzt. Ich habe ein Mädchen gekannt mit Freunden in Menge, die hinaufgeheiratet hat, bis beinahe in den Äther oder bis in die hundertste Million, nur weil ihre Eltern »Steinplatz 1101« hießen. Wer je diesen Namen hörte, merkte ihn sich. Aber was kann aus Menschen werden, deren Amt »Fraunhofer 3279« heißt, eine Zahl, unmöglich zu behalten? Die größte Liebe scheitert an der vergessenen Telephonnummer, aber noch mehr die werdende Zuneigung.

Sitzt ein junger Mann abends einsam. Die Budenangst kriecht heran, malt schon ihre Schatten an die Wand. Ich wer' mal jemand anrufen, denkt er, wie war doch die Nummer von der Käthe Stock, die wir beim Schwimmen trafen? Vielleicht kann sie morgen abend, Kino oder so. Wie war doch die Nummer? Ich hab' sie verloren. Müßte mal nachsehen. Ist im anderen Anzug. Das Telephonbuch ist nicht da. Erst aufstehen und Frau Thiele hier bitten, bin ich zu faul, und vielleicht schläft die Alte schon. Ich werde Lotte anrufen, Zentrum 3009. Schöne Nummer, bequem, unvergeßlich. Er ging mit Lotte ins Kino, ging mit Lotte zum Standesamt. Käthe Stock hatte Andreas 8725. Kann eine Nummer so heißen? Ist Käthe Stock nicht verloren in einer Zeit, die den Brief nicht mehr kennt, wo die Telephonnummer wichtiger ist als Straße und Hausnummer? Eine Liebe beginnt mit der Telephonnummer, und sie ist erst endgültig zu Ende, wenn die Nummer des Geliebten völlig vergessen ist.

Wieder einmal drohen neue Ämter. Man achtet des Menschen nicht und seiner Gewohnheit, wenn man ihn immerzu umnennt. Ein Leben lang hat man »Kurfürst« geheißen, jetzt soll man plötzlich »Barbarossa« sein. Ist es nicht schon ein Begriff, eine Gegend, eine Wohnung, ein Treppenaufgang, ein Mensch, der »Steinplatz« heißt? Ist »Bismarck« nicht etwas ganz anderes? »Bismarck« ist W. 15, ist Kurfürstendamm und angrenzende Länder. Lieb ist uns die Bezeichnung der Ämter und vertraut. Es hat ein neues Leben begonnen. Niemand erinnert sich mehr, daß es ein Amt 6 gab, das fein war, und ein Amt 7, das den Osten umfaßte. Aber Generationen werden kommen, deren Liebste »Fraunhofer« heißt oder »Vineta«. Sinnlos, wie das Chaos selber, nimmt die Post aus der endlosen Zahl der Substantive die, die ihr recht dünken, drückt den Unbekannten den Stempel der Ewigkeit, vielleicht dreier Generationen auf. Zentrum hat einen Sinn. Kurfürst, das ist eine Gegend, in der alles »Kurfürst« heißt, Damm, Hotel, Straße, Drogerie, Apotheke. Lützow ist das gleiche. Selbst Barbarossa mag noch angehen. Aber was ist Albrecht, wo ist Albrecht, wer ist Albrecht? An Alexander sind wir gewohnt, aber Poseidon anzurufen, den Erderschütterer, ohne ein Dulder Odysseus zu sein, umgetrieben von Jannowitz bis Hermannplatz, von Bavaria bis Moabit, ist nicht möglich. Nachbar wurde Poseidon von Amt Oberspree und Amt Oberbaum, kam vom Ozean auf die Spree, was so kränkend ist, daß er sich sicher dauernd in die Wolken einer Betriebsstörung hüllen wird. Auch werden wir nicht berechtigt sein zu zürnen, wenn Vineta sich nicht meldet, sondern aufs neue versunken ist, überspült von Panke und Spree. Von »Flora« ist man abgekommen, trotzdem mancher Jüngling gern schon mit Flora ein Gespräch begonnen hätte, das mit »Gute Nacht, Süße« enden soll. Aber gut ist es, daß man Pestalozzis gedachte. Eines guten Menschen, was wichtiger ist als die verwegene Jagd Lützows, als die goldene Bulle des Kurfürsten und die Kartons von Cornelius, die doch keiner ansieht. Manchmal mag er sinnend Humboldt zunicken, der hoch im Norden thront, Herr über 25 000 Telephonanschlüsse, was das Ende aller Philosophie ist und allen Nachdenkens über die Wirksamkeit des Staates.

Abschied von meinem Telephonfräulein

Von heute ab wird die Stimme meines Telephonfräuleins nicht mehr zu hören sein. Leid und Lust, Liebe, Ärger und Kummer bedürfen keiner Mittlerin mehr. Nie mehr wird einer rufen: »Fräulein, Sie haben mich wieder falsch verbunden.« Oder: »Fräulein, Sie haben mich zum drittenmal falsch verbunden.» Oder: »Fräulein, ich habe noch keinen Anschluß.« Oder: »Fräulein, ist denn noch immer besetzt?« All diese Worte, Sphärenmusik unserer Tage, werden nunmehr für den Telephonteilnehmer von vier Ämtern nicht mehr lieblich erklingen.

Nie mehr werden junge Leute sich in die sanfte, freundliche

Altstimme oder in den hellen, heiteren Sopran meines Telephon-fräuleins verlieben. Nie mehr werden wir die schönen Beleidi-gungsprozesse in Moabit erleben, wo ein aufgeregter Börsianer, der seine Börsenkurse nicht durchbekam, oder ein wildgeworde-ner Rechtsanwalt »alte Ziege« oder »dämliche Person« in das schwarze Rohr geschrien hatten. Balde, ach balde wird dort nicht mehr die Post auftreten, vertreten durch Posträte und Oberpost-räte oder Postdirektoren und einem jungen Mädchen, das mit Recht erklärt, sie brauche sich nicht bei ihrer schweren Arbeit noch dazu dämliche Ziege schimpfen zu lassen.

Nie mehr werden bei meinem Amt einsame Menschen nachts das Rohr abheben können und, freundlich von einer hilfreichen Seele verbunden, die Freundin erreichen können oder den Freund.

Denn nunmehr muß jedermann Licht machen und aufstehen, um die Buchstaben zu erkennen und die richtigen zu greifen. Nicht mehr können wir, das Hörrohr in den Hals geklemmt, weiter zeichnen, rechnen oder schreiben, denn das Geschäft des Telepho-nierens ist eine Handfertigkeit geworden. Es bedarf der Aktivität. Wiederum verschwinden viele Menschenseelen, mit denen wir verbunden waren, in den Abgrund der eiskalten Technik.

Wir haben diese Menschenseelen vielmals gescholten und selten gelobt, wie es immer ist im Leben, aber erst an ihrem Grabe werden wir erkennen, was wir verloren haben.

Wenn es gestattet ist, möchte ich ein persönliches Erlebnis er-zählen, welches bald typisch sein wird. Ich stand im Landgericht I in der Grunerstraße in einer Zelle und versuchte jemanden drin-gend zu erreichen. Ich warf ein 10-Pfennig-Stück ein. Es meldete sich niemand. Schließlich versuchte ich es noch einmal, es meldete sich wieder niemand. Ich opferte den dritten Zehner. Echolos und einsam stand ich mit dem Apparat allein in der Zelle. Kein Fräu-lein, zu dem ich sagen konnte: »Fräulein, verbinden Sie mich doch endlich!« Ich versuchte das drittemal vergeblich. Der Apparat sah aus, als ob er breitmäulig grinse. So rief ich die Aufsicht. »Der Apparat«, sagte die Aufsicht, »muß die Zehner wiedergeben.« Ich sagte: »Er tut's aber nicht.«

»Er muß aber«, sagte das Fräulein streng.

Ich gab es auf. Ich ging in einen benachbarten Zigarrenladen und telephonierte dort.

Aber ich begriff nun von ganzem Herzen jenen Herrn, der einen ungehorsamen Telephonapparat verprügelt hatte, dergestalt, daß ihn die Post wegen Sachbeschädigung verklagte. Ich fürchte, jetzt da die Fräulein nichts mehr hören, werden's die Apparate spüren.

Und bei der fühllosen Maschine werden wir uns alle nach den lieben Mädchen zurücksehnen, die »Hier Amt« riefen.

Volkswirtschaft

Die Dame sagte beim Tee zum Herrn: »Lange nicht gesehen, wie geht's?«

»Schlecht«, sagte der Herr.

»Kommen Sie doch mal zu mir«, sagte die Dame.

»Ich habe zuviel zu tun«, sagte der Herr.

»Was tun Sie denn jetzt?« fragte die Dame.

»Leider gar nichts«, erwiderte der Herr.

Irrsinniger Dialog, denkt vielleicht mancher. Ist aber nicht irrsinnig.

So sehr viel zu tun hat man immer nur, wenn man nicht zu tun hat. Ein Kaufmann arbeitet am meisten, wenn das Geschäft am wenigsten geht. Geht es gut, kann er früh nach Hause gehen. Ist es still, muß er um so mehr rumoren. Eine Stellung suchen verbraucht mehr Zeit und Arbeit als jede Stellung. Und welche Arbeit bedeutet es, sich Sorgen zu machen. Einen Roman zu schreiben ist geringe Mühe, demgegenüber ihn unterzubringen, über die Bedingungen der Unterbringung zu verhandeln, das frißt einen auf. Ein Theaterstück zu verfassen ist leicht, schwierig nicht etwa, daß es angenommen wird, sondern es aufgeführt zu sehen binnen kurzem, und nicht nach acht Jahren, wenn die Probleme altbacken und die Sprache modrig riecht, verändert, verbrämt und ins Gegenteil verkehrt. Wie einfach ist es zum Beispiel, Elektrizität aus der Luft zu holen, gegenüber einem Patentprozeß mit dem Riesen, der das Patent umging, als erster ausnutzte, dem Erfinder überließ, sich auch das Geld aus der Luft zu holen. Fast scheint es keine große Sache, Lebensmittel aus der Erde zu destillieren, gegenüber der großen Schwierigkeit zu erlangen, daß sie fabriziert werden, und der noch größeren, daß man von den Lebensmitteln etwas abkriegt. Wollte Faust Land trocken legen, wäre er, bis er die

Genehmigung erhielte, wohl tot, es sei denn, er nähme sich einen langen Manager, der den Reklameapparat aufzöge. Die Leistung ist das wenigste geworden. Der Manager bedeutet alles. Darum stehen mit Recht nicht der Dichter, sondern der Verleger, nicht der Dramatiker, sondern der Direktor, nicht der Maler, sondern der Kunsthändler, nicht der Erfinder, sondern der Fabrikant auf höherer sozialer Stufenleiter. Darum machen sich die Verleger, die Direktoren, die Kunsthändler selbständig und dirigieren, was sie brauchen. So rum kommt zwar nur Mist raus, aber immerhin Mist. Will die Leistung diktieren, geht's gar nicht. Denn der Reibungskoeffizient ist so groß geworden, daß die Reibung der Energie gleichkommt, die die Leistung hervorbringt und so die Leistung unmöglich macht. Kurz und gut, es macht heutzutage so viel Arbeit, einen Papst zu finden, daß keiner mehr dazu kommt, ein Jüngstes Gericht zu malen.

Vor und nach dem Aufstieg
Oder:
Ein Dichter gerät in den Kommerz

Es war ein gutes Jahr. Eine Dame bat zum Tee, ganz zwanglos, sagte sie. So drei Leute vielleicht. Es waren nachher fünf. Aber auch das war kein Gelage, keine Orgie, kein Fest, sondern der dünne Tee, den ein paar Intellektuelle tranken. Wir kannten uns. Da war eine sehr anspruchsvolle Dame, eine zweite, die entsetzlichen Klamauk machte, alle Welt kannte, von aller Welt gekannt wurde, abgebildet wurde mit und ohne Festessen, ferner ein reizender Arzt, der die Menschenseele durchschaute, ohne es ihr übelzunehmen, an Rechnungen vergaß und an Nachfragen dachte, da war ein etwas allzu tüchtiger Rechtsanwalt, der überall Eisen im Feuer und seinen Namen in den Gazetten hatte, ein Mandats- und Mitgiftjäger, so komisch, so naiv, daß er gar nicht merkte, wie ungeschliffen er war.

Zu diesen und anderen Leuten trat ein Ehepaar, ein feierliches Ehepaar aus der Provinz, Gottwald Leinsam und Frau. Der Herr trug einen Smoking, nachmittags um 5 Uhr, die Frau ein ärmelloses Abendkleid aus rosa Seide mit Handarbeit um den Ausschnitt.

Eine Welle des Mitleids erfaßte die übrigen. Das Ehepaar kam aus Pommern. Der Herr begann sogleich, nachdem er vorgestellt war, eine wütende Rede über Berlin: »Ekel überkommt einen, wie immer eine Hand die andere wäscht und wie man mit Leuten, die man nicht mit der Feuerzange anrühren möchte, freundlich tun muß. Alles Betrieb und nirgends das wahre Werden.« Dabei sah er nicht etwa den Rechtsanwalt, sondern den Arzt scharf an und erklärte, daß er Lyriker sei, ein deutscher Dichter. »Aber für deutsche Dichter« pflichtete die Gattin bei, »ist kein Platz in diesem Deutschland.« Sie tranken beide, verbittert und wütend, sehr viel Tee und waren böse mit uns. Machten uns Vorwürfe, daß kein Mensch sich kümmere, wenn man am Hungertuch nage. Ein pommersches Hungertuch scheint fetthaltiger zu sein als Berliner Fleischtöpfe. Jedenfalls machten sie den rötesten und rundlichsten Eindruck von allen. Der Arzt, eine Dame und ich, wir gingen fort. Wir fanden, daß wir es nicht nötig hatten, uns ausschelten zu lassen, bescheidene unarrivierte Tiere, wie wir seien, persönlich schuldlos am Schicksal von Gottwald Leinsam, ein Name, der wirklich klang wie von Jean Paul erfunden. Lyriker! Was ist das auch für eine abstruse Idee, sich als Lyriker sein Brot verdienen zu wollen, was für eine lächerliche Überschätzung ihres Marktwertes!

Dies alles ist zwei Jahre her. Jetzt schwimmt Leinsam oben. Aber schon sechs Wochen nachdem er in Berlin war, hatte er sich akklimatisiert, und in welchem Ausmaß akklimatisiert! Welche Zeitung man immer aufschlug, immer stand ein Roman von Herrn Leinsam drin, oder mindestens eine Skizze. Diese Romane wurden zuletzt noch zu Hörspielen ausgewalzt. Leinsam macht Betrieb, mehr Betrieb als alle gebürtigen Berliner. Er ging nicht in die Einsamkeit, sondern zum Filmdirektor. Er lauschte nicht den Vögeln im Walde, er lauschte nicht der Melodie der Autohupen in der abendlichen Weltstadt. Er lauschte nur den Worten der Gattin des Verlegers. Und seine Gattin trägt nur noch Schwarz. Ich habe heute ein Blatt aufgeschlagen, da sah ich ein Bild. Herr Leinsam stand mit erhobenem Glas, neben anderen Herren und Damen, links ein Nobel-Gepriesener, rechts ein Minister, es waren sehr bedeutende Leute auf dem Bild, sehr bekannte zumindest. Man versteht nicht recht, was Herr Leinsam dazwischen tut. Aber Herr Leinsam ist eben überall dazwischen. Und wahrscheinlich ist er immer noch empört über Berlin, schimpft über den Betrieb, den er selber macht, und jammert über den Untergang der deutschen Lyrik.

Tee mit Spuk in der Saison

In der Joachimsthaler Straße, die man auf Frankfurterisch Freß-gäßchen nennen könnte, fragte um ½1 Uhr eine Dame nach Melo-nen. »Die Saison ist vorüber«, sagte die Verkäuferin, »aber Granat-äpfel sind noch da.« – »Sieh dir die Artischocken an«, sagte die Mama der Dame. »Mach sie doch gefüllt.« – »Ich kann der Mamsell nicht dreinreden«, sagte die Dame. »Guten Tag«, sagte ich, »ich habe Sie lange nicht gesehen.« – »Ewig nicht mehr«, sagte die Dame, »wir waren viel verreist, und Ende der Woche fahre ich zu einer Hochzeit auf dem Lande, dann habe ich für Weihnachten zu tun. Anfang Januar fahren wir nach St. Moritz, und immerzu eingeladen. Es ist schrecklich, man kommt überhaupt nicht mehr dazu, seine Bekannten zu sehen. Merkwürdig, merkwürdig bei den Zeiten. In der ganzen Stadt sind Läden zu vermieten. Fräulein, wenn Sie mir Grapefruits geben, dann suchen Sie bitte schöne aus!«

Um 5 Uhr ist der Asphalt schwarz vor Nässe am Lützowufer. Auto steht hinter Auto. »Verein der Künstlerinnen« am Haus. Der Laie denkt: Wie? Am Nachmittag gehen Autobesitzerinnen in Kunstausstellungen? Sehen Gemälde bei Lampenschein an? Sehen überhaupt Gemälde an? Steht auf der Carte du chic, daß man wieder in Ausstellungen geht? Auf der Carte du chic steht: Gesell-schaftstee mit Modenschau 5 Mark. Dazu als Damenspende »Die Frau von heute«. Gemäldeausstellung.

Die Malfrauen sind weltlich und elegant geworden. Sie sagen sich, malen lassen ist nicht mehr üblich. Kreieren wir es als Neue-stes, wird ein neues Porträt vielleicht wieder so wichtig wie ein neuer Pelz. So fand sich ein Komitee kluger und vielleicht ironi-scher Frauen, die sich sagten: Erstens macht es Spaß, und zweitens ist die Sünde wider den Geist, drapiert in Spitzenkleidern, nur ein Gebot der Not der Zeit.

Im langen Raum stehen Tische, von Damen der Gesellschaft gedeckt. Tee, Brötchen und Überfülle von Kuchen. Die Malfrauen sind weltlich und elegant geworden, aber es ist nicht so, die anderen, die nur ein Fähnchen haben, sind eben nicht da. Die Malerin unterscheidet sich nicht von der Bankiersgattin oder der Journalistin. Alle haben schwarze, glänzende Seidenkleider an, ein bißchen gerafft, ein bißchen zipfelig, dazu schwarze Hüte, braunen, sonnenverbrannten Teint und einen rouge Mund. Mir passierte es durch einen Denkfehler, daß ich in Blaßgrau ging. Mich überkam die tiefe Scham der Frau, die es sich einfallen läßt, in einer Trauerversammlung im Indianerkostüm zu erscheinen. Nur durch Hinter-einen-Tisch-Kriechen gelang es mir, meine Blöße zu decken. In schwarzen Spitzen und Tüll kam das blonde Mannequin vorüber, nach ihr schleppte eine himmlische Schwarze ein Knallrot-Seidenes durch den Staub, und aller Herzen schlugen höher. Die Damen machten Stielaugen, um die Kleider zu betrachten. Und über ihnen an der Wand waren sie noch einmal zu sehen. Das war seltsam genug und nicht immer gut für die Maler wie für die Gemalten. Ist es nicht peinlich, wenn ein gemalter süßer junger Kopf voll heller Reinheit plötzlich daneben als ein wirklicher alter erscheint, verfettet und von häßlichen Erlebnissen breitgequetscht? Immer war es nicht angenehm für die Gemalten, aber darauf kam es nicht an, denn kaum einer sah die Bilder an, obgleich alle an der Wand standen und hingen, die dazugehören, und auch die, die nicht dazugehören. Merkwürdig, nur eine einzige hatte beim Thema »Frau von heute« an Beruf und Kinder gedacht: Die Annot hat mit ihrem großen Charme und Können sich selber mit der Palette und ihre beiden Kinder gemalt. Aber auf das viele Können und auf Ernst und Mühe sah man nicht, denn alle hatten volllauf zu tun, gegenseitig ihre Kleider und Hüte zu beschauen, denn wozu ist der Kopf da, wenn nicht für den Hut? Bei den ersten Tees standen die Damen an der Wand entlang, so voll war es, woraus man ersieht, welches Bedürfnis nach gesellschaftlichen Veranstaltungen besteht, nach Tees und Modeschauen, und welch geringes, sich aufbewahrt zu sehen für die Ewigkeit. Man trägt jetzt Photographien statt eines Gemäldes. Man hat mehr Interesse für einen lebendigen Liebhaber, dem man eine Photographie schenkt, als für die Enkel, die man noch nicht kennt. Und ein Familienbild: Eltern mit Kindern und Großeltern, macht lächerlich. Abends war die Yvette Guilbert und die Mary Wigman oder irgendwo ein Empfang, oder die Bergner oder Bruno Walter. Alle hatten, kaum war das letzte Kleid vorüber, es eilig, ans Auto zu laufen, sich umzuziehen. Es war ein munterer Betrieb, und ich fragte eine Künstlerin, die auch davonstürzte, sich umzuziehen, um zu einer Gesellschaft zu gehen: »Wann haben Sie eigentlich Zeit zum Arbeiten?« – »Oh«, sagte sie, »ich benutze jede freie Minute.« Ich bin überzeugt, daß sie viel Erfolg haben wird, denn der Erfolg folgt nicht der Kunst, sondern er wird gebacken aus Betrieb und Selbstlob. Erfolg hat, wer Mode ist, und Mode ist, wen man überall sieht. Am Abend gab es Vorträge. Lene Schneider-Kainer sprach über Persien, Erna Grautoff über die Liebe und die Frau von heute, Julie Elias und Elsa Herzog sprachen über Mode und Küche, und ein letzter Vortrag ist Freitag von Dr. Luise Diehl, ganz ernst über die Ernste, Käthe Kollwitz und ihr Werk. Am Montag sprach Adele von Finck über Handlesekunst. Seit die Graphologie Einzug in das ernste Berufsleben gehalten hat, das Gesicht gar nichts mehr nützt, ebensowenig wie Gestalt, bisher einzige Visitenkarten des Menschen, und seit man gleich geradewegs, wenn man einen Posten für Stenographie und Schreibmaschine antritt, sein Herz und seine geheimsten Regungen mit verkaufen muß, kann es einem ja auch passieren, daß ein Chef sagt: »Auf Zeugnisse gebe ich nichts, bitte Zimmer 562, Zimmer der Handleserin!« Man muß auf alles gefaßt sein, auch Cäsar untersuchte die Hände, bevor er jemandem etwas anvertraute. Perser, Ägypter waren auch der großen Kunst kundig. Erst für das Christentum war sie Teufelswerk und Schwarze Kunst. Wir nun wieder, müde des 19. Jahrhunderts und seiner Wissenschaftsbetrunkenheit, verneinen völlig, daß wir es herrlich weit gebracht haben, und haben uns wieder der Magie geöffnet. Seit es aber mit Schrauben und Hebeln Bewaffneten gelungen ist, einzudringen in den Schlaf der Menschen und den Sinn der Säuglinge, seitdem ist es erlaubt, auch den anderen schwarzen Künsten ohne Lächeln gegenüberzutreten. Im beleuchteten Saal hingen vier große gezeichnete Hände mit allen ihren Linien. Die Vortragende erklärte mit Zeigestab: »Die linke Hand trägt die ererbten Linien, die rechte die erworbenen. Die Linien verändern sich im Laufe des Lebens, aber manuelle Arbeit formt sie nicht um. Gleich lange Finger sind Zeichen höchster künstlerischer Begabung, sehen Sie hin, verehrtes Fräulein, ob der Herr eine dicke Maus hat. Dicke Maus ist das Zeichen der Triebhaftigkeit. Knotige Finger beweisen Lust, über schwere Probleme nachzudenken, gepolsterte sind Zeichen von Genußsucht. Bei Napoleon überragte der Zeigefinger den Mittelfinger, was das Zeichen des geborenen Herrschers ist.« Sie erzählt Geschehnisse: »Einst sah ich die Hand einer Verlobten, die fragte, ob sie den Mann heiraten soll, sie habe Hemmungen. Ich nahm die Hand des Mädchens, drohend war eine unglückliche Heirat eingeritzt. Ich befand mich in einer außerordentlich peinlichen Lage. Ich bat, die Hand ihres Verlobten sehen zu dürfen, auch in seiner stand die Krankheit. Ich riet dringend zu einem Gesundheitsattest, der Mann ist bald darauf erkrankt und gestorben. Während des Krieges kam ein Offizier aus sehr gefährdeter Stellung zu mir, aus dessen Hand ich sah, daß er von Wasser bedroht war. Er lachte darüber. Kurze Zeit darauf erlitt er einen Herzschlag beim Baden.«

Der Vortrag ist zu Ende. Die Frau von heute hängt an der Wand, sitzt schön und schlank im Saal. Die Vortragende erzählt später, daß sie mit einem Graphologen zusammenarbeitet, daß die aus der Schrift und die aus den Handlinien gewonnenen Charakterbilder sich decken. Im Vorraum stehen zwei Damen, und die eine sagt: »Es ist schrecklich, man kommt überhaupt nicht mehr dazu, seine Bekannten zu sehen. Nach der Reise rufe ich Sie an.«

Ausverkauf

Briefe kamen ins Haus. Mitte Juli einer vom Atelier Pastin: »Als unsere sehr geschätzte Kundin wollen wir, vor dem allgemeinen Ansturm, Sie besonders gut bedienen.« Vorbesichtigung also. Herrliche Mäntel. Schwarze Charmeusekleider. Kleine Jerseykittelchen, alle zweihundert Mark das Stück statt vierhundert statt sechshundert Mark, geschenkt dafür, Nähte, Biesen, große Kunst. Noch ist es ganz still. Bei Neufeld fangen sie schon an, die Waren in die Fenster zu legen. Das rosa Abendkleid mit Pailletten war einmal bildschön, nichts ist es jetzt als ein grauer Fetzen, müde, nur noch gut für ein armseliges Tingeltangel in der Provinz, von dreihundertundfünfundsiebzig Mark kam es auf neun Mark und fünfzig Pfennig herab. Lieblos legen sie Mantel neben Mantel, Stück für Stück neunundfünfzig Mark und fünfundneunzig Pfennig. Wäre einer von ihnen der lieblichen Wachspuppe aufgezogen, beige getönt, dazu ein brauner Schal mit Rot, ein roter Hut, die passenden Schuhe, die schweinslederne Tasche daneben, es wäre herrlich. Aber das tun sie gerade nicht. Legen Mantel neben Mantel, damit das dumme Weib, die Käuferin, denkt, mit dem Mantel allein sei sie schon elegant.

Oben im Atelier Pastin steht eine Üppige, Mollige im rosa trikotseidenen Unterrock. Fräulein Frieda, die alle lieben, sagt: »Es wird nichts passen.« Sie proben. »Wir haben nur kleine Größen, nichts über zweiundvierzig.« Die Mollige zieht sich an. Aber der Mantel, ach, ein Gedicht. Modell »Je t'aime«, schwarzer durchsichtiger Samt mit grauen Füchsen, herrlichen graugefärbten Weißfüchsen, der paßt, kostet jetzt vierhundert Mark, »die Füchse sind's allein wert«, sagt Fräulein Frieda. Die Mollige meint: »Herzchen, ich muß es mit meinem Mann besprechen. Hängen Sie ihn mir bis morgen zurück. Kann ich mich darauf verlassen?« – »Aber bestimmt, liebe Frau Direktor, wo Sie doch meine liebste Kundin sind.« – »Wirklich, mein Herzchen?« – »Aber das wissen Sie doch«, sagt Fräulein Frieda. »Überlegen Sie es sich nicht zu lange. Mit dem Mantel vom vorigen Jahr können Sie nicht mehr gehen. Ich weiß doch, wie gut gnädige Frau angezogen gehen.« Gibt es eine Frau, der das nicht einginge wie bittere Schokolade mit Pistazien gefüllt? Die Mollige versteht es mit den Kleidern. »Ulster«, sagt sie, »nach Maß vom Schneider. Große Abendkleider von Pastin oder Amboß. Nachmittagskleider kann man nicht genug haben. So viel Geld hat kein Mann. Da nehme ich meine alte Matukeit mit, probiere bei Amboß oder bei Blümer, und sie kopiert mir dann die Sachen. Außerdem aber Ausverkauf.« Die Mollige schwört auf Ausverkauf. »Erster Tag und zweiter Tag Besichtigung«, sagt sie, »nicht vor dem dritten Tag kaufen. Aber dies Jahr ist es ja ganz anders. Schwarz unter den Linden macht keinen Ausverkauf. Seit fünfzehn Jahren kaufe ich dort, wenigstens die seidenen Strümpfe. Dies Jahr, es ist furchtbar, ich habe soo damit gerechnet, machen sie keinen Ausverkauf. Warum bloß.«

Endlich ist der erste August gekommen. Die große Wanderung beginnt. Strömt um neun Uhr hinein. Mittags schnell ein Paar Würstchen. Decken mit breiten Spitzen, Bändchenarbeit, beileibe kein Dreck, fünfundneunzig Pfennig. Dann Kissen für die Korbgarnitur zwei Mark und neunzig. Dann seidene Strümpfe, statt drei Mark und neunzig zwei Mark und fünfundvierzig Pfennig. Herrenkrawatten von achtundsechzig Pfennig an. Regenmäntel werden gekauft. Im großen Warenhaus bei den Blusen für vier Mark und fünfundsiebzig sind sie reineweg närrisch. »Nu geh schon weg von de Blusen, Trudchen«, sagt eine, »du wolltest doch gar keine Bluse kaufen.« – »Ich will doch mal sehen, vielleicht!« antwortet Trudchen. Eine, Größe 52, legt in aller Öffentlichkeit ein blaßlila seidenes Korsett um den Leib. Dort liegen die Büstenhalter, neunzig Pfennig das Stück, und schon für neun Mark und fünfundsiebzig Pfennig kann man im seidenen Pyjama, bischofslila Hosen und geblümter Jacke Mia Ria gleich Kurtisane spielen. Eine Frau steht davor, sagt: »Wenn man erst so was nötig hat, ist's aus.« Kleid zwei Mark und fünfzig, ein Gürtel dazu für fünfundzwanzig, ein Schal eine Mark und fünfundvierzig Pfennig, Tag für Tag morgens ½ 8 Uhr laufen die Mädels in allen Stadtteilen, reizend anzuschauen, in die Geschäfte. Man braucht nicht zu fragen: »Wie machen sie's bloß bei den Gehältern, um sich so reizend anzuziehen?« So machen sie's. Mantel statt neunundfünfzig Mark und fünfundneunzig jetzt achtzehn Mark und neunzig. Ein Meter Jumperstoff eine Mark und zehn Pfennig, zwei und ein halber Meter genügen für ein Kleid, für fünf Mark macht's die Freundin aus der Konfektion, und der fesche Filzhut fünfundsiebzig Pfennig, wenn's nicht die Baskenmütze tut. Die armen Männer stehen da, und wenn es ganz billig ist, kriegen sie einen Anzug für fünfzig Mark, aber das Mädel sieht im Kleid für fünf Mark besser aus als der Mann im Anzug für fünfzig. Alles ist herabgesetzt, nur die Trauersachen gemütvollerweise nicht, fällt einem auf. Ganz wild ist es bei den Schuhen. »Das Paar? Gerade das Paar wollte ich haben.« – »Immer die ollen 36 oder 42 Größen, hat man 39, ist's viel schwerer.«

»Drängeln Sie doch nicht so, hier will jeder was haben.«

»Was sagte zu der Schupserei?«

Ein hellblaues Seidenkleid mit langen Ärmeln.

Die Freundin sagt: »Das ist ein Sommerkleid, das kannste nicht als Abendkleid im Winter tragen.«

»Meinstu?«

»Als kleines Abendkleid kannstes höchstens nehmen. Das is ein Sommerabendkleid.«

Zwei kleine Mädchen. Sie unterscheiden kleines Abendkleid, großes Abendkleid, Sommerabendkleid. O Berlinerin!

Vor dem Pelzgeschäft steht ein Ehepaar. Kostüm auf Crêpe de Chine statt einhundertachtunddreißig nur neununddreißig Mark. »Nun möchte ich bloß wissen, warum sie ein solch tragbares graues Kostüm um hundert Mark runtersetzen«, sagt der Mann.

»Soll ich mir's kaufen?« fragt die Frau. Da kommt der Inhaber heraus. Es sind wohl Bekannte. »Was sagen Sie zu dem Persianer für tausend Mark mit Skunks?«

»Unglaublich.«

»Sie, he da, Meyer«, ruft er einen Vorübergehenden an, »wie teuer verkauft ihr jetzt das Persianerfell?«

»Achtzig Mark.«

»Haben Sie meinen Mantel im anderen Schaufenster gesehen?«

»Ja, leider, so 'n Preis, das ist doch gestohl'ne Ware!«

»Nein, aber bei der Pleite von Gebrüder Rockmann geramscht.«

Der Geschäftsführer strahlt. Kann man es ihm eigentlich antun, den Pelzmantel zu kaufen?

Es ist Abend geworden. Die Verkäuferinnen sind abgekämpft. Züge, dicht gedrängt, wandern die Frauen die Leipziger Straße nach Westen, die Friedrichstraße zum Bahnhof, zu den Linden. An der Ecke Charlottenstraße steht plötzlich alles still. Eine Melodie ertönt, Trommeln, Fahnen, Menschen, Menschen, Menschen. Ach, erster August. Ist es nicht Blasphemie, diese Fahnen »Greif zu, auch du«, oder »Wilder ist doch der Billigste«, ist das nicht Blasphemie am ersten August – der unser aller Leben umgestürzt hat? Auf dem roten Banner steht »Nieder mit dem« – und jetzt nicht etwa – Krieg, sondern: »dem imperialistischen Krieg.« – »Angriffskrieg«, denkt man, »Angriffskrieg hat's früher geheißen.« Eine ältere Frau sagt: »Was ist denn heute los, was demonstrieren die denn, erster August, was ist denn da los?« Ihre Freundin antwortet: »Ich weiß auch nicht.« Ein Herr sagt: »Krieg ist '14 erklärt worden.«

»Hab' ich ganz vergessen«, sagt die Frau. So wie man sagt: »Ach ja, Onkel Max hat ja heute Geburtstag.«

Ein junges Mädchen zieht ihren Begleiter von der Bordschwelle fort: »Laß doch den Quatsch«, sagt sie, »sieh mal da: der echte Balilukhut ist von 84 auf 49 Mark herabgesetzt worden.«

»Möchtste wohl haben?«

Paris bringt bunt

Das hat uns gerade noch gefehlt. Kaum hat man alles schwarz gefärbt, ist glücklich damit, elegant, bringt Paris bunt. »Schwarz ist immer richtig«, hieß es. »Schwarz, nein, schwarz ist doch zu traurig«, heißt es heute. »So kurz, ach nein, das geht doch nicht«, heißt es heute. »So lang, ach, wie spießig«, hieß es gestern. Waren wir nicht eine stilvolle Generation, mit unseren kurzen Smokingkostümen, mit unseren Herrenkrawatten, mit unseren Kragen, mit unseren schmalen Figuren, mit Kittelkleid und Gürtel. Plötzlich sollen wir lang gehen, plötzlich sollen wir wieder Pfau sein, sollen um unsere Köpfe, die am Morgen rechnen, am Abend romantische Locken liegen, schmachte-süß blicken, mit der Fußspitze wippen, da wir doch längst gewohnt sind, bis übers Knie frei zu sein, mit Haltung, Blick und Angebot. Sollen über unsere Arme, gewohnt, gymnastische Übung zu lehren, über unsere Hände, gewohnt, mit dem Mikroskop zu arbeiten, mit der Pinzette, mit der Feder, mit der Schreibmaschine, Handschuhe ziehen, hoch bis zum Ellenbogen, da wir doch längst gewohnt sind, mit nackten Armen diesen Lebenskampf zu bestehen? Sollen Röcke tragen, die, nicht nur, zumindest am Abend einen Chauffeur erfordern, sondern einen Diener dazu, der einen Schirm voranträgt, denn mit zwei Händen muß doch so ein Rock gehalten werden, wenn es, was ja in Nordeuropa vorkommt, gießt?

Was für eine entsetzliche Albernheit, wieder den Straußen die Schwanzfedern und den Paradiesvögeln ihre ganze Existenz zu rauben. Paris hat wieder Geld, Paris bringt bunt, aber wir haben keines. Meine Liebe, für wen stürzen Sie sich mit schmalem Budget in solche Stoffunkosten? Füßchen wippen vielleicht wieder, Rüsche rauscht und Schulter glänzt, aber Kassentrennung bleibt doch. Meine Liebe, was hat der Mann? Schulden, Sorgen und den Existenzkampf, und was haben Sie? Auch Sorgen, Schulden und den Existenzkampf. Sind froh, wenn Sie einen Mantel haben. Jumper, Rock und das eine immer richtige, schwarze Kleid. Aber damit können Sie sich nicht mehr halten. Sie brauchen Bluse, Kostüm und bunt!

Wir haben zehn Jahre Kameradschaft gehabt, was dazu geführt hat, daß die jungen Leute glaubten, die Liebe hat nur etwas mit Epidermis, der Aufklärung und der schnellen Erledigung zu tun.

Vielleicht bedeuten Schmachtlocken und gerüschter Rock und verschwundenes Bein Anzeichen, daß Werther wieder aufkommt und die Erkenntnis, daß Liebe und Glück eine Sache des Herzens und des Wartens sind. Aber diese höchst wünschenswerte Erkenntnis scheint mit neu einreißendem Pfauentum trotz allem teuer bezahlt. Denn es ist unbedingt erneute Dämlichkeit nötig, um den veränderten Typ zu rekonstruieren. Was wollen Sie mit einer Nase, die zum Stehkragen paßt, aber zum weiten Kleid der 60er Jahre wirkt wie ein Anachronismus? Was wollen Sie mit einer hohen Stirn, gebildet durch das Studium alter Sprachen, zu langen, blonden Schmachtelocken? Was wollen Sie mit einem Dante-Profil zu dem kurzen Samtjäckchen der Kaiserin Eugenie? Sie werden aussehen wie maskiert! Eine Frau, die sich Wind und Wetter und der Sonne aussetzt, wird muskulös und braun, aber Amerika bringt Anämie und weißen Teint. Es wird eine Baisse eintreten in Paddelbooten, Wochenendlerei und Gesundheit. Sehen Sie sich die Modezeitungen an, der Klischeekopf hat gewechselt, verschleiertes Auge ist Trumpf und sehnsüchtiger Mund. Aber wie mit verschleiertem Auge den Tatsachen mit nacktem Blick begegnen? Schaffen Sie sich das ungebildete Gesicht, den verschleierten Blick, die Anämie und die Sehnsucht an, so werden bald Ihre Bücher in Unordnung sein und Ihre Kulturen eingehen. Denn das ist ja eben der Quatsch. Paris bringt bunt. Aber wir alle sind froh, wenn wir es zu braun und schwarz bringen.

Und wem werden die Herren Herren nachlaufen? Was werden die Herren Herren nachlaufen, wenn's keine Beine mehr gibt? Wird eine Neuorientierung zugunsten anderer Teile, z. B. des Gesichts, einreißen? Was aber ist ein hübsches Gesicht, wenn man nicht mehr sieht, wie dußlig die Beine sind? Wo geraten die Beautés de singe hin, die in den letzten Jahren mit Hilfe des Geistes ihrer Beine Trumpf waren? Wo anders hin als unter die Häßlichen? Die Herren Herren werden wieder den entsetzlichsten Irrtümern unterliegen, Cremefüllung werden sie wieder finden, wo sie nach der schönen Verpackung zumindest Pistazien und Curaçao erwarteten.

Vor allem und zuerst wird mal die ganze Umstellung sehr viel Geld kosten. Es sei denn, wir könnten wenigstens schwarzbunt färben, was im symbolischen wie im tatsächlichen Sinne augenblicklich riesig nützlich wäre.

Einige Prozesse in Berlin

Die »Dada« der Prominenz

Filmkünstler brauchen eine Kinderfrau

Eine Dame ist angeklagt, sich gegen das Stellenvermittlungsgesetz insofern vergangen zu haben, daß sie Prominenten gewerbsmäßig Engagements vermittelte. Welchen Glanz brachte diese Verhandlung in die Moabiter Hütte. Auf gekacheltem Korridor standen dicht an dicht die Produktionsleiter, die Regisseure, die Hilfsregisseure, die Regieassistenten, die kaufmännischen Leiter, die Filmschauspieler, die Schauspielerinnen, die Redakteure der Filmzeitschriften. Da standen keine Geprellten und Betrogenen, keine Beleidigten und Erniedrigten, Leute standen da in der Glorie ihrer Honorare und Gesichter, im Schmuck ihrer gewaltigen Ulster, ihrer wundervollen Hüte und ihrer Autos, die draußen warteten.

Filmluft verjüngt! Alle wirkten wie dreißig und waren doch hoch in die Fünfundvierzig. Da stand Waschnek, der Regisseur, da war Erich Pommer, da mit griechischem Profil und Blondhaar und Persermantel Anita Dorris, da sweet boy Gustav Fröhlich und von Tragik umwittert Igo Sym. Im Zuhörerraum saßen vier kleine, ganz junge Berliner Mädchen, armselig dünn, in abgeschabten Mäntelchen, mit ungeschminktem Arme-Leute-Teint, nur lange, blonde Garbo-Locken unter einem winzigen schwarzen Etwas, das ein Hut sein sollte.

Der Richter, ein schlichter preußischer Richter, wurde zum Weltmann und rief die Zeugen auf:

»Gustav Dissl?« – »Befindet sich an der Riviera.«

»Betty Amann?« – »In London!«

»Fräulein Ondra?« – »An der Riviera!«

»Gustav Fröhlich nicht da?« – »Gustav Fröhlich kommt sicher, der Diener steht schon draußen.«

»Och, Diener!« sagte das kleine Mädchen im Zuhörerraum, und es verschlägt ihm den Atem.

Auf der Anklagebank aber sitzt keine Stellenvermittlerin, sondern eine Kinderfrau, eine gute Dada der Prominenten. Denn so ist die Wahrheit: es gibt keinen Arbeitsnachweis, keine Engagementsvermittlung für Prominente, für Solisten. Es gibt einen paritätischen Stellennachweis, aber da geht kein Filmdarsteller hin. So haben wilde Agenten sich dieser Vermittlung bemächtigt, die meist schädlich sind. Es gibt noch eine andere Möglichkeit, die Möglichkeit der persönlichen Beziehung. Unsere Angeklagte, die hat die persönlichen Beziehungen nach allen Seiten, sie wird antelephoniert, sie telephoniert weiter, sie weiß Bescheid, und wenn alles geregelt ist, bekommt sie etwas dafür.

Stellen Sie sich vor, ein Produktionsleiter will den Struwwelpeter drehen. Wo kriegt der einen Struwwelpeter her? Er berät sich mit unserer Angeklagten, und schon weiß sie einen, der zwar jetzt in der Wüste Gobi sitzt, aber zum 15. September frei sein wird. Aber unsere Angeklagte tut noch viel mehr. Während der Prominente in der Wüste Gobi sitzt, erledigt sie seine Post, die Aufenthaltsgenehmigung, die Steuer, die Rechnungen, die Miete, die Mädchenbriefe. Wenn der Prominente in Berlin ist, so begleitet sie ihn zu den bösen Kaufleuten, sie schließt die Verträge. Sie führt die Wunderkinder, damit sie nicht straucheln in den Vertragsklauseln und sich kein Bein brechen beim Abschluß.

So eine Kinderfrau wünschen wir uns alle, und es ist nicht einzusehen, warum der Staat ihr das alles verbieten will. Denn sie ist gar keine Stellenvermittlerin, sondern eine »Managerin«, was gräßlich amerikanisch klingt und ein hartes Wort ist für eine Tätigkeit, die mehr in das Gebiet der Kindergärtnerei fällt.

Das Gericht stellte sich auch auf diesen Standpunkt und sprach die Angeklagte frei.

Die Bayern

Herr Billsinger und Herr Niedermayer, Ingenieure von der Donau, begaben sich auf ein Bockbierfest. Sie hatten ihren Bock vor sich stehen: »Dös is do ka Bock net«, sagte Billsinger stirnrunzelnd, »dös is do a Dünnbier.«

Und sie begaben sich an den Schanktisch und konstatierten, daß beim Ausschwenken der Gläser mehr Wasser darin zurückblieb, als normalerweise bei einem ordnungsgemäßen Ausschwenken hätte zurückbleiben dürfen. Sie machten den Oberzapfer darauf aufmerksam, der ihnen zwei neue Maß kredenzen ließ. »Du«, sagte Billsinger düster zum Niedermayer, »merkscht was? Woaßt, die Preißen, außerdem, daß sie's Schwenkwasser im Glas lassen, glaab i, die schenken no schlecht ei.«

»I glaab a«, sagte Niedermayer erschrocken. Und beide saßen und sahen mit schwerem Herzen zu, wie der Schaum verging. Da zeigte es sich, daß das Opfer nicht umsonst war: Bis zum Eichstrich fehlten zwei Finger. »Dös san drei Quarteln, dös is ka Maß net.«

Da erhoben sich Billsinger und Niedermayer, gerechte Empörung im Herzen, und zeigten Zapfer und Schenkkellner wegen Betruges und Wuchers an. »Dös san Zuständ!«

Herrliche Gestalten erfüllen das Gerichtszimmer, mit wohlgenährten Bäuchen, prachtvollen Rundschädeln unter der rotgestrafften Haut und Schnurrbärten, deren Enden über die Ohren gelegt werden konnten. Es gab nur Sachverständige in diesem Prozeß.

Zwei Polizisten bestätigten ausführlich die Erzählung der Münchner. Auch sie hatten zwei Maß getrunken, auch ihrerseits schweren Herzens den Schaum vergehen lassen – »das Mousset«, sagte der Richter –, wobei sich erwies, daß tatsächlich schlecht eingeschenkt war, daraufhin zwei Maß Probe mit dem Direktor getrunken und noch einmal zwei mit ins Direktionszimmer genommen. So traurig es ist, es war nie eine volle Maß.

Dagegen bezeugte das Nahrungsmittel-Untersuchungsamt, daß der Bock kein Dünnbier war.

Der Richter in Preußen aber sprach frei. Eine Absicht des Betruges konnte nicht erwiesen werden, denn Steinkrüge seien Steinkrüge und Glasgläser seien Glasgläser. An letzteren sei der Eichstrich von außen zu erkennen, dahingegen an einem Steinkrug… Da müsse der gute Glaube zugebilligt werden.

Billsinger und Niedermayer verließen kopfschüttelnd den Saal, und der eine schien zum andern zu sagen: »Schöne Zuständ'! Da siecht man's wieder! Konscht di da wundern, wenns abwärtsgeht mit dem Vaterland?«

Korf: nicht existent

Kennen Sie die Geschichte von Korf? Korf erhält vom Polizeibureau ein geharnischt Formular, wer er sei und wie und wo? Welchen Orts er bis an heute war, und überhaupt wo geboren, Tag und Jahr?

Korf erwiderte: »Einer hohen Direktion stellt sich, laut persönlichem Befund, untig angefertigte Person als nichtexistent im Eigen-Sinn bürgerlicher Konvention vor und aus und zeichnet, wennschonhin mitbedauernd nebigen Betreff. Korf.«

Zwanzig Jahre nach Korf passiert das Umgekehrte. – Adalbert Wolfgang, Sohn eines Schwerkriegsbeschädigten, ist existent im Sinne bürgerlicher Konvention. Er ist auf dem Standesamt gemeldet, eingetragen und registriert, besitzt Wohnort, Geburtstag und -jahr und bezieht ferner infolge seines Standes als Kind eines schwerkriegsbeschädigten Vaters eine Kinderzulage, auszahlbar jeden Monatsersten beim Reichsversorgungsamt. So steht seine Person fest. Alles ist durchsichtig und klar bei einem Menschen, der vom ersten Tage an ein festes Einkommen versteuert. Nur leider ist er nicht existent im Sinne der Biologie. Es gibt ihn nur in den Büchern. Nie kam er aus dem Standesregister an das Licht der übrigen Welt. Er ist zwecks Erlangung einer Kinderzulage von seinem Vater erfunden worden.

Wäre er mit dem Kinde selber auf dem Versorgungsamte erschienen, so hätte man von ihm den Geburtsschein als Bestätigung verlangt, nicht aber verlangt man zur Bestätigung des Scheins die Vorführung des Wesens. Als nun, ein seltenes Ereignis, bekannt wurde, daß Schein und Wirklichkeit sich nicht deckten, bemächtigten sich nunmehr die Behörden des Falles und des Vaters und nannten Wolfgang Adalbert eine intellektuelle Urkundenfälschung. Sie vernichteten das noch ungeborene Wesen. Der Vater, ein Morphiumsüchtiger, mußte den erfundenen Sohn, die Erlangung eines Kindes, von dem er hoffte, daß es ihm nichts kosten, sondern etwas einbringen würde, nachträglich mit drei Wochen Gefängnis bezahlen.

Moabiter Bilderbogen

Eine Komödie und ein Trauerspiel

Moabit. Privatklagezimmer, der Vergleichsrichter.

Familie Kubla gegen Familie Hortmann. Frau Hortmann ist außergewöhnlich sauber und scheuert derartig ihren Treppenpodest, daß er nur so blitzt. Aber die übrigen neiden ihr dieses

Blitzblanktum und beschmutzen ihr den Treppenpodest. Aber was eine deutsche Hausfrau ist, die läßt sich keine Unsauberkeit bieten, und so steht sie hinter ihrer Haustür und lauert scharf auf Schmutzfinken. Und bald kommt auch einer, Herr Kubla vom dritten Stock, er sieht sich erst mal ängstlich um, aber dann wirft er seinen Zigarrenstummel auf den Podest und tritt ihn breit, ganz ausführlich und mit Absicht. Die deutsche Hausfrau stürzt aus ihrem Versteck und ruft: »Drecksau!« – »Kümmern Sie sich um Ihre Läuse«, hat Herr Kubla geantwortet.

Aber es ist ja nicht nur wegen des Zigarrenstummels, sondern es ist auch wegen der Kohlen; da hat der Kubla Kohlen raufgetragen. »Tragen Sie die Kohlen nicht so nah an meiner Tür vorbei«, hat die Hausfrau gerufen. Wegen des sauberen Treppenpodestes wird man seines Lebens nicht froh. – »Auf keinen Fall aber«, sagt der Richter, »schreit die Sache nach Blut.«

Na nein, aber ein Treppengeländer wurde auch mal beschmiert, und dann haben die Hortmanns die Kublas mal verklagt wegen ruhestörenden Lärms. Der ruhestörende Lärm kam vom Gemüsehacken. »Gemüse hackt man doch nicht«, sagt der Richter. – »Doch«, sagt die Frau Kubla, »Spinat z. B. oder Mohrrüben.« – »Soviel ich weiß«, sagte der Richter, »wiegt man Spinat.« – »Man kann ihn auch hacken.«

Der Prozeß wegen des Lärms, der vom Gemüsehacken kam, endete durch Vergleich, und auch jetzt erklären die Parteien feierlich ihr Bedauern über alle Vorgänge, die in diesem Verfahren zur Sprache gekommen sind, und erklären, nie mehr einander zu beleidigen oder zu nahe treten zu wollen. Die Parteien versprechen feierlich, sich umeinander nicht mehr zu kümmern und Ruhe und Frieden zu halten. Die Kosten des Vergnügens werden geteilt und betragen pro Ehepaar acht Mark.

Die nächste Sache aber ist kein Vergnügen, sondern der nervenzermürbendste Kampf, der Kampf eines geschiedenen Ehepaares.

Junge Leute, der Mann, Anfang der Dreißig, ein tatkräftiger Mann, die Frau offenbar eine schwere Natur, dem Weinen immer näher als dem Lachen. Seit vier Jahren sind sie geschieden, das Kind ist fünf Jahre alt. Vierzig Prozesse haben sie miteinander geführt. Jetzt geht es sogar nach Moabit. Die Frau führt Klage wegen tätlicher Beleidigung. Der Mann und seine gelähmte Mutter erheben Widerklage wegen Hausfriedensbruchs.

Der Vorgang, der zu alldem führte, ist folgender: Das Kind, das bei der Mutter lebt, wurde krank, die Mutter ebenfalls. Die Mutter rief den Vater an, er solle das Kind abholen und zum Arzt bringen. So geschah es. Nun war das Bübchen bei seinem Vater. Die Mutter wollte es wieder abholen. Telephongespräche wurden nicht bestellt. Den Eintritt in seine Wohnung hatte ihr der geschiedene Mann längst verboten. So ließ die alte Mutter sie nicht ein, als sie kam.

Sie ging auf die Polizei. Die Polizei weigerte sich mitzukommen. Da kehrte sie zurück, drang, als ihr geschiedener Mann kam, schnell vor ihm in die Wohnung ein und wurde von ihm wieder hinausgedrängt. Vielleicht war er dabei brutal. Sie erklärt, sie habe drei Wochen dadurch krank gelegen, sei mit der Hundepeitsche geschlagen worden; das ist jedoch aller Wahrscheinlichkeit nach nicht wahr. Aber sie hat daraufhin einen Zivilprozeß angestrengt, in dem sie den entgangenen Arbeitsverdienst von 84 Mark einklagt, mit sonstigen Nebenausgaben und Schmerzensgeld auf 450 Mark, 200 Mark sind davon Schmerzensgeld, das übrige Atteste usw. Alles offenbar ziemlich hoch berechnet. Es ist schwer abzuwägen, wer edler ist: der Mann, der eine Frau brutal packt, oder die Frau, die die blauen Flecken in Geld umsetzen will.

Und dazwischen steht so eine junge Menschenkreatur von fünf Jahren und sagt zu dem Papa: »Daß mir das nicht wieder vorkommt, daß du die Mutti mit der Hundepeitsche schlägst!«

Wo das noch dazu nicht wahr ist.

Der Prozeß wurde vertagt, weil das Ehepaar sich natürlich auf keinen Vergleich einlassen und noch mehr Zeugen geladen haben wollte.

Helden der Straße

Im Prozeß gegen Pantel, den 21jährigen NSDAP-Mann, wurde auf zwei Jahre Gefängnis wegen versuchten Totschlags erkannt.

Zwei Reichsbannerleute, die von einer Versammlung im Rathaus kamen, gingen ruhig die Jüdenstraße entlang, als ein junger Mann sich umdrehte und rief »Halt oder ich schieße« und mit dem Revolver drohte. Die beiden blieben stehen, riefen: »Kameraden, hier will jemand schießen!« Andere eilten herbei, Pantel schoß blindlings um sich und verletzte glücklicherweise nur einen leicht am Unterarm.

Pantel, ein wilder Renommist, schrieb folgenden Brief an die »Rote Fahne«:

»Werte Genossen! Ich mache euch hier auf einen besonders gefährlichen Mann namens Pantel aufmerksam, dessen Bild ich beilege. Der Bursche ist sehr gefährlich, der haut uns noch mal die ganze rote Jungfront kaputt. Dieser Mann ist so gefährlich, daß er umgelegt und beseitigt werden muß. Nieder mit der Hitler-Sau.«

Das Urteil, das auf ein Jahr für unbefugten Waffenbesitz und ein Jahr für versuchten Totschlag lautete, entsprach in ganz anderer Weise der Notwendigkeit, gegen das Rowdytum und den bewaffneten Kleinkrieg vorzugehen, als das völlig unverständliche Urteil gegen den Nationalsozialisten Kuntze, der den sechzehnjährigen Lehrling Nathan totschoß, für diese Tat aber straffrei ausging und nur wegen unbefugten Waffenbesitzes zu 1 Jahr Gefängnis verurteilt wurde. »Der Angeklagte«, hieß es, »hat in Furcht und Schrekken gehandelt.« Dazu muß man wissen, wer Kuntze ist: Sohn eines Kaufmanns, wechselte dreimal das Realgymnasium, wurde Landwirt, dann Postaushelfer, ist verheiratet und Vater zweier Kinder. Im wesentlichen aber fühlt er sich als Ordonnanz, als Ordonnanz des Standartenführers II nämlich.

Unter allen Verwirrungen menschlichen Geistes ist der Verfolgungswahn sicherlich eine der häufigsten. Kuntze machte den Eindruck eines Menschen, der von einer fixen Idee verfolgt wird. Während er an jeder nationalsozialistischen Demonstration teilnimmt, das Gegenteil eines ruhigen Bürgers ist, fühlte er sich überall und immer nur als ein von den Kommunisten unschuldig Verfolgter. Ein Bettler klingelt. Aber es war kein Bettler. Es muß ein Abgesandter der Kommunisten gewesen sein, der ihn überfallen wollte. Tatsächlich findet er eines Tages an seiner Wohnungstür die Inschrift: »Hier wohnt ein Faschist. Haut ihn, wo ihr ihn trefft!« Er schafft sich daraufhin einen Revolver an, wird dafür mit 20 Mark bestraft. Weihnachten 1930 kauft er sich wieder einen in der Münzstraße, aber nur zum Schutz der Wohnung, wie er sagt. Er steckt ihn ein, als er zum Uniformappell in den Bürgergarten in der Hauptstraße gehen will. Vor einem Lokal stehen fünf junge Leute. »Ha, Kommunisten!« denkt er sofort, meint, man habe ihn verhöhnt, weil die jungen Leute immerzu »Heil Hitler!« riefen. Er erwiderte: »Gott sei Dank, immer noch Heil Hitler! Wenn ihr was von mir wollt, kommt doch ran!« Die Kommunisten dagegen sagten, er habe sie provoziert, indem er ihnen höhnisch »Heil« zurief. Jedenfalls verfolgten sie ihn. Er behauptet, man habe ihm mit einem ausgegossenen Koppelschloß über den Kopf geschlagen; die Zeugen wissen nichts davon. Er schoß hinter sich und traf den Lehrling Nathan zu Tode.

Der Angeklagte erzählte diese ganze Geschichte, als habe sie sich in einem großen Walde abgespielt oder auf freiem Felde. Schutzlos, scheint es, irrte er dahin. Niemand weit und breit als die verfolgenden Kommunisten. Nichts in seiner Rede läßt darauf schließen, daß er sich inmitten einer Menschenmenge befand, die am Abend die Hauptstraße in Schöneberg belebt, daß zwischen ihm und den Kommunisten eine Menge harmloser Passanten ging und daß niemand bemerkt hat, daß hier jemand floh und verfolgt wurde.

Auf die Idee, auf eine Elektrische aufzuspringen oder Passanten anzusprechen, ist er nicht gekommen, aber auch das Gericht hat dem bewaffneten Mann gegenüber den unbewaffneten Jugendlichen an »Furcht und Schrecken« geglaubt. Es geht auf keinen Fall, daß der Begriff der Notwehr so weit gefaßt wird, daß eine offenbare Überschreitung entschuldigt wird, noch dazu bei einem Menschen, der sich dauernd an politischen Händeln beteiligt.

Die Kronzeugin

Die kleine, dicke, blonde Polin war eine der Kronzeuginnen im Sondergerichtsprozeß gegen die neun Arbeiter wegen Totschlags und verlangte vor ihrer Aussage Ausschluß der Öffentlichkeit, weil sie sich bedroht fühle. Von wem? Eine Frau habe gesagt: »Warte, du Sau, du wirst auch noch kaltgemacht.« Welche Frau? Was für eine Frau? »Also nicht nur eine Frau, sondern auch ein Mann!« – »Also ein Ehepaar?«

»Ja, beide haben gesagt, warte, du Sau, du wirst auch noch kaltgemacht.« Auch seien ihr Fensterscheiben eingeworfen worden. Wann sind ihr Fensterscheiben eingeworfen worden? Sind überhaupt Fensterscheiben eingeworfen worden? Also, so ganz genau weiß sie das nicht und geht darüber hinweg. »Wenn der

Herr Rechtsanwalt mich soviel fragt, kann ich überhaupt nicht antworten.« Tränen.

Die Öffentlichkeit wird nicht ausgeschlossen.

Die blonde Frau ist aus barer Neugierde mit den Kommunisten mitgegangen, war mittendrin, hat alles beobachtet, prima Zeugin also, Hauptbelastungszeugin der Staatsanwaltschaft. »Ein Mädchen reichte eine Pistole einem Mann aus ihrer Bluse. Ich ahnte schon, daß da jemand totgeschossen wird.« So geht's weiter. Es waren zwei Trupps, einer, in dem geschossen wurde, und ein Nachtrupp. Im Schützentrupp schossen zwei Leute, die sie in der Anklagebank bezeichnet, und zwei weitere waren mit im Trupp. Glatt und rund, unter Eid, sind das zwei Todesurteile und zwanzig Jahre Zuchthaus. Der Verteidiger Rosenfeld versucht ihr den Ernst der Lage klarzumachen, dabei sagt er: »Leider kam ein Nationalsozialist ums Leben.« – »Warum leider?« sagt sie, »ich weiß doch, wie sehr sie sich freuten!«

Ja, sie kann die Kommunisten nicht leiden. Sie hat einen Laden, und da nennen sie sie Nazikaufmann und boykottieren sie, und Flugblätter gibt es »Rote Wacht, habt acht«. Alles gegen sie. Es ist kein angenehmes Leben. Und sie bleibt dabei, zwei haben geschossen, und zwei andre waren dabei. Sie erkennt sie, nach Gesicht, nach Gestalt, nach Anzug, nach grauer Hose und blauem Hemd und aufgekrempelten Ärmeln. Zweifel ausgeschlossen. Und als der Verteidiger Litten immer eindringlicher fragt, sagt sie: »Muß ich mir dessen süßen Schmus weiter anhören?« Sie sitzt auf dem hohen Roß. Sie weiß alles. »Ich hätt noch welche festnehmen lassen können. Der Herr Hauptmann hat bloß keine Zeit gehabt, als ich ihm Leute melden wollte.« Aber die Rechtsanwälte fragen weiter, ohne Gnade und Barmherzigkeit. »So«, sagt sie und springt auf, blond und dick und voll Wut, »jetzt werde ich Ihnen auch die Wahrheit sagen, jetzt grade. Da hinten stehen noch zwei, die dabei waren, und die hab ich sogar verhaften lassen.« Und sie zeigt auf zwei weitere in der Anklagebank: »Diese beiden haben am andern Tag an der Litfaßsäule gestanden und geschimpft, auf die verdammten Nazis, die ihre eigenen Leute totschießen. Wie können die so reden, habe ich gedacht und habe den Schupo geholt und gesagt, die beiden waren auch dabei, und das sind die beiden, die dahinten stehen.« Glatt und rund, unter Eid, sind das zwanzig Jahre Zuchthaus für Tobehn und Krüger, die Männer, die dahinten stehen. Niemand bringt sie davon ab. Es sind die beiden, die dahinten stehen. Aber die beiden, die dahinten stehen, wurden erst acht Tage später verhaftet, und die beiden, die sie acht Tage früher an der Litfaßsäule verhaften ließ, das waren ein Mitglied eines katholischen Gesellenvereins und ein Radrennfahrer, die keinesfalls an diesem Abend bei der Schießerei dabei waren.

»Das sieht ja nun sehr duster aus«, sagt der Vorsitzende, »und es wird zu erwägen sein, ob Sie nicht der Teilnahme am Landfriedensbruch verdächtig sind, und nun können Sie nach Hause gehen.«

Und wen wird sie nach der nächsten Schießerei an der Litfaßsäule verhaften lassen?

Das ist Pfänderspiel und nicht Justiz. Eine hysterische Dame sagt: »Die zwei schossen.« Und dann kommen die zwei auf zehn Jahre ins Zuchthaus. Das ist Rätselraten, Sherlock Holmes, Wallace, aber mit einer Justiz nach den Regeln des Strafgesetzbuchs hat das gar nichts zu tun.

Wenn schon lettres de cachet, dann doch lieber von ehrlichen Häschern des Herzogs als von der hysterischen Dame im Kaufmannsladen. Wir können jetzt alle das schöne Spiel spielen, wenn wir jemanden nicht mehr leiden können: Ich werde dich an der Litfaßsäule verhaften lassen.

Freigesprochen

Der Prozeß begann damit, daß der »Angriff« die Köpfe der Angeklagten forderte, und er endete mit dem Freispruch aller Angeklagten.

Dazwischen liegen zwei und eine halbe Woche eines der aufregendsten Prozesse, die je in Moabit stattfanden. Noch nie war die These der Nationalsozialisten von zweierlei Recht, einem für Nationalsozialisten als Staatsbejaher, einem andern für Kommunisten als Staatsverneiner, so tief bis in die Taten und Protokolle der Polizei und der Staatsanwaltschaft zu spüren gewesen, und dabei handelte es sich um Todesurteile gegen fünf junge Menschen. Es handelte sich in der Verhandlung nicht um das Urteil, nicht um Differenzierungen über die Beurteilung von Tat und Täter, sondern plump und grob wie in einem schlechten Kriminalroman um die Frage: Wer schoß? Die Justiz wurde degradiert zur Detektei. Alle Ermittlungen, sonst von der Polizei begonnen, von der Staatsanwaltschaft fortgesetzt, von dem Untersuchungsrichter geprüft, sind beim Sondergericht nur noch auf Polizei und Staatsanwaltschaft konzentriert. Polizei und Staatsanwaltschaft tippen auf die Falschen. Ein Untersuchungsrichter zur Verhinderung von Irrtümern fehlt. Anklage gegen neun Arbeiter wird erhoben. Der Prozeß beginnt. Nun greift die Verteidigung ein, und bei Rechtsanwalt Litten geht es zu, als ob er das berühmte rote Plakat der Mordkommission affichiert hätte – tausend Mark Belohnung. Bei ihm melden sich Zeugen und Aberzeugen, alles, was Aufgabe der Behörden in einem gesunden Rechtsverfahren ist, geschieht nun durch die Verteidigung. Zugunsten nicht nur der Angeklagten, sondern zugunsten des Rechts, zur Verhinderung eines vielfachen Justizmordes, der ein rotbrennendes, ein entzündendes Fanal geworden wäre, auch in einem Deutschland, das in Dingen der Gerechtigkeit stumpf und schwerhörig geworden ist.

Kurz der Tatbestand: Calm, Angestellter einer Treuhandgesellschaft und Funktionär der KPD, hatte eine Sitzung von Kommunisten zur Gründung einer Hausschutzstaffel für die Röntgenstraße in ein neutrales Lokal berufen, zu der auch eine schon bestehende Hausschutzstaffel kam. Im ganzen etwa fünfundzwanzig Leute. Beim Heimweg gingen sie geschlossen auf der rechten Seite der Röntgenstraße. Drei Nationalsozialisten, die von einer Sturmversammlung kamen, gingen auf der gleichen Seite der Straße, kamen in einen Wortwechsel mit den Kommunisten, lösten sich von der rechten Seite, um auf die linke Seite, wo das Verkehrslokal des Sturms 33 ist, hinüberzugehen. In diesem Moment fallen zehn bis fünfzehn Schüsse. Der Nationalsozialist Gatschke ist tot, die zwei andern sind verwundet. Die Kommunisten fliehen zurück. Die Polizei kommt zufällig sofort, fährt bis an das Sturmlokal, untersucht die etwa vierzig Anwesenden vergeblich auf Waffen. Nur auf dem Hof liegen zwei Revolver. Soweit das Geschehnis.

Sofort danach geht in der Gegend die Rede, die Nazis hätten ihre eignen Leute erschossen. Aber unbeirrt, gebannt den Verstand auf die Tatsache gerichtet, daß nur Nationalsozialisten verwundet und getötet wurden, geht die Untersuchung davon aus, daß nur Kommunisten geschossen haben können, und kommt zu folgender Anklage: Am Abend der Tat traf ein Trupp Nationalsozialisten, der von einem Sturmabend kam, »auf mehrere Leute, die ihn beobachteten, aber unbehelligt ziehen ließen«. So mit den verdächtigten Patrouillensitzern beginnt nach Ansicht der Staatsanwaltschaft die weitgesponnene Aktion. Sie wird fortgesetzt im Hauptquartier des Lokals Willmann, wo von Calm die Mannschaften instruiert und in geschlossenem Zuge zur »planmäßigen und vorbereiteten Aktion« gegen das Lokal des Sturms 33 geführt werden. Zu Beginn des Überfalls »werden Waffen von Frauen an die Kommunisten verteilt«. »Fortgeworfene Waffen werden von Radfahrern abgeholt.« Auf das Kommando »Jetzt los« wird das Feuer eröffnet. Durch Kommando »Los – türmen« das Zeichen zur Flucht gegeben. Schießspuren in den Häusern auf der Seite der Kommunisten erklärt die Anklageschrift damit, daß Kommunisten sich im Hause neben dem Nazilokal versteckt hätten, die beim Kommando herausgeeilt wären, das Feuer eröffnet und ihre Waffen in den Hof des Nazilokals geworfen hätten. Die Schützen seien fünf namentlich bezeichnete Kommunisten, die wegen Totschlags angeklagt werden, vier weitere wegen schweren Landfriedensbruchs.

Als die Verhandlung beginnt, zittern fünf Köpfe, sehen vier Männer langen Zuchthausstrafen entgegen. Die Nazizeugen, etwas unklar, bestätigen doch im ganzen die Anklage. Ungewöhnlich gute Sinne unterstützen sie dabei, aber dem Gericht sind nach und nach die politischen Zeugen verdächtig geworden. Es vereidigt sie nicht. Nun erweist sich Punkt für Punkt der Anklage als falsch. Von den »Beobachtern« bis zu den »Schützen« bleibt nichts übrig. Was die »Beobachter« anbetrifft, so sehen junge SA-Leute offenbar überall »verdächtige Gestalten«. Alle, die herabgekommen aussehen und in heißen Sommernächten auf Parkbänken sitzen und keine befreundeten Kameraden sind, sind Kommunisten. »Warum denn?« fragt der Vorsitzende. »Die Nationalsozialisten kenne ich, und Zentrumsleute sitzen nicht auf den Straßen.« Der Mensch starb, es gibt nur noch Parteibuchinhaber. Sie fühlen sich immer bedroht. »Die Uniform«, sagt einer der SA-Leute, »ist immer aufreizend und auffallend.« Er weiß es, Papen hat es nicht gewußt. Die Instruktionssitzung vor dem Sturmangriff oder vielmehr vor dem Angriff auf den Sturm ist wirklich nur die Sitzung einer Hausschutzstaffel mit völlig ungeschulten Leuten, die wegen der Unsicherheit in der Röntgenstraße, mit Recht, wie sich erweist, in geschlossenem Zuge nach Hause gebracht werden. Die Waffen, die »von Frauen zu Beginn des Kampfes verteilt« wurden, konzen trieren sich auf einen Griff in eine Bluse, aus der eine Frau etwas Glitzerndes holte, um es ihrem Begleiter zu geben, was im übrigen nur jene Kronzeugin sah, die zwei völlig Unschuldige verhaften ließ und dann noch dazu im Gerichtssaal zwei Angeklagte für jene gar nicht anwesenden Leute hielt und deshalb unvereidigt blieb. Ein Zeuge der Staatsanwaltschaft erkannte einen Schützen wieder, nachdem er das Ganze vom vierten Stock aus beobachtet hatte, ein weiterer hatte die Entsicherung einer Pistole gehört, ein Geräusch, das er nur vom Hörensagen kennt, und ein Pfarrer gar beeidete den Rauch der Pistolen, der sich nachher als Tabaksrauch aus einer Lokaltür erwies. Wie diese Anklage zustande kam, zeigt folgendes. Calm wurde zuerst von einem Zeugen fälschlich als Schütze erkannt. »Daß diese Bekundung richtig ist, ergibt sich aus der Aussage der Zeugin Maskos, die einen Mann mit einer Pistole beobachtet hat, dessen Beschreibung genau auf den Angeschuldigten zutrifft.« Eine Beschreibung trifft zu! Grundlage für ein Todesurteil! Eine Beschreibung, in der notabene ein untersetzter Mann »schmächtig« genannt wird. Soweit die Belastungszeugen.

Hingegen hatten Zeugen alle Arten Nationalsozialisten aus dem Lokal laufen, Schützenketten bilden und schießen sehen, und zwar nicht nur vom Hausflur 12 aus, wo nach der Anklage Kommunisten gestanden haben sollen, sondern auch vom Haus 14 aus, wo ganz bestimmt keine standen. Zeugen hatten Nationalsozialisten aus dem Fenster ihres Lokals in den Hof springen, Pistolen dort wegwerfen, wobei sie warnend »Polente« schrien, und in anstoßende Gärten verschwinden sehen. Es ergab der Augenschein, daß gegenüber dem Nazilokal alles voll Einschüsse war, daß unter anderem in die friedliche Wohnung der Zeugin Engelhardt geschossen worden war, und in ein Seifengeschäft. Und die unpolitische Wissenschaft der Mikroskopie ergab, daß die Kugel im Körper des Getöteten übereinstimmte mit der, die unter Skatspieler in ein ordentliches Lokal fiel, vor dem sich der Haufen der Kommunisten gedrängt hatte. Abgeschossen von einer Stelle aus, wo nur ein Nationalsozialist gestanden haben kann.

Somit war erwiesen, daß Gatschke von seinen eigenen Leuten erschossen worden war. Somit war der Prozeß entschieden. Der Vorsitzende war sofort für Aufhebung der Haftbefehle. Aber der Staatsanwalt beantragte nach alledem die Vereidigung der Nationalsozialisten als Zeugen, er beantragte nach alledem Zuchthausstrafen für die Angeklagten.

Der Prozeß ist erledigt. Aber nicht erledigt ist das Verhalten der Polizei und das Versagen der Staatsanwaltschaft gegenüber den eigentlichen Tätern. Da wurde von den Engelhardts, der Familie des nationalen Steinsetzmeisters, ein Angehöriger des Sturms ganz bestimmt als Schütze bezeichnet. Man verhaftet aber diesen nicht etwa, man sagt ihm: »Kommen Sie später zur Polizei.« Er kommt später zur Polizei und kann ein »einwandfreies Alibi« mitbringen, wie es im Protokoll heißt. Das einwandfreie Alibi besteht aus der Behauptung, er sei bei einem Freund gewesen und habe mit einem Polizisten gesprochen, eine Behauptung, die ihm ohne Nachprüfung geglaubt wurde. In der Hauptverhandlung stellt sich heraus, daß er den Namen des Polizisten nicht weiß, und sein Freund ist ebenfalls SA-Mann. Das ist das von einem Polizeibeamten beschworene einwandfreie Alibi. Und als die Engelhardts einen zweiten Nationalsozialisten verhaften lassen wollten, wurden ihnen von der Polizei Vorwürfe gemacht und gesagt: »Nanu, das sind Dummejungenstreiche, wenn die Leutchen Arbeit hätten, dann wäre das alles nicht.« Die neun Arbeiter aber wurden verhaftet nach höchst zweifelhaften Erkennungszeichen, die zumeist von politischen Gegnern gegeben wurden, und die Kronzeugin gar konnte Arbeiter so ohne weiteres an der Litfaßsäule verhaften lassen. Die einen schossen bestimmt, die andern schossen vielleicht, die einen blieben unbehelligt, wurden Zeugen, die andern wurden verhaftet und Angeklagte. Noch nie ward so offenkundig mit zweierlei Maß gemessen.

Aber über diesen Einzelfall hinaus stand in diesem Prozeß der friedliebende Bewohner Berlins da und legte Zeugnis ab von dem, was er von den SA-Leuten leidet. Da ist Herr Willmann, Gastwirt, und so sieht er auch aus, nett und füllig und ein bißchen vergrämt, der lieber einen Lotterieverein für sein Lokal gehabt hätte, aber gesehen hat, daß es ohne Partei keine Existenz für sein Lokal gibt. »Da war ich dann ganz froh, als die kommunistischen jungen Leute kamen und für ihre Besprechungen mein Lokal wollten. Ich bin unpolitisch.« Und dann sagte er ein europäisches Bürgerwort: »Ich bin grundsätzlich gegen jeden Terror!« Aber im März schon wurde ihm ein Pfahl durch die Scheibe geworfen, und er hat keine Anzeige erstattet, weil man ihm gesagt hat, dann würde der Terror nur schlimmer. Aber das nützte ihm gar nichts. Eines Nachts wurde ihm um halb vier sein Lokal beschossen, und jetzt vor vierzehn Tagen, nach der Schießerei, sind sechs Nationalsozialisten hereingekommen, haben das Lokal demoliert, alles kurz und klein geschlagen und einen Gast schwer verletzt. »Als die Polizei kam, sind die Nazis davongelaufen, und sie hat keinen mehr erwischt.« So geht es zu. Ein Überfall auf ein Lokal – ein Gast schwer verwundet – niemand wird verhaftet – niemand wird bestraft – niemand wird verfolgt. Man weiß es, es ist der Sturm 33, dort in der Röntgenstraße, es ist der Terror. Aber keine Zeitung meldet mehr so etwas, keine Polizei gibt es als Nachricht weiter – es ist der Bürgerkrieg als Gewohnheit. Herr Willmann will Skat spielen und unpolitisch sein, er will eine ruhige Existenz haben und wählte vielleicht vor zwei Jahren Hitler, um ebendieser kleinen ruhigen bürgerlichen Existenz willen, die nun der Terror ebendieser Partei ihm vernichtet. Da ist dann Engelhardt, kein klassischer Augenzeuge, aber ein Zeuge für die Gefühle eines alten und nicht klugen Mannes, der in der Umgebung eines Nazilokals wohnt: »Ich bin immer Regierungsmensch gewesen und habe immer for die Regierung gearbeitet. Ich, ein alter deutschnationaler Steinsetzmeister. Aber«, sagt Engelhardt mit Volkes Stimme und erhobenem Finger, »das ist sehr traurig von der Polizei, das wird sich auch noch auswirken. Die Leute schreiben das einfach nicht ein, was man ihnen sagt.« Er hat es erlebt, wie Nazis die Leute, harmlose Leute, die an ihrem Lokal vorübergehen, anpöbeln, er hat erlebt, wie sie einen jungen Mann überfielen und zertrampelten, »immer mit die Absätze bearbeitet«, im Juni den Arbeiter Kürschner, am 30. Juni den Arbeiter Pachurka, am 17. August den Arbeiter Maschewski, der durch Messerstiche schwer verletzt wurde, am 29. August den Arbeiter Schröder. Engelhardts sahen, wie sie den einen an den Füßen und am Kopf packten und immer gegen die Wand schlugen, noch ist das Blut zu sehen. Und wenn dann die Polizei kommt, dann liegt ein Verwundeter da, und es ist eine Blutlache; es ist kein heimlicher Degenstoß zu Verona, aber die Täter sind nicht zu finden.

So sprachen die Menschen, die Polizei schützt sie nicht, die Staatsanwaltschaft blieb nicht die objektivste Behörde, die sie zu sein hat. Tief fraßen schon faschistische Gedankengänge sich in die Köpfe. Die letzte Instanz, das Gericht, hat nicht versagt. Das ist kaum mehr als ein Zufall. Es trafen zusammen eine groteske Anschuldigung, ein wahrheitssuchender Mensch als Richter, dem der heilige Gedanke des gleichen Rechts für alle nicht eine Phrase ist, und leidenschaftliche Anwälte des Rechts. So ging es gut aus.

Aber sagen wir's ganz deutlich: die Justiz ging sauber aus diesem Prozeß hervor, weil ein kommunistischer Anwalt sie stützte. Die Wahrung seiner Autorität verdankte der Staat den Ermittlungen einer kommunistischen Organisation.

Der erste Tag im Veit-Harlan-Prozeß

Der Prozeß Harlan begann gestern mit allen Zeichen des Sensationsprozesses. Jupiterlampen, Filmkurbel, Photographen. Überfüllter Zuschauerraum. Strengste Kontrolle. Es ist heute Harlans Tag, an dem fast nur er selber zu Worte kam. Harlan ist ein kleiner, untersetzter, grauhaariger Mann von 50 Jahren, dem niemand den Künstlersohn oder gar selber einen Künstler ansehen würde.

»Man hat gesagt, dieser Prozeß sei ein Prozeß von weltpolitischer Bedeutung gegen den Antisemitismus. Dieser notwendige Prozeß wird und soll einmal stattfinden, aber der heutige dreht sich um nichts als um meine Person.« Harlan war nie in der Partei, Harlan war in erster Ehe mit einer Jüdin verheiratet, die sich noch einmal in letzter Not 1942 an ihn wandte, bevor sie zugrunde ging. Er hat 1½ Jahre bei seinen jüdischen Schwiegereltern gewohnt. »Einfache Leute von typischer jüdischer Gutherzigkeit«, so beschreibt er sie. Nein, ganz und gar kein Antisemit, es kommen ihm die Tränen, wenn er seiner besten Freunde, Francesco von Mendelssohns und Kortners, gedenkt, die Trauzeugen bei seiner Hochzeit mit Hilde Körber 1929 waren. Er hat mit ihr drei Kinder. Kein Antisemit. Der beste Freund seines Vaters war Julius Bab, der ihm die Trauerrede hielt und auch jetzt ihm aus Amerika schreibt. Seine großen Lehrer und Vorbilder waren Reinhardt, Jürgen Fehling und Leopold Jessner. Er hält den Antisemitismus für einen Schandfleck auf der deutschen Ehre. »Mit mir hat das nichts zu tun.«

Und dann kommt jenes Bekenntnis, von dem er offenbar nicht merkt, daß ein großer Regisseur es nicht ablegen kann. »Meine Partei ist die Kunst, meine Politik ist Heimatliebe. Ich habe versucht, mich auf dem Boden der Tatsachen zu bewegen.« Er gibt zu, daß er weniger zu achten ist als ein idealistischer Nationalsozialist.

Er hat angefangen als Silberschmied und Bildhauer, er war Hilfsregisseur bei Max Mack, war Schauspieler unter Kayßler, 1924 bis 1934 Staatstheater, 2000 Mark im Monat. Aber er wollte Regisseur werden. Der erste gedrehte Film »Krach im Hinterhaus« brachte ihm 3000 Mark, sein Einkommen stieg bis ganz zuletzt auf 80 000 Mark pro Film.

Er gibt eine Darstellung von Goebbels' Stellung in der Filmindustrie. Goebbels besaß 51 Prozent der Aktien von Tobis und Ufa. Es gab Schauspieler, die nicht spielen durften; es gab Schauspieler, die unerwünscht waren, von denen das aber nicht gesagt werden durfte; es gab Schauspieler, die empfohlen, und Schauspieler, die sehr empfohlen wurden. Goebbels setzte jede einzelne Gage persönlich und willkürlich fest.

Man wußte, daß Goebbels das Schafott bediente, ein satanisches Herz, das fast ebenso wie die Juden die Österreicher haßte, kein Wort war zu scharf gegen Maria Theresia, und am Ende des Krieges fiel ihm nichts anderes ein als der große Krieg: ein Film über Friedrichs des Großen Kriege gegen Österreich. Goebbels ließ sich jeden Abend die gedrehten Streifen vorführen, und der Produktionsleiter bekam entweder einen auf den Kopf oder eine Belohnung. Goebbels griff mit seinen grünen Randbemerkungen in alle Details ein; der Schluß vom »Herrscher« war z. B. von Funk geschrieben worden.

Aber dann kommen die belastenden Briefe, die belastenden Taten, alles noch jenseits von »Jud Süß«. Da ist ein erstes Interview mit der Reporterin des »Völkischen Beobachters«, in dem er ein Bekenntnis zum Nationalsozialismus ablegt. Da ist ein Brief an Hinkel: »Das Schiller-Theater war die Hoffnung von uns Jungen«, sagte er, »warum nicht dem eitlen Pfau, Herrn Hinkel, schmeicheln.« Und so schreibt er. »Lassen Sie uns die schönste aller Zeiten nicht versäumen. Sie wissen, was die Erhebung für das Theater bedeutet.« Das schreibt er in einem Brief, in dem er vorschlägt, ein Völkertheater zu machen, was das Beste aller Völker vorführen soll.

Der Fall Fröhlich nahm einen ziemlichen Raum im Prozeß ein, und zwar von zwei Seiten her. 1939 hatte ihm Goebbels auf einem rot getippten Zettel – Goebbels pflegte Liebesgeschichten rot zu tippen – vorgeschlagen, die Baarova zu heiraten, da er, Harlan, in diesem Augenblick geschieden war und Goebbels sich infolge dieser Angelegenheit in ziemlich unangenehmer Situation befand.

Dieses Ansinnen lehnte er, ein Jahr bevor er den »Jud Süß« drehte, ab. Drei Jahre später, als Fröhlich sich in schwierigen Verhältnissen befand, ließ er ihn bei sich spielen. Fröhlich sei sehr leichtsinnig gewesen, habe in der Pause ins Mikrophon gesagt, daß er froh sei, daß die Italiener Keile kriegten, und ähnliche Dinge. Goebbels kamen diese Dinge zu Ohren, und Harlan wurde ins Propagandaministerium bestellt. Dort gibt es nun ein Protokoll von ihm, in dem er ausgesagt hat, daß Gustav Fröhlich ein »undeutscher und ekelhafter Kerl sei, schwatzhaft, eitel, disziplinlos«.

Die böseste Geschichte ist ein Brief vom 2. April 1940 an Hinkel. Zu dieser Zeit hat Harlan im Strasser-Kreis verkehrt, in den er von Lothar Müthel eingeführt worden war und in dem dauernd von der Ermordung Hitlers gesprochen wurde. Anläßlich des Attentats auf Hitler sandte Harlan einen Brief an Hinkel. – »Anbei ein Schreiben, daß ich den Attentäter von München irgendwoher kenne, kann sein, aus dem Kreis von Strasser... Ich will nichts ungetan lassen, was unserer Zeit und unserem Führer helfen kann.« Das war zu einer Zeit, als er gerade den »Jud Süß« drehte. Harlan sagte: »Es gab den Menschen gar nicht, der Brief konnte keinem Menschen schaden, und mir hat er genützt.«

Am Schluß des Krieges wurden Harlan von Goebbels drei verschiedene Filme vorgeschlagen: »Der Kaufmann von Venedig«, »Soll und Haben« und »Die siebente Weltmacht«, d. h. die Presse. »Der Kaufmann von Venedig« sollte beginnen mit der Anrufung Shakespeares als des Zeugen in der Judenfrage. Harlan behauptet, daß er das Drehen dieses Films sabotiert habe.

Es wurde der Antrag gestellt, am Sonnabend bei der Vorführung des Films »Jud Süß« die Öffentlichkeit auszuschließen. Unter anderem deswegen, weil »Jud Süß« sowohl wie der »Ewige Jude« auf der Liste der verbotenen Filme stehen. Die Verteidigung beantragte, die Öffentlichkeit zuzulassen und außerdem den »Oliver-Twist-Film« vorzuführen. Der Staatsanwalt bat zu bedenken, daß der »Jud Süß« sich in die Verfolgungsmaßnahmen des Dritten Reiches einreiht und einen Teil von ihnen bildet, während durch den »Oliver Twist« keinem Menschen ein Haar gekrümmt würde. Nach Beratung wurde der Ausschluß der Öffentlichkeit bei der Vorführung des »Jud Süß« und Vorführung des »Oliver Twist« beschlossen.

Typoskript zum Harlan-Prozeß

Wenn es je eine dramatische Gerichtsverhandlung gab, dann diese am Freitag 4. März gegen Harlan.

Harlan, ein Berliner, klein und quick, ganz große Intelligenz, genau der Typ, bei dem das ganze Ausland fragt: »Na, da war doch zum Beispiel der X. Hat der das auch mitgemacht? Rätselhaft!!«

Eugen Klöpfer, alt geworden, mit einem kranken Bein, ein Süddeutscher, der Typ des großen Mimen, fast des Komödianten, ein Geschöpf dieses instinktive, durch und durch künstlerischen, spielfreudigen Landstrichs.

Genauso würde Harlan selber die Typen abgewogen, die Rollen besetzt haben. Und dann kommt als dritter ein bürgerlicher Kaufmann, ein ganz gerader einfacher Mann, und erzählt völlig ohne die Harlanschen Lieblingsausdrücke »gewaltig« und »dämonisch« das Schicksal der deutschen Juden vom Boykottag des Jahres 1933 an bis zum Tod in Auschwitz, dem er entrann, während seine Frau und sein Sohn, ein Dreijähriger, vergast wurden.

Nichts ist mehr rätselhaft an den deutschen Intellektuellen, nachdem Harlan zwei Tage sprach.

Da ist zuerst das Nichtnachdenken darüber, was mit den Juden passierte. »Ich konnte mir vorstellen, daß es Pogrome gab. Ich wußte von der Kristallnacht, aber das konnte sich niemand vorstellen, daß eine ganze Menschengruppe von Regierungs wegen gemordet wurde.«

Dann die Geschichte des Jud-Süß-Films: Jede Filmfirma hatte einen antisemitischen Film im Jahr zu drehen. Er soll den Jud Süß drehen. Er bekommt das Drehbuch. Er wird zu Goebbels bestellt. Er spricht seine Meinung aus: »Das ist kein widerliches Drehbuch, sondern das ist ein widerlicher Film, ein unästhetischer Film.« – »Sie haben völlig recht«, sagte Goebbels. Und so schreibt Harlan das Drehbuch um. Er nimmt die abstoßenden Szenen raus. Er will aus dem Jud Süß einen gewaltigen, einen dämonischen Menschen machen.

Jannings, Willi Forst, Marian schlug Goebbels als Besetzung vor. »Jannings und Klöpfer, das geht nicht, zwei solche Kolosse, Forst war zu halbseiden, blieb Marian. Marian sagte: ›Ich gebe dir mein Wort, ich mache es nicht.‹«

So stehen sie bei Goebbels. Marian sagt, er will nicht. »Ich weiß, ich weiß«, sagt Goebbels, »daß Sie alle nach Hollywood wollen, kommt nur darauf an, wer der Stärkere ist.« Und Marian sagt: »Ich will mich nicht aus meinem Fach herausspielen.« – »Wer wird Sie in Zukunft besetzen? Ich oder das deutsche Publikum?« – »Sie natürlich, Herr Minister.« Aber Goebbels blieb nicht sanft: »Ihr wollt gut verdienen, aber diese Partei wollt ihr nicht.« Goebbels tobte, Goebbels schrie: »Raus«, schrie er Marian an, »raus.«

Goebbels veränderte ihm den Text. Marian holt Erich Engel zu Hilfe. Der rät: »Mache die andern so scheußlich, wie du kannst, mache den Juden so gut, wie du kannst.« – »Ich glaube«, fährt Harlan fort, »daß der Jud Süß eine entsetzliche Gestalt war, daß es Feuchtwangers Schuld ist, daß er aus einem solchen Scheusal ein Idol gemacht hat.« Harlan machte ihm einen grandiosen Schluß mit den historischen, heroischen Worten des Süß. Aber Goebbels nennt ihn instinktlos, ändert ihn völlig. »Ich bin kein Antisemit. Ein Künstler liebt Gottes Welt, wie sie ist, sonst könnte er sie nicht gestalten. Es war schon gräßlich genug, mit diesen Dingen etwas zu tun gehabt zu haben.«

Er stand unter Druck, er fürchtete sich. Er sagt sogar, daß er unter dienstlichem Befehl stand. Goebbels kümmerte sich um alles bis aufs Nasenkleben. »Das waren Fakire, furchteinflößend, ausweglos.« Er spricht vom unerbittlichen Dämon Goebbels. »Wer bin ich?« fragt Harlan, »Warum jagt man mich, einen Filmregisseur? Ich stelle die Scheinwerfer, ein Handlanger, ein Darsteller.«

Man kommt dem Punkt nahe, dem entscheidenden Punkt, warum sich Harlan falsch benommen hat und es auch heute noch nicht weiß, wenn man ihm zugestehen sollte, daß er unter Druck gehandelt hat. »Für mich kam es nur darauf an, das Drehbuch zu ändern und zu mildern.«

»Warum hat der Ewige Jude nicht gewirkt?« fragt der Richter.

»Wahrscheinlich ist er schlecht, dramatisierter Stürmer, er hat die ästhetischen Gesetze nicht beachtet, aus der Schächtszene sind die Leute rausgelaufen. Mein Film ist ein Kunstwerk. Ich sollte ihn so künstlerisch wie möglich machen. Ich habe doch nur die Möglichkeit, Propaganda in Kunst umzuwandeln.«

»Aber Marian hat geahnt, daß es etwas andres gibt.« Der Vorsitzende hält es Harlan vor. Marian hat absichtlich schlecht gespielt.

Alle Schauspieler beschlossen, schlecht zu spielen. Harlan hatte das nicht mitgemacht. Harlan widerspricht: »Das gibt es nicht. Er wäre ja kein Schauspieler, wenn er nicht gut spielte.«

Und hier sind wir beim Kernproblem nicht des Veit Harlan und seines Jud Süß, sondern beim Kernproblem des führenden deutschen Geistigen überhaupt.

»Deutsch sein heißt eine Sache um ihrer selbst willen tun.« Sehr wunderbar, wenn diese Sache nicht Verbrechen denkt. Daß auch heute noch Harlan, der wohl zu unterscheiden weiß zwischen Gut und Böse, daß er auch heute noch sagt: »Mein Film ist ein Kunstwerk. Ich habe doch nur die Möglichkeit, Propaganda in Kunst umzuwandeln.« Das löst das Rätsel des deutschen Intellektuellen. Warum hat Harlan nicht das widerliche Drehbuch von Goebbels nur noch widerlicher gemacht, so widerlich, daß keiner sich diesen Film hätte ansehen mögen. Nur gute Kunst ist Propaganda. Schlechte ist keine. Das einzig richtige ist, was Marian wollte, schlecht spielen. Mist schreiben. Filme drehen, daß die Kinos leer gewesen wären. Alle Tempi verzerren. Alle Einsätze verhauen, so daß sich keiner mehr die Neunte hätte anhören mögen. Das ist echter Widerstand.

Niemand weiß, ob Europa unzerstört wäre und die Juden am Leben, wenn Harlan und alle wie er nur widerliche Drehbücher von Goebbels in ihrer ganzen Scheußlichkeit gezeigt hätten, wenn sie ihr göttliches Talent nicht dazu benutzt hätten, Kunst daraus zu machen, aber das große Erbe der Deutschen wäre unbesudelt.

Das ist die große Kernfrage im Harlan-Prozeß.

Nach Harlan kam Klöpfer, der den verfemten und schließlich in den Tod getriebenen Gottschalk 4 Jahre lang an seinem Theater beschäftigte. Aber in seinem Theater konnte er drohen, er werde die Direktion niederlegen. Im Film konnte er das nicht. Er sagt: »Ich war froh, wenn ich in mein Theater zurückkam.«

Herr Wollheim gab nur die Tatsachen und die erschütternden Zahlen seines eigenen Transports. Am 27. Febr. '43 sind von 1000 Leuten 750 gleich umgebracht worden. Von 250, die als Zwangsarbeiter verwendet wurden, blieben 7–8 übrig. Und er spricht von der Angst der Juden, als man von diesem Film 1940 hörte, daß er der Auftakt sein würde zu neuen Pogromen, und wiederum von der gleichen Angst, als man im Konzentrationslager die Nachricht bekam, der Film würde der SS vorgeführt.

Herr Wollheim endete seine Darstellung mit einem versöhnenden Schluß, sehr großartig aus diesem Munde. »Ich habe den Film zum erstenmal vor einem Jahr gesehen. Es ist ein Wunder, daß die Zuschauer damals nicht in die jüdischen Wohnungen eingedrungen sind und ihr Mütchen gekühlt haben. Aber es ist nirgends geschehen.«

Begegnungen mit Berlinern

Die Liebe in Berlin

Ha, dachte ich, als ich nach Berlin kam, jetzt wird also das anfangen, was man mit »das Leben« bezeichnet, und ich stieg mit sämtlichen Erwartungen aus, mit denen man am Potsdamer Bahnhof, kommend aus Naumburg und über zwanzig Jahre alt, aussteigen kann.

Sofort nachdem ich ausgepackt hatte, setzte ich mich ans Telephon und knüpfte Verbindungen an mit dem, was ich meine Bekannten nannte.

»Ja, ganz ausgezeichnet«, sagte ich auf die betreffende Frage.

Dann begann das Leben. Ich lernte »ihn« kennen, er schrieb mir zwei lange Briefe, in denen er mir noch nie Dagewesenes über die Seele und deren Zusammenhänge mit dem Körper mitteilte. Über meine Seele im speziellen natürlich, woraufhin ich glaubte, daß dies die große Liebe sei und zu den hauptsächlichsten Briefwechseln der Weltliteratur führen werde. Wir verabredeten uns um sechs an der Uhr am Bahnhof Zoo. Dann gingen wir in den Tiergarten. Das war sehr hübsch, nur etwas kühl, da es Dezember war, und so begaben wir uns in eine Konditorei. Eine Konditorei ist ein Raum, in dem Marmortische mit Stühlen stehen. Es gibt dort auch Sofas, aber die sind immer von den andern besetzt. In solch einer Konditorei sitzen ein männliches und ein weibliches Individuum zusammen, wovon das eine die Hand des anderen zu ergreifen sucht, um sie zu streicheln. Man bestellt Kaffee oder Tee und ein Stück Torte, die jetzt Buttercremetorte heißt, weil sie meist mit Margarine gefüllt ist. Manchmal kommt ein Gläschen Schnaps hinzu. Das ist das, was wir vom russischen Geist übernommen haben.

Das ist mir der rechte Rahmen für eine große Liebe, dachte ich, aber ich mußte um acht Uhr zu Hause sein, denn ich wohnte bei meiner Tante.

Dann machten wir romantische Spaziergänge, d. h. wir gingen zum Krögel und von dort am Wasser entlang, versanken in der Spreestraße in Erinnerungen an die »Chronik der Sperlingsgasse« und standen bewegt vor der Linde im Hofe des Lessing-Hauses. Es konnte auch eine Rüster sein, denn, wie gesagt, es war Dezember, aber Baum ist Baum in Berlin. Wir besuchten die Arbeiterviertel; hier sind die Straßen sehr lang, den Häusern fehlen die Vorsprünge in Gestalt von Karyatiden oder Säulenhallen à la Memphis, die Likörstuben heißen Destillen, und die jungen weiblichen Wesen sind in Tigerfelle aus Plüsch gehüllt, alle anderen in graue oder braune Mäntel. Wir endeten in dere Konditorei Lehmann.

Eines Abends aber wurden wir verwegen und gingen in das, was man jetzt mit Diele bezeichnet. Eine Diele (im Westen Berlins) ist weder ein Stück von einem Holzfußboden noch der Vorplatz in einem westfälischen Bauernhause, sondern ein Raum, dem man die Absicht anmerkt (was von roten Lampen hervorgebracht wird), mit einer Kapelle, die furchtbar aufgeregt ist, bunter Wandbemalung, lasterhaften Korbsesseln, und sehr vielen Mädchen, die Fäden spinnen zu Jünglingen, die sich gern in solche Fäden verwikkeln lassen, unter der Garantie, daß sie entwirr- und zerreißbar sind. Kurzum, ich wurde verstimmt.

»München«, dachte ich, den Blick schwärmerisch nach oben, Englischer Garten und Isartal. Ich dachte an die Bastei, wenn der Wind hoch oben über den Fluß hinweht, ich dachte an Heidelberg, an Mondschein und Neckar und Schloßberg. Aber auch in Berlin mußte es wenigstens doch Frühling werden. Und es wurde. Die große Liebe war aber viel beschäftigt, und bis man aus dem Zentrum in die Natur gelangt, ist es dunkel.

Immerhin hat man da für den Westler den Wannsee. Wannsee ist eine höchst undemokratische Landschaft, die nur für die Villenbesitzer da ist und für die andern aus einer staubigen Landstraße besteht und den zwei Restaurants.

Man kann auch nach dem Schlachtensee fahren, aber da gibt's noch mehr Sand und jeden Abend Tanz. Allerdings existiert Potsdam. Doch dazu braucht man einen ganzen Tag. Das war unmöglich, ich wohnte bei meiner Tante, und es stand kein Ehestandsangebot in Aussicht. Und um gemeinsam zu lügen, soweit waren wir noch nicht.

Außerdem regnete es immer. So kam der Herbst.

»Ich denke«, sagte die große Liebe, »wir treffen uns heute abend bei Schnieffke.« Ich war sehr traurig. Bei Schnieffke stehen Marmortische mit Stühlen, es gibt dort auch Sofas, aber die sind immer von den andern besetzt. Bei Schnieffke sitzen immer ein männliches und ein weibliches Individuum zusammen, wovon das eine die Hand des anderen zu ergreifen sucht, um sie zu streicheln. Man bestellt in so einer Konditorei – aber ich wußte doch nun, daß die Torte Buttercremetorte heißt, weil Margarine darin ist, kurzum, als die große Liebe drei Tage später anrief, hatte ich keine Zeit.

Aus dem berühmten Briefwechsel ist auch nichts geworden. Er war an Zeitmangel und dem Milieu der Konditoreien zugrunde gegangen.

Und ich setzte mich ans Telephon und verabschiedete mich von dem, was ich meine Bekannten nannte. »Ja, ganz ausgezeichnet«, sagte ich auf die betreffende Frage.

Und dann packte ich meine Koffer und fuhr nach Naumburg. »Na und?« fragten die Mädchen.

»Ach Gott, Berlin«, erwiderte ich und lächelte geheimnisvoll, »man kann was erleben mit den Männern!«

Der Prophet in der Hotelhalle

Ich hatte mein schönes D-Zug-Billett in der Tasche, solch angenehmes Heft mit mehreren Seiten, wie man es bei den Reisebüros immer noch erhält und das einer jener höchst wünschenswerten Verschleierungen der Tatsachen darstellt, ohne die der Mensch nicht zu leben vermag. Es sieht durchaus nach Weltreise, zumindest nach einer Durchquerung Italiens aus, auch wenn es nur für die Strecke gilt, die die Reichsbahn, nüchtern wie die Bürokratie einmal ist, mit einem kleinen Stückchen Pappe abmacht. »Ha«, dachte ich und durchblätterte das Billett, »wie wär's, wenn du irgendwo ausstiegst? Niemand weiß etwas davon. Ich bin in F...hof, habe ich gesagt, und Briefe erreichen mich, fürs erste, postlagernd.« Und das sagte ich, obwohl ich drei Wochen vorher mein Zimmer in der Alpenrose fest bestellt hatte. Jeder sucht sich halt die Geheimnisse, die er kriegen kann.

In Mitteldeutschland, oder geradezu gesagt in Merseburg, sah ich aus dem Fenster. »Die Leunawerke bauen doch beständig«, dachte ich, und dann so einiges wie: Industrie, Kapitalismus, Krieg aller gegen alle, Ruhe? Frieden? Kurz, was man beim Anblick der Leunawerke so zu denken pflegt. Da blicke ich auf und sehe den Propheten, und nun erwarten Sie, daß ich sage, er habe schwarze, fanatische Augen gehabt, ein bleiches Gesicht und einen ausgemergelten Körper, sei also gewesen, wie man sich einen Fanatiker zu denken pflegt. Aber diese Art von Prophetentum hat abgewirtschaftet. Mein Prophet hatte strahlende, blaue Augen, eine kraftvolle Gestalt und ein gutes und heiteres Gesicht. Er hatte sich mit einem derben Stock versehen und schien eine lange Wanderung vor sich zu haben. Er grüßte, und ich erkannte ihn.

»Wohin wollen Sie?« frug ich. »Sie sehen ja ganz mythisch aus mit Ihrem Rückensack und Stab.«

»Mythisch?« lachte er, »ich will nach Rußland, vielleicht nach Indien oder Palästina, vielleicht auch nach Kanada.«

»Wie«, sagte ich, »und das alles bloß mit einem Rückensack und Stab versehen?«

»In der ganzen Welt gibt es Bauern, die zwei Arme zu brauchen wissen! Steigen Sie aus, ich werde Ihnen viel erzählen. Fahren Sie heute abend weiter!«

Ich sehe mein schönes Billett an, heute abend wartet der Wagen am Bahnhof. »Nein, danke«, sagte ich, »es wird sonst ein so unbequemes Ankommen.«

»Ja«, meinte er, »wenn es unbequem ist, dann allerdings!« Und er lachte.

Wir verabschiedeten uns. – Aber meine Erlebnisse mit dem Propheten sind noch nicht zu Ende. Ich fuhr also nach dem wunderschönen F…hof. Es liegt inmitten von Land und Leuten, die man kennenlernen kann, wenn es nicht gerade regnet. Da es das aber meistens tut, so begibt man sich in den Leseraum und studiert die Kurliste, aus der man das Übliche ersieht: Ein Drittel aller Gäste stammt aus dem Auslande. Unter den deutschen Städten ist Berlin am meisten vertreten, und unter den Daherkommenden finden sich merkwürdig viele Mehmeds, Nailas und Sinajowas.

Rechtsanwälte, Ärzte und Journalisten sind für die Kurliste ausgestorben. In der Halle des eleganten Hotels, einer Halle mit sehr vielen Teppichen, Ecken und Sesseln, sitzen viele schwarzäugige Leute, die dabei doch völlig anders aussehen, als sonst wohl schwarzäugige Leute in Deutschland auszusehen pflegen. Es geht mir mit ihnen, mit den Frauen natürlich vor allem, wie mit den Japanern, wenn sie nach Europa kommen. Ich kann sie nicht unterscheiden. Sie haben alle Glutaugen, sind weiß gepudert und tragen einen karmesinroten Mund. Hinzu kommen ein schwarzes Cape und ein großer, flacher, schwarzer Hut. Wenn die Musik spielt, tanzen einige Paare. Die Pariserinnen, zum Teil aus Budapest, sind ungemein elegant in ihren Kutten, eine ostelbische Baronin dokumentiert ihr Deutschtum abends in der geheizten Halle durch ein weißes Batistkleid und Frisur von 1905. Aber alle verbindet der gleiche Boston, bei dem man schmachtend, und der gleiche Jimmy, bei dem man keck blickt. Und mehr noch die Jumperhäkelei, eine Reihe Luftmaschen, eine Reihe Stäbchen. »Hawe Sie noch Wolle gekriecht?« fragt die Frankfurterin.

»Oh, billig«, sagt die Amerikanerin, »fifty Cents«, und Madame rechnet schnell in Franken.

Im übrigen birgt diese Fremdeninvasion für uns Valutagefangene manches Interessante, und man kann so auf Deutschlands Kosten den Blick erweitern. Besonders der Literatur scheint sie nötig. »Ich bedarf«, sagt der junge Schriftsteller, der neben mir sitzt, »für meine neueste Novelle der Sehnsucht nach Deutschland. Wie das erleben? Man riet mir, nach Berlin ins Romanische Café zu gehen, da soll man Heimweh bekommen.«

»Ausgezeichnet«, sagte ich, »ganz ausgezeichnet!«

Und dann langweilen sich alle weiter in vorzüglicher internationaler Form. –

Plötzlich zieht es. In die Halle ist der Prophet getreten und Sonja, eine kleine, kurzhaarige Studentin. Ich kenne sie, oh, sehr gut. Sie sehen zu mir her, ich wende den Kopf und nicke so liebenswürdig, wie man aus einem Klubsessel Leute grüßen kann, die hinter einem stehen. »Gott, was für komische Bekannte Sie hawe«, sagt mißbilligend die Frankfurterin. »Oh«, sage ich entschuldigend, »sehr wertvolle Menschen.« –

Der hohe, blonde Prophet und die Studentin gehen an mir vorüber. »Es riecht hier nach Verwesung«, sagt er. »Gespenster«, sagt sie, »das alte Europa.« – »Es ist so eine Sache«, sage ich nach einer Pause zu dem Schriftsteller, »mit den Erlebnissen der Kinder aus den bürgerlichen Häusern. Es sieht immer nach sehr viel aus, aber im Grunde steigen wir mit unsern hübschen Billetts für die angenehmen Züge nicht aus, noch nicht einmal aus einem Klubsessel erheben wir uns.«

»Selbst wenn wir wissen, daß wir bald dazu gezwungen sein werden«, sagt der junge Dichter.

Buhse, der Schuhmacher

Buhse ist Flickschuster und hat seine Werkstatt im Keller eines vornehmen Hauses. In diesem Keller stehen zwei Vertikos mit unzähligen Verlosungs- und Schießbudennippes, Klavier, Kleiderschränke, Sofa, Tisch und Stühle und eine spanische Wand, die die Schlafgelegenheiten verdeckt. Am Fenster ist ein Tritt für die Werkstatt. Schmuck des Zimmers aber ist ein großes gerahmtes Diplom, links unten Gretchen oder Evchen am Spinnrocken, um den Putten ein Band flattern lassen, oben wiegen sich Schwälbchen auf Telegrafendrähten, und rechts hält eine Frauengestalt – die Freiheit oder Elektrizität oder das Gewerbe – eine Fackel hoch. Das Ganze ist das Diplom zu einer silbernen Medaille der 35. Schuhmacherausstellung zu Biesteritz.

Buhse ist der Sohn eines Tischlers in Pasewalk. Als er 25 Jahre alt war, hatte er die Jungfer der Gräfin Zetlitz geheiratet und als Hochzeitsgeschenk eine goldene Pendule bekommen. Sie hielt ihren Haushalt herrschaftlich und sprach nicht mit der Portiersfrau. Buhse machte Stiefeletten und Saffianpantöffelchen und Zugstiefel. Mit der Zeit kamen immer weniger Neuanfertigungen und immer mehr Besohl- und Flickarbeit an Schuhen, die er selber viel besser gemacht hätte. Als die ersten grauen Haare kamen, färbte er sie schwarz. Sein Sohn hatte ein liederliches Mädchen geheiratet und verkam. Buhse blieb eine Enkelin, die früh heiratete und das erste Kind bekam. So hatte er noch Kindergeschrei in dem engen Keller auf seine alten Tage.

Im I. Stock sagte die Frau Konsul zu ihrem Gatten: »Ich habe noch nie einen so guten Schuster gehabt, dem würde ich sogar meine Seidenpumps anvertrauen.« Der Konsul sah von seiner Zeitung auf: »Ja, ja, gute Handwerker sind selten geworden. Solche Leute muß man unterstützen, man müßte ihm etwas zu verdienen geben.« So bekam nach 12 Jahren Meister Buhse einen Auftrag auf neue Stiefel. Er kam mit einem Bogen Papier und einem Bleistift bewaffnet. Es wurde Maß genommen.

Von früh bis abends lief Buhse durch die Lederhandlungen und sah sich Kalbfelle an. Er verstand sich auf Leder. Wenn er zu spät zu Tisch kam und die Enkelin keifte, so lächelte er nur, er handelte lange, aber dann hatte er es, das tadellose Stück Kalbfell, dieses Gedicht, dieser Traum, dieses Ideal von einem Kalbfell. Kein bißchen Pappe kam in die Stiefel.

»Mein lieber Herr Buhse«, sagte der Herr Konsul, »es tut mir sehr leid, die Stiefel sind viel zu eng. Sehen Sie zu, daß Sie sie ändern, sonst...«! – »Aber ich bitte«, fiel ihm Meister Buhse ins Wort, »ich werde selbstverständlich ein Paar neue machen.« Buhse versuchte zu ändern. Es gelang nicht. »Das kommt davon«, sinnierte er, während er ein Paar neue begann, »das kommt davon. Da sitzt man nun und sitzt und quält sich, damit man die Münder stopfen kann und für die Miete und die Steuer, und dabei verlernt man alles und flickt ewig und macht Hacken gerade und besohlt und beflickt, und wenn man dann wirklich einmal zeigen könnte, was man kann, dann kann man nichts mehr.« Das zweite Paar wurde vollendet.

»Meine Liebe«, sagte der Konsul zu seiner Frau, »ich kann die neuen Stiefel von Buhse auch nicht tragen, sie drücken.«

»Ich sage es ja«, erwiderte die Frau triumphierend, »was du für die rückständigen Handwerker übrig hast, man kann gar nicht genug Fenster aufmachen.« Sie hat in ihrer Jugend sehr viel Ibsen gelesen. Buhse wartete. Auf eine goldene Medaille für das Musterpaar als Kalblederstiefel oder auf seine Ernennung zum Innungsmeister oder mindestens auf den gerührten Besuch des Herrn Konsul: »Ihre Stiefel! Wie eine Biene läuft man damit! Meine sämtlichen Bekannten lassen nur noch bei Ihnen arbeiten.« Zwei Wochen vergingen, da stellte sich Buhse ihm in den Weg. »Sie sind ja ganz schön gearbeitet«, sagte der Konsul, »doch sie drücken etwas. Aber man kann sie ganz gut tragen«, sagte er, als er Buhses Gesicht sah.

»Sie merken eben nichts«, dachte Buhse, »ob du Pappeinlage nimmst oder gutes Leder, ob du ordentlich mit einer Stahlschiene arbeitest oder nicht, sie merken nichts, es ist ihnen alles egal.« Abends saßen Koller, der Tapezierer Koller aus der Gneisenaustraße, und der Tischler Koblank zusammen. »Sie merken nichts«, sagte Buhse, »ob man Pappeinlage nimmt oder gutes Leder, ob man ordentlich mit einer Stahlschiene arbeitet oder nicht, sie merken nichts.« – »Ja«, sagte Koller, »kaufen die Chaiselongues für 39,50 Mark. Haben ja keine Ahnung. Ich weiß, wie's gemacht wird, am Abend wird die Werkstatt aufgekehrt und die abgefallene Wolle, aller Dreck zusammengekehrt, immer mang die Füllung genommen. Die Menschen sind ja so dämlich, besonders die Damen, huppen mal so 'n bißchen drauf, sehen sich den Stoff an und sagen: ›Die is aber wirklich preiswert!‹ Von Inwendig verstehen sie ja nichts.«

Koblank antwortete: »Gestern is der Einkäufer von Morgentau wieder dagewesen. Nur billig, is dem ganz egal, ob das Holz reißt nachher oder nicht, doppelt verleimt macht kein Mensch mehr. Die Menschen sind so dumm, wenn's lange dauert, dann sind sie unzufrieden, statt sich zu sagen, der Mann macht gute Arbeit.«

»Aber wenn sie Ballen haben und verkrüppelte Zehen, dann haben sie vielleicht ein Einsehen«, sagte Buhse, der Schuhmacher.

»Auch dann nicht«, sagte Koller und gab ein à tout aus.

Das Projekt

Eines Tages erfuhr Franz Schnepp, daß eine Bahnstrecke projektiert würde. Franz Schnepp von der Tiefbaufirma Schnepp & Co. dachte, es wird wieder nichts werden, aber man soll schließlich alles versuchen; wenn ein anderer den Auftrag bekommt, macht man sich Vorwürfe, weil man etwas versäumt hat. Er diktierte der Sekretärin Fräulein Fuchs einen Brief, in dem er bat, man möge ihn doch bei der Vergebung der Bauarbeiten nicht vergessen.

Am selben Abend war Fräulein Fuchs mit ihrer Freundin Käte zusammen, die von einem Bauführer Kuball erzählte, der nun auch schon ewig leider ohne Stellung sei. Fräulein Fuchs, die immer so tat, als ob sie das ganze Geschäft in der Hand hätte, sagte sofort: »Weißt du, der Herr Kuball soll sich gleich morgen bei uns vorstellen. Am besten um 11 Uhr, wenn die Post erledigt ist. Wir werden nämlich in der nächsten Zeit einen ganz großen Auftrag bekommen.«

Kuball ging sofort am nächsten Tag zum Prokuristen und bat um einen Posten: »Ich habe gehört«, sagte er, »daß Sie einen ganz großen Auftrag bekommen haben.« Der Prokurist lächelte und sagte: »Ja, Herr Kuball, wir sind noch nicht soweit, aber wenn wir soweit sind, werden wir sicher an Sie denken.«

Kuball war sehr glücklich über diese Aussicht und ging voll Hoffnung in die Wirtschaft von Mutzer »Zum feuchten Dreieck«, wo er seine Tage zubrachte, weil er trank, da es ihm so elend ging. Aber vielleicht ging es ihm auch so elend, weil er so trank. Jedenfalls gehörte er zu den dankbaren und friedfertigen Trinkern. Wer ihm ein Bier spendierte, den liebte er, und im »Feuchten Dreieck« bekam er öfter eins spendiert.

Am Bierausschank stand der Schreiner Kärner neben dem Kaufmann Peschel und Breumeyer, dem es auch jetzt schlechtging, mit einem kleinen Obsthandel am Bahnhof, besonders in dem regnerischen Frühjahr, wo das Beerenobst anfing und man so viel Schwund hatte. Mutzer, der Gastwirt, schenkte Bier ein, strich mit einer Holzschaufel den Schaum ab und sagte: »Ist ja ganz schön hier mit der Wirtschaft, aber es bringt zuwenig. Da sind die Steuern, die Umsatzsteuer, und die Getränkesteuer, man wird ja seines Lebens nicht mehr froh. Wenn ihr einmal was von einer Kantine hört, ich würd' sie gern pachten.«

Der Schreiner Kärner klagte auch: »Es ist ein Kreuz mit den Steuern, wenn man einmal etwas hört, werd ich schon dran denken«, und Breumeyer sagte: »Ich wär' auch schon froh, wenn die Orangen wieder anfangen würden.«

In der Ecke stand Kuball, den keiner so recht ernst nahm, und meinte: »Es ist gut, daß du von den Kantinen sprichst, Mutzer, ich hab' grad Kantinen zu verpachten. Gib mir noch ein Bier.«

Rings im Kreis war alles ganz still, und Kuball erklärte: »Ja, ich bin nämlich heute als Bauführer bei Schnepp & Co. angenommen worden, da untersteht mir auch die Verpachtung der Kantinen.«

»Was«, sagte Mutzer, »du hast eine Stellung, und da sagst du kein Wort und lädst uns noch nicht einmal ein?«

»Ja«, sagte Kuball, »ich muß mich selber erst an die Aussicht gewöhnen.«

»Wieso hast du denn die Stellung bekommen?« fragten alle.

»Ich habe da eine Bekannte«, sagte Kuball, »die hat eine Freundin, die ist nämlich Privatsekretärin bei Schnepp & Co., die einen ganz großen Auftrag bekommen haben, und wie ich das erfahren habe, da bin ich gleich hingegangen, habe nachgefragt, und da habe ich auch wirklich die Stellung bekommen.«

Alle bewunderten Kuball, der bisher sehr nebensächlich erschienen war. »Und was ist mit den Kantinen?« fragte Mutzer. »Da könnst mir doch eine verpachten.«

»Aber gern«, sagte Kuball.

»Wollen wir gleich einen Vertrag machen«, rief Mutzer.

»Ich muß aber Kaution haben«, sagte Kuball jetzt geschäftsmäßig.

»Freilich«, sagte Mutzer, »aber am liebsten möchte ich sie weiterverpachten.«

»Freilich«, sagte Kuball, »gib mir noch eine Halbe.«

»Wenn du niemanden weißt, könntest du mich für die Unterverpachtung vormerken«, sagte Peschel.

»Gern, natürlich«, sagte Mutzer. »Eine Baukantine ist immer gut. In den Fabriken heute, da ist es so eine Sache. Aber auf dem Bau wird immer noch gutes Geld verdient. Da sind die Leute weit von daheim, da kann ihnen nichts gebracht werden.« Und dann gingen sie ins Nebenzimer und machten einen bildschönen Vertrag, mit vielen Paragraphen. Mutzer sollte für die Kantine 1500 Mark Kaution zahlen und das Recht haben, die Kantine an zwei Leute Peschel und Breumeyer weiterzuverpachten, die den Betrieb übernehmen wollten.

Nachdem der Vertrag unterzeichnet war, spendierte Mutzer Freibier für die ganze Gesellschaft.

Auf dem Heimweg meinte Peschel, es sei doch so eine Sache, eine Kantine allein zu leiten, und ob es nicht besser sei, gelernte Kantinenwirte zur Bewirtschaftung zu suchen. »Hast ganz recht«, sagte Breumeyer, »wir geben halt morgen früh eine Annonce auf. Es ist ja nicht viel mit dem Handel, aber es ist doch besser als eine Kantine, von der man noch gar nichts nicht weiß.« – »Hast ganz recht«, sagte Peschel.

Auf das Inserat meldeten sich eine Menge Leute.

Am Sonntag machten dann alle zusammen einen Ausflug, um sich das Bahngelände und die Stelle, wo die Kantinen stehen sollten, anzusehen. Sie mieteten eine Autodroschke. Kuball saß im Fond neben Mutzer, gegenüber saß der Schreiner Kärner, neben ihm Peschel. Breumeyer, der immer nur so von Peschel mitgenommen wurde, saß als letzter Mann beim Chauffeur. Die Vorstadt kam. Holzplätze und altes Eisen, und dann war die Stadt zu Ende. Wiesen fingen an, und Landstraßen dehnten sich. Plötzlich ließ Kuball halten. »Hier«, sagte er und zeigte auf eine Wiese, die vollkommen öde aussah. »Hier wird die erste Kantine stehen, die zweite wird am Bahnhof liegen, aber die genaue Lage des Bahnhofs ist noch nicht bestimmt.« Alle standen da und sahen auf die Wiese und sahen Kuball an, Herren der Projekte, Wiesen und Bahnhöfe. »Ich habe ja nun Glück gehabt in dieser Zeit«, sagte Kuball. Dann gingen alle ins nächste Wirtshaus, wo Tanz war, und verlebten einen fröhlichen Abend, bis auf Breumeyer, auf den ein Dörfler eifersüchtig wurde, der die Stadtleute, die auf dem Dorf gar nichts zu tun hätten, hinauswerfen wollte. Aber es wurde nicht so schlimm, und sehr begeistert fuhren alle heim.

Und dann warteten sie, bis es mit den Kantinen soweit war. Inzwischen hatte Kuball Freibier bei Mutzer.

Nach zwei Monaten stellte sich heraus, daß die Bahnstrecke nicht gebaut wurde. Schnepp bekam den Auftrag nicht von der Bahn und Kuball nicht die Stellung bei Schnepp, und Mutzer nicht die Kantine von Kuball, und Peschel und Breumeyer bekamen sie nicht von Mutzer. Und die Leute, die sich auf das Inserat gemeldet hatten, bekamen sie nicht von Peschel und Breumeyer.

Schaden hatte keiner erlitten, bis auf die Kosten für das Inserat. Aber Mutzer ärgerte sich über die Renommiererei von Kuball. Und als Kuball in die Wirtschaft kam, sagte Mutzer: »Daß du dich überhaupt hier sehen lassen magst, wo du uns alle zum Narren gehalten hast, was hast du uns denn für einen Schmarren erzählt. Wir nehmen uns noch dazu ein Automobil und fahren fünf Mann hoch hinaus. Man kommt sich ja vor wie ein Kamel. Schaut sich da feierlich eine Wiese an, auf der nichts weiter wächst als Gras, das ist ja eine Narretei, so etwas.«

Kuball hörte sich alles ganz ruhig an und sagte: »Das habe ich alles nur aus Gutmütigkeit getan, ich hab mich mal bei dir für das Freibier revanchieren wollen. Man will doch auch nicht immer so dastehen, und ich hab' ja auch die Aussicht gehabt auf die Posten mit den Kantinen. Was kann ich denn dafür, wenn die Bahnstrecke nicht gebaut wird? Das mußt du doch selber einsehen.«

»Aus ist's mit Freibier«, sagte Mutzer und strich mit dem Holz, die Ärmel aufgekrempelt, den Schaum von dem Glas Bier, das für den Schreiner Kärner bestimmt war.

Einige Erzählungen

Erste Liebe

Vierundzwanzig Kinder befreundeter Familien nahmen Tanz-stunde. Die jungen Mädchen waren fünfzehn und die jungen Leute siebzehn. Um sechs Uhr kam der Tanzlehrer, Herr Struve, und der Klavierspieler, die Noten unter dem Arm. Die jungen Mädchen versammelten sich in der einen Ecke des ausgeräumten Kollmann-schen Eßzimmers, die Jungens in der andern. Herr Struve begann damit, den jungen Leuten die ersten Walzerschritte beizubringen. Er tanzte zuerst mit jedem der jungen Mädchen, dann mit jedem der jungen Leute. Nachdem wieder jede Partei in ihrer Ecke stand, stellte er sich in der Mitte des Zimmers auf, klatschte in die Hände und rief: »Ich bitte die Herren, die Damen zum Tanz aufzufor-dern.«

Darauf marschierten die jungen Leute auf die andre Ecke zu und verbeugten sich. Zum größten Teil verbeugten sie sich auch beim zweiten Tanz vor denselben Mädchen wie beim ersten Tanz. Es begannen sich Paare zu bilden, die sich liebten, zum Teil bis zum Ende der Tanzstunde, zum Teil aber auch das ganze Leben. Um acht Uhr verbeugte sich Herr Struve und verließ das Eßzimmer. Dienstmädchen in schwarzen Kleidern mit weißen Häubchen ser-vierten lange Platten mit Brötchen, Limonade in Gläsern und etwas Kuchen.

Von halb neun bis zehn Uhr wurde dann noch einmal getanzt. Im Vorzimmer warteten die Kinderfräulein und brachten die jun-gen Mädchen nach Hause.

Hans war der beste Schüler der Klasse, ein dünner langer kor-rekter Mensch. Erich war dick, bequem und freundlich. Warum Hans und Erich Lotte von der ersten Tanzstunde an nach Hause begleiteten und ständig abwechselnd mit ihr tanzten, war nicht klar.

In der zweiten Tanzstunde kam ein neuer junger Mann dazu, schmal und braun, mit einem nervösen, leidenden Gesicht. Er gefiel Lotte. Aber er tanzte nicht mit ihr, weil Hans, sein Freund, mit ihr tanzte. Er hieß Ludwig Heesen.

Das Kinderfräulein, Hans, Erich, Ludwig und Lotte gingen zusammen von der Tanzstunde nach Hause. Ludwig rannte bei-nahe in ein Auto. »Ich möchte auf den Kühler springen«, sagte er und sah Lotte an.

Da wußte Lotte, das war die Liebeserklärung. Sie wurde ein ganz anderer Mensch. Sie lernte französische Vokabeln, sie bereitete sich auf den Shakespeare vor, so schwer wie das war, sie räumte ihre Schubladen auf. Sie stopfte ihre Strümpfe. Sie ging täglich zur Eisbahn, um leidenschaftlich Achten zu üben.

Am Tag der Tanzstunde stellte sie das Haus auf den Kopf. Sie begann sich schon um vier anzuziehen. Um fünf Uhr wollte sie schon weggehen. »Es ist eine halbe Stunde Weg, da kann dich keiner brauchen, wenn du so früh kommst«, sagte ihre Mutter.

Marianne ging an Lotte vorbei, eine große prachtvolle Person, das rotblonde Haar schlicht frisiert, das Gesicht ungepudert, leuchtend vor Frische, das blau-grüne Kleid von betonter Nicht-koketterie. Heesen setzte sich zu dieser Marianne und sprach mit ihr über Bücher. Lotte stand in der Tür und beneidete Marianne: Sie hörte ihn zu Marianne sagen, als ob das gar nichts wäre: »Wir laufen also morgen um vier Uhr zusammen Schlittschuh.«

Als Heesen Marianne folgte, streifte er Lotte, die noch immer in der Tür stand. Sie nahm eine Blume aus dem Haar, steckte sie in den Mund und lächelte. Heesen blieb stehen und räusperte sich. Er sagte ohne jede Freundlichkeit: »Die nächste Tanzstunde findet bei meinen Eltern statt. Ziehen Sie bitte das Kleid ohne Ärmel an.« Dann ging er rasch in das anstoßende Zimmer.

Er vermied es, ihr zu begegnen. Sie erwischte ihn noch einmal: »Warum tanzen Sie nicht mit mir?« Er sah sie sonderbar an, und sie wurde dunkelrot. Aber wenn es so war, warum verabredete er sich mit Marianne? Warum konnte er mit andern vergnügt sein? Warum blieb sie immer allein? Mit ihr sprach keiner über Bücher.

Er stand noch da und sagte ganz leise: »Ich bin bei einem Mädchen gewesen, Sie verstehen.«

Lotte verstand: Er liebt mich so sehr, daß er nicht mit mir tanzen kann, daß er mich nicht küssen will. Je mehr man eine Frau liebt, um so weniger küßt man sie. Ein Mann umarmt die Frauen, die er nicht liebt, und gibt ihnen vielleicht noch Geld hinterdrein.

Die nächste Tanzstunde fand in der Heesenschen Villa statt. Lotte trug das Ballkleid ohne Ärmel, das sich Ludwig bestellt hatte. Die Kinder tanzten in einer Halle, aus der eine Treppe in den oberen Stock führte. Es war wunderbar. Salons schlossen sich an mit tiefen Sesseln und Samtsofas und langen faltigen Portieren. Als Herr Struve gegangen war, bat Direktor Heesen die

Kinder in das Musikzimmer. Ludwig setzte sich an den Flügel und spielte den Liebestod aus Tristan und Isolde.

Es war eine seltsame Stimmung. Lotte wußte, er spielte für sie. Sie hatte das Gefühl, daß alle sie ansähen. Sonst ließ er sie stehen. Dies ging nun wieder zu weit nach der andern Seite. Sie fühlte sich preisgegeben und schutzlos.

In der Halle war richtig gedeckt worden. Margot Kollmann sagte glückstrahlend zu Lotte: »Das ist keine Tanzstunde mehr. Das ist schon ein richtiger Ball.«

Ludwig führte Lotte aus der Halle fort in ein kleines Zimmer. Dort war für zwei Personen gedeckt.

»Für Sie und mich!«

»Das tu ich nicht, ich setze mich nicht extra.«

»Ich habe meine Mutter so darum gebeten, bitte, bitte.«

»Aber das ist doch schrecklich peinlich.«

Aber sie konnte keinen Aufstand machen.

Sie saßen einander gegenüber. Sie saßen an einem Tisch. Allein in einem Zimmer. Sie sagten so einfache Dinge zueinander wie: »Nehmen Sie noch ein bißchen Limonade?« »Darf ich Ihnen noch von dem Heringssalat anbieten?«

Und es war das große Glück.

»Sie haben da ein lila Bändchen an Ihrem Fächer, schenken Sie es mir.«

Sie gab es ihm, und er küßte es und steckte es ein. Wie einfach das Leben sein konnte.

Als sie aus dem Zimmer traten, kam es Lotte so vor, als ob alle lächelten. Aber es genierte sie nicht mehr.

Nach der Tanzstunde sagte der jüngere Heesen zu seinem Bruder: »Du liebst doch Lotte, na heirate sie doch!«

Da gab Ludwig seinem jüngeren Bruder eine Ohrfeige.

Und dann war alles vorbei. Er tanzte wieder nicht mit ihr. Er ging mit andern spazieren.

Den andern Jungen floß es wie Wasser von den Lippen: »Ich kann ohne Sie nicht sein.« Oder: »Sie wissen doch ganz gut, daß ich in Sie verknallt bin.« Aber Ludwig Heesen sagte kein Wort. Lotte dachte manchmal, ob sie sich nicht einfach etwas einredete, und nichts war schlimmer nach dem Sittenkodex der Backfische von 1910, als sich einzureden, es liebe einen einer.

»Ludwig, ich weiß, in wen Sie hier verknallt sind.«

»Irren Sie sich bloß nicht.«

»Nein, es sind sogar zwei.«

»So, so.«

»Soll ich Ihnen sagen, wer?«

»Bitte schön.«

»Margot Kollmann und Edith Reich.«

»Also, das mit Margot Kollmann ist Unsinn, und mit Edith Reich habe ich mich wohl mal unterhalten, und ich finde sie sehr nett, aber das ist ja noch das reine Kind.«

Sie standen auf und tanzten und aßen Vielliebchen.

Der See im Park war gefroren. Das Eis war spiegelglatt, die Bäume schwarzes Gespinst. Eine Musikkapelle spielte. Die Leutnants in langen Röcken liefen Bogen. Auch Lotte übte Achten. Als sie aufsah, entdeckte sie Heesen. Er wollte davonlaufen, aber sie war rascher.

»Guten Tag, Ludwig, kommen Sie, laufen wir zusammen.«

Sie faßten sich bei der Hand. Da merkten sie, daß ihre Hände nackt waren, und sie schämten sich sehr.

Ludwig lief rasch auf Marianne zu, die mit einem jungen Mann fuhr, und sie liefen ein vergnügtes Terzett. Lotte aber schnallte ab und ging nach Hause durch den winterlichen Park, ganz einsam. Einmal nur sich aussprechen, ein einziges Mal, dachte Lotte.

»Ihr Kleid ist schön.«

»Finden Sie?«

»Als ich neulich abends allein in meinem Zimmer saß, da dachte ich . . .«

Lotte saß wie gebannt, nun mußte es kommen, nun, nun was . . . da dachte ich.

»Wollen Sie denn nicht tanzen?« unterbrach sie die Dame des Hauses. Es ging nicht, daß man die jungen Leute allein ließ.

Es war zehn Uhr. Alle lachten, zogen Mäntel an, quälten sich mit den Gummischuhen. Hans, Erich und das Fräulein warteten auf Lotte. Sie hatte ihre vielen Blumensträuße in der Hand und wartete auf Ludwig.

Es war Februar, die Straße war grau, angefüllt mit einem nassen Schnee, der zerfloß. Die hohen Häuser gaben das Gefühl, durch einen Schacht zu gehen. Die elektrischen Bahnen klingelten, und die Autos fuhren. Die Bäume an der Straße hatten die ersten Verdickungen. An den Sträuchern waren winzige grüne Blättchen. Sie gingen wie den ganzen Winter von der Tanzstunde nach Hause. Wie immer das Fräulein, Hans, Erich, Ludwig Heesen und Lotte.

Ludwig und Lotte gingen allein: »Ich bin auf der Hochbahn gefahren«, sagte Ludwig, »und habe immer hinabsehen müssen, es hat mich in den Abgrund gezogen. Man leistet doch nichts.«

Wirklich, dachte Lotte, er hat recht, man leistet doch nichts. »Aber Sie machen doch Ihr Abitur«, sagte sie laut.

»Was bedeutet das? Ich bin doch nur der Sohn meines Vaters. Wozu lebe ich, wozu bin ich da?«

Er hat recht, dachte das Mädchen, wir sind nur die Kinder unsrer Eltern. Nie werden wir unser eigenes Leben leben. Wozu also leben.

Die beiden Freunde kamen nach und sangen das Neueste, ein Couplet aus der Lustigen Witwe: »Man steigt nach, man steigt nach.«

Sie hielten die Stöcke waagerecht unter dem Arm, trotteten, wie sie sich vorstellten, daß Boulevardtreter von Paris hintereinander hertrotten.

Gräßlich, dachte Lotte, diese Idioten.

»Heut geh' ich ins Maxim, da bin ich sehr intim, da bin ich sehr intim«, sang Hans.

Lotte war zu Hause. Die Straße war dunkel. Fräulein stand da, Erich, Hans. Ich muß ihn retten, dachte Lotte, ich muß ihm einen Kuß geben, jetzt ihn küssen, dann ist alles gut. Da sah sie plötzlich oben im zweiten Stock am Fenster ihre Mutter stehen. Sie zögerte einen Augenblick: »Gute Nacht allerseits.«

Erich und Hans gingen weg. Ludwig stand am Haus gegenüber. Als Lotte mitten auf dem Damm war, sah sie sich um. Er stand noch da. Seine Arme hingen ganz leer herunter, sein Gesicht war im Dunkel, sie konnte es nicht erkennen. Ich möchte zurücklaufen, ihn kussen, ihm sagen, daß er doch wissen muß, wie sehr ich ihn liebe. O Gott, o Gott, ich kann ihn doch nicht so gehen lassen. Aber wußte sie überhaupt, ob er sie liebte? Er hatte ihr nie etwas gesagt.

Oben stand die Mutter am Fenster. Sie ging ruhig ins Haus, ließ ihn stehen, ging die Treppe hinauf. Vor den beiden Jungs und Fräulein ihn zu küssen, wäre lebensentscheidend gewesen, hieß Verlobung in einem Alter, wo man das doch noch gar nicht durfte. Aber eine furchtbare Angst blieb.

Bei den Eltern war Besuch. Keineswegs hatte ihre Mutter am Fenster gestanden.

»Wenn ich das gewußt hätte«, dachte Lotte.

»Warum schneidest du denn so ein Gesicht?« fragte die Mutter.

»Ach, wir sind doch alle nichts, wir leisten doch nichts.«

»Bestell den Jungs einen schönen Gruß, sie sollen noch einen Fencheltee trinken und dir nicht verrückte Ideen in den Kopf setzen. Willst du noch einen Apfeleierkuchen?«

Lotte dachte, Mama hat ganz recht, verrückte Ideen, es sind verrückte Ideen: »Bitte, ich möchte noch schrecklich gern einen Apfeleierkuchen.«

Sie lag in ihrem weißen Zimmer, weiße Mullgardinen und hellblaue Bänder, und dachte unausgesetzt: Ich möchte Frau Heesen anrufen, daß Ludwig so komisch war.

Sie stand auf, schlug das Telefonbuch auf, sah die Nummern dastehen: Heesen, 20 Nummern der Heesenfabrik und dann – Heesen Oscar privat.

Ihre Angst wuchs. Aber es war 11 Uhr. Was sollen die Leute von mir denken, wenn Ludwig ruhig schläft. Es war unmöglich. Sie schlich zurück ins Bett.

In der ersten Schulpause sprach sie mit ihrer Freundin Lili. Lili fand es noch unmöglicher als Lotte, nachts bei Eltern von einem Jungen anzurufen. Lotte folgte den Schulstunden nicht. Sie wußte, es war etwas passiert. »Wo sind Sie denn mit Ihren Gedanken?« fragte der Lehrer des Französischen. Aber es war in Mathematik dasselbe. Bloß endlich nach Hause, dachte Lotte. Ich werde heute noch bei Heesens anrufen. Am Tage ist es etwas anderes als nachts. Endlich war auch diese furchtbare Chemiestunde zu Ende. Lotte zog ihren Mantel an, setzte ihren Hut auf und verließ das rote Backsteingebäude, das die Schule war.

Vor der Schule stand Hans. Lotte dachte zweierlei zu gleicher Zeit. Es ist etwas passiert, und – unerhört, daß der Hans vor die Schule gekommen ist und mich kompromittiert.

Hans hatte eine eisige Miene: »Was haben Sie gestern mit Ludwig gesprochen? Waren Sie heimlich mit ihm zusammen?«

»Ich weiß, daß Sie Jura studieren werden. Also was ist los?« Sie haßte den jungen Menschen in diesem Moment. Alles war daher gekommen, daß er sie niemals allein gelassen hatte, so wie er taktloserweise auch jetzt hier vor der Schule stand.

»Nun, dann will ich es Ihnen sagen. Ludwig hat sich vergiftet. Er ist tot.«

Sie sagte nur: »Ich gehe lieber allein nach Haus.« Sie hatte alles gewußt. Sie durfte nicht weinen mitten auf der Straße.

Zu Hause gab man ihr einen Brief:

Liebe Lotte,

Es ist schrecklich, ich werde die traurigen Gedanken nicht los. Schon während des Tanzens hatte ich mit diesen Gedanken angefangen, auf dem Rückweg hatte ich sie wiederaufgenommen, und Sie waren ganz ernsthaft darauf eingegangen. Das war mir ein Trost, daß Sie wenigstens dabei eine ähnliche Saite erklingen ließen. Als ich nachher allein nach Haus ging, hatte ich immer nur denselben Gedanken: Mach ein Ende diesem Leben, es hat doch alles keinen Zweck. Jetzt habe ich nur noch einen Wunsch, nämlich, daß das Gift (Quecksilberchloridsublimat) sicher wirkt. Zur Sicherheit habe ich noch die Gashähne aufgedreht.

Mein Sterbezimmer ist dasselbe, in dem wir damals, als die Tanzstunde bei uns war, an dem kleinen Tischchen gegessen haben. Oh, das war einer der schönsten Augenblicke meines verpfuschten Lebens. Überhaupt habe ich es Ihnen zu verdanken, daß die letzten Wochen meines Daseins einen rosigen Glanz erhielten. Was Sie mir davon erzählten, daß ich in Margot Kollmann oder gar in Edith Reich verknallt sei, ist purer Unsinn. Denn nur dich, nur dich liebe ich allein ...

Allerdings hatte ich auch Else sehr gern, aber mit der kann man nur tändeln und plaudern, wie ich mit der ein vernünftiges Wort reden sollte, kann ich mir absolut nicht vorstellen. Sie ist ein sehr niedliches Mädchen, aber weiter nichts. Meine ganze Liebe warst du, warst du. Das mußt du auch, obwohl kein Wort davon über meine Lippen gekommen ist, ganz genau gewußt haben. Denn dein Verhalten mir gegenüber war auch schon andern aufgefallen, meines dir gegenüber natürlich auch. Nun bitte ich dich, laß dir diesen Schatten auf deinem Lebensweg nicht ein Hindernis für deine Zukunft sein, lebe weiter glücklich und gesund, und denke vielleicht einmal wieder an deinen Freund, der dich so innig geliebt hat.

Ludwig Heesen.

Das lila Fächerbändchen hatte er vorher an einer Kerze verbrannt.

Die Handelsschullehrerin

Ich will ganz ehrlich sein. So begann es. Mein Vater war ein untüchtiger Kaufmann, nicht ohne natürliche Klugheit, aber formlos, unerzogen und brutal. Je öfter er, der Reisende, abgewiesen worden war, um so häufiger schlug er mit der Faust auf den Mittagstisch: »Wer führt hier das Wort? Ich oder ihr da?« Trug er draußen eine Haltung zur Schau, die jeden Spatz sich binnen fünf Minuten gegen ihn erfrechen ließ, so machte er innerhalb seiner vier Wände Frau und Kinder zittern.

Meine Mutter litt viel, sie war fein und vornehm, aber nur Mutter. Sich für den Mann zu schmücken, ja nur die Schürze abzutun, kam er nach Hause, galt ihr als Würdelosigkeit. Sie trug sich alt und häßlicher, als das Budget nötig machte. Der Vater betrog sie, draußen, mit irgendwelchen.

Von einer Geselligkeit konnte nie die Rede sein. Als ich die Schule verließ, mußte ich mich für einen Beruf entscheiden. Die Aussichten für Handelslehrerinnen galten damals als günstig, und so besuchte ich die Kurse in einer größeren Stadt Süddeutschlands. Ich wohnte in einer einfachen Pension. Ein paar ältere Damen und junge Mädchen bildeten die Tischgemeinschaft. Am Abend musizierten wir öfter, manchmal gingen wir in ein Theater, aber auch dies konnten wir uns nur selten leisten. Als ich in die kleine Stadt zurückkehrte, war alles beim alten. Das Geld spielt dort die ausschlaggebende Rolle. Wir verstanden auch nicht, uns einen einfachen Verkehr zu schaffen. Ich hatte zwei oder drei Freundinnen, mit denen ich manchmal in den Wiesen vor der Stadt spazierenging. Das war alles. Vormittags half ich meinem Vater im Geschäft, dann hatte ich zu flicken, zu nähen, Besorgungen zu machen, ich schneiderte für meine kleine Schwester und mich, selbst für die Buben manchmal eine Bluse. So vergingen die Jahre, bis ich diese Gleichförmigkeit nicht mehr ertrug. Und wenn es nur die Gleichförmigkeit gewesen wäre, aber daneben trat Kränkung auf Kränkung. Bald grüßte mich der junge Sohn eines Fabrikanten, der mit mir in derselben Straße aufgewachsen war, nicht mehr, bald schnitt mich die Frau Amtsrichter oder die Frau Kommerzienrat, bald erfuhr ich von einem Tee, zu dem ich nicht eingeladen war, obwohl die Tochter zu denen gehörte, mit denen ich über die Wiesen ging. Dann verlobten sich meine Schulkameradinnen, eine nach der anderen, ich war nicht neidisch, es gab mir noch nicht mal einen Stich, denn damit hatte ich ja rechnen müssen, ohne Mitgift wie ich war, aber daß ich überhaupt nicht mitzählte, die Selbstverständlichkeit meines Ledigbleibens bedrückte mich. So bewarb ich mich, da ich mein Handelsschullehrerinnenexamen gemacht hatte, um eine Stellung in München, die ich auch bekam.

Im Oktober reiste ich fort. Der Abschied fiel mir nicht schwer, da ich übervoll war von Erwartungen. Ich wohnte wieder in einer Pension und ging täglich meiner Arbeit nach. Mein Weg war die Ludwigstraße. Mein Herz weitete sich, ich empfand Beklemmungen im Hals vor unbestimmter Sehnsucht. Es schneite und regnete, aber ich sah noch in der Nässe einen erfüllten Traum. Abenteuer barg jede Ecke. Die Straßen waren noch unbelebt vom eigenen Erlebnis, aber trächtig von der Fülle der geahnten. Ich ging durch diese Stadt im Fieber. Ich genoß in vollen Zügen. Ich blieb nie lange im Bett, ich erwartete zuviel vom Tage. Rosen blühten mitten im Winter, und die Schneeflocken waren Reigen tanzende, sich fassende, sich wiegende. Wer war es, woher kam es? Nichts war wahr, nichts wirklich. Die Isar schäumte grün, die Gasteiganlagen lächelten, und ein kleiner, kohlschwarzer See barg Wunder. Mein Zimmer lag im vierten Stock. Die Sonne sank, blutrot spiegelte sie sich in den vielen Fenstern der Pinakothek. Ich setzte mich hin, las eine halbe Stunde, eine dreiviertel Stunde, wurde unruhig, nahm Mantel und Hut, lief hinaus, irgend etwas zu tun. Ich hatte zu lange Bücher gelesen und am Fenster gesessen. Auf der Treppe traf ich ein spätes Mädchen, die mit ihrer Mutter ein elegantes Appartement im ersten Stock bewohnte. Es waren Deutschamerikanerinnen, die ohne jede Tätigkeit ihr Dasein voller Langeweile hinschleppten: »Was tun Sie? Wohin wollen Sie? Nehmen Sie bei mir den Tee.« Gut, dachte ich. Aber ich lief noch fort, kaufte Torte, kehrte heim, ging zu ihr aufs Zimmer, trank Tee, aß. Gott, wie lange hatte ich nicht an solch gutem Teetisch gesessen. Das Mädchen tat das, was man im Süden knauszen, im Norden klönen nennt, beklagte sich, ihre Untätigkeit, ihr Leben. »Ja, Sie, Sie haben Ihre Arbeit, Sie haben ein Examen.« Ich wuchs nun plötzlich in meinen Augen, war glücklich. Gewiß, sie solle die Tätigkeit einer Handelslehrerin gar nicht überschätzen, meine Güte, täglich irgendwelchen meist recht törichten Mädchen die Geheimnisse der amerikanischen, der doppelten und einfachen Buchführung beibringen, Wechsel erklären und Giro und Kapital und ähnlichen Zimt sei nichts Großes; ich warf ihr Begriffe an den Kopf, die ihr einfach imponieren mußten. »Gewiß«, sagte ich, »ich habe ein Examen, es ist ja kein Abitur, aber immerhin, auch ein Handelslehrerinnenexamen ist beträchtlich, und man hat so mancherlei Vorteile dadurch.« – »Wollen Sie noch höher hinaus?« frug die Amerikanerin.

»Natürlich«, sagte ich, »ich studiere auch, es ist zwar nur auf Grund einer Hörerkarte, ich höre nationalökonomische Vorträge, sie sind recht interessant, sie geben Ausblicke, erweitern den Gesichtskreis. Ich habe die Absicht, meinen Doktor zu machen. Ohne Abitur ist es ja schwer, aber auf Grund einer außergewöhnlich guten Arbeit geht es.«

Nie hatte ich diese Absicht gehabt, nun fiel es mir ein. Nun fand ich es herrlich und gar nicht unmöglich. Warum sollte ich das eigentlich nicht können. Ich würde daheim allen imponieren.

»Schau nur an«, würde Herr Türling zu Herrn Dr. Fölsch sagen, »schau nur die kleine Lene, hat man gar nicht gedacht, von dem alten Bachmann die Tochter, der weiß Gott nicht das Pulver erfunden hatte, wissen Sie, er hat doch auch recht unsaubere Geschäfte gemacht, aber die Tochter à la bonheur.« Und Herr Dr. Fölsch würde zu Herrn Türling sagen: »Aber die Mutter war immer eine feine Frau, und die Tochter hat allweil gearbeitet, immer fleißig und wenig Vergnügen, der alte Bachmann hat's nicht leicht gehabt im Leben, wir sind halt vorsichtiger gewesen in der Wahl unserer Eltern.«

Ich hörte sie lachen in ihrer Honoratiorenwürde, gutmütig und fett aus dem Halse heraus. Dem Fräulein Doktor würden die Häuser offenstehen, die Familie wäre gehoben, und die Mutter würde vielleicht sehen, daß das Leben auch andere Seiten hat als Strümpfe stopfen und sich mit dem groben Mann streiten. So plante ich und verlor immer mehr den wirklichen Boden unter den Füßen. Ich empfand das durchaus nicht als schädigend, im Gegenteil, ich kam mir sehr klug vor, als ich bewußt an nichts dachte, was mich an die Wirklichkeit, die Einförmigkeit und Hoffnungslosigkeit meiner Zukunft erinnern konnte. Die schöne Stadt hatte mich berauscht. In meiner Pension wohnte eine junge Malerin, sie war schmal und biegsam, aber eher unschön zu nennen, ihr stand nur der Abend. Sie war ein Geschöpf zwischen den Generationen, kannte das Leben, aber sie meisterte es nicht. Nicht bewußt ließ sie sich nehmen und gab sich hin, Freude zu geben und zu empfangen, ohne Reue, sondern sie war unfrei. Man nahm sie und ließ sie stehen. Sie war ohne Anteil, sie kam zu spät. Ich klopfte eines Tages bei Frl. v. K. an, als sie sich gerade schminkte, was nicht hinderte, mir den Zutritt zu erlauben. Ich war aufs äußerste erstaunt, daß ein Mädchen aus bester Familie sich schminkt. Sie sah im Spiegel mein erstauntes Gesicht und sagte: »Ach, Sie wundern sich, Fräulein Bachmann, schminken ist Mode, kein Charakterfehler. Mein Freund rügt höchstens, wenn ein Strich nicht gut genug gezogen ist.« Da fiel wieder eine von den hundert Häuten, in die ich gewickelt worden war, seit ich denken kann, mit »das schickt sich nicht« und »das tut man nicht« und »so etwas ist unpassend«. Aber mein Leben blieb unverändert. Ich verkehrte nur mit einem älteren Ehepaar, das weitläufig mit uns verwandt war. Eines Tages rief mich die Frau an: Man habe mich schon lange einladen wollen, aber es sei etwas dazwischengekommen, das Mädchen habe gekündigt, sie habe schreckliches Pech gehabt. Alles in einem Tone, der vorwurfsvoll zu sagen schien, so ein junges Mädchen wisse gar nicht, wie gut sie es habe. Außerdem sei jener Bekannte, den sie mit mir zusammen einladen wollte, während der ganzen Zeit verhindert gewesen. Ich dankte, ich käme sehr gern, nur müsse man mich entschuldigen, wenn ich etwas später käme, da ich bis 8 Uhr zu tun hätte. Am nächsten Tag nähte ich an meinem einzigen guten Kleide. Es war ein dunkelblaues Seidenkleid. Es sah schon etwas alt aus, etwas speckig an Hals und Armen, weniger von allzu vielem Gebrauch, denn leider war es ganz erlebnislos. Es hatte nur ein paar Konzerte und Theater gesehen, sondern dadurch, daß die Mode sich stark geändert hatte. Es besaß noch einen weiten Rock, der glockig geschnitten war. Es ist sehr schwer, diese enger zu machen. Aber Frl. v. K.s geschickte Hände halfen. Das Kleid wurde hübscher, als ich vermutete. Nun hatte ich nur noch um meinen Teint Angst, nachdem sich ein kleines Eiterknötchen neben der Nase gebildet hatte.

Der besagte Tag, es war ein Freitag im Dezember, war vom frühen Morgen an ausgezeichnet. Als ich mich auf dem Schulweg befand, hatten wir ein starkes Gewitter verbunden mit Hagel und Schnee. Es war ein eigenartiges Naturereignis. Der Wind wehte mich vorwärts, an das Aufspannen eines Schirmes war nicht zu denken.

Meine Klasse war natürlicherweise halb leer. Mittags eilte ich nach Hause und aß, dann legte ich mich hin und hatte nur noch eine Stunde von 4 bis 5 zu geben. Das tat ich auch und fing schon um 6 Uhr an, mich anzuziehen. Ich nahm warmes Wasser, das recht schwer um diese Zeit zu erhalten war und wofür man extra bezahlen mußte. Frl. v. K. frisierte mich. Ich saß vor ihrem weißen Toilettentisch, der mit Silber, Kristall, amüsanten Kissen und Püppchen, mit dem ganzen Zauber der mondänen Frau auszustrahlen schien. Sie legte mir ihren bunten Frisiermantel um, und als ich so, den frohen Stoff um die Schulter, vor all den Überflüssigkeiten saß, durchdrang mich zum ersten Male frauliche Freude an mir selbst und zugleich das heiße Sehnen nach Luxus und Spiel. Plötzlich wußte ich um die Häßlichkeit der Arbeit. Tiefe Reue erfaßte mich, als ich meines pflichtüberfüllten Lebens gedachte. Lächerlich und humoristisch erschien mir mein tiefer Ernst, da ich hier seine Torheit erkannte. Frl. v. K. zog meine Frisur zurecht und puderte mich schließlich noch. Als ich mich in dem Spiegel sah, erschien ich mir zumindest sehr reizvoll, und mit erwartungsvoller Heiterkeit schlüpfte ich in das geänderte Festtagsgewand. Die elektrische Bahn, die mich an jenem Abend zu meinen Freunden bringen sollte, ließ endlos auf sich warten. Da es kalt und zugig an der Haltestelle war, hatte ich große Angst, ich könnte erfroren und mit roter Nase hinkommen. Darum hielt ich mich eine Weile im Hausflur bei meinen Bekannten auf, um mich anzuwärmen. Als ich in das Wohnzimmer trat, war schon alles versammelt. Es war ein junger Architekt da, dessen Schweigsamkeit seine Unbedeutendheit nicht zu verdecken vermochte, ein kluger Arzt mit einer Frau, der man die hohe Mitgift allzusehr ansah, ein junges Mädchen, das plump und unschön nicht recht etwas anzufangen wußte, und ein außergewöhnlich interessanter Naturwissenschaftler. Als er mir vorgestellt wurde, erschrak ich. Er hatte den leichen humorvollen Ton des überlegenen klugen Mannes. Er hörte aufmerksam auf das, was ich sagte, was ich seltsam und ein wenig beschämend fand, nahm er mich doch ernster, als ich mich selbst zu nehmen gewohnt war. Nichts aber war ihm anzumerken, das auf eine erwachende Neigung oder nur ein tieferes Interesse hätte schließen lassen. Ziemlich spät brachen wir auf und gingen selbdritt, das junge Mädchen war noch dabei, nach Hause. Ich schlief in jener Nacht, gegen meine Gewohnheit, schwer ein, ich fühlte, daß mir aus diesem Abend viel Leid kommen werde, aber auch das Glück dieses Leids, das große Glück des Erlebnisses, des Überhaupt-etwas-Erlebenkönnens. Ich warf mich hin und her, unruhevoll und freudig, denn ich freute mich auf den Morgen, auf den nächsten Tag. Ich sah die große Gestalt vor mir, mit dem schmalen Kopf, und ging mit ihm durch die Straßen und sprach mit ihm.

»Guten Morgen«, sagte ich. »Herr Doktor, denken Sie, wie seltsam das doch ist, ich habe ein Buch in die Hände bekommen, das mich nicht zur Ruhe kommen läßt, ein frauenhasserisches Buch. Meinen Sie auch, Herr Doktor, daß der einzige Trieb der Frau, der ihr ganzes Leben wach bleibt, der Kuppeltrieb ist, meinen Sie das auch, Herr Doktor?« Ich erschrak, was hatte ich für Gedanken. Wie schämte ich mich dieser Frage! Nein, ich wollte neben ihm hergehen und ganz still sein, eines Tages würde ich doch meinen Kopf an seine Schulter legen können, ach, und ich hätte ihn soviel zu fragen. So quälte ich mich und wußte nicht ein und aus. Ich projizierte alle meine Wünsche, alles, was an Helfenwollen, an Wissensdurst, an Fragenmüssen in mir war, auf ihn. Ich stand mit ihm auf und legte mich mit ihm nieder. Alle Träume, die ich in den Jahren gesponnen, da ich in unserem kleinen Orte saß, schlangen sich jetzt um ihn. Alle Erwartungen, die Zärtlichkeiten dieser köstlichen Stadt, in mein Blut gedrungen, richteten sich auf ihn, bauten einen Thron aus unendlichem Glauben gebildet, auf dem er saß, klug und gütig, wissend und verstehend. Er würde vielleicht über mich hinwegsehen und mich zertreten, aber welche Köstlichkeit, von ihm zertreten zu werden. Ach, er würde mich auch wieder erheben. Und im Erheben und im Zertreten würde das gleiche Glück und die gleiche Wonne sein. Nur ihm mich nahen dürfen, das war Anfang und Ende, Lösung und Ziel. So vergingen Wochen und Monate in wachen Träumen.

Schon begannen an den Sträuchern sich grünliche Blättchen zu zeigen, und die warme Luft des keimfrohen Februar schlug mir ein Unbeschreibliches ins Herz. Da beschlossen zwei Kolleginnen und ich, einen Ausflug ins Vorgebirge an einen See zu machen. Am Abend hatte ich noch viel zu tun. Da ich keinen Rucksack besaß, war ich genötigt, mir einen zu leihen. Als ich ihn schließlich in Händen hielt, fehlte eine Schnalle. Es war schon spät, so erwischte ich keinen Sattler mehr und mußte Bindfaden nehmen. Das war häßlich, aber es genügte. Dann richtete ich alles her: Wickelgamaschen, einen Wollschal, eine Wollmütze. Das alles hatte mir Frl. v. K. geliehen. Ich machte mir auch Brote zurecht, man konnte nicht wissen, ob man unterwegs etwas bekam. Auch eine Büchse Heringe nahm ich mit, ich esse nämlich Heringe sehr gern.

Am Morgen war am Bahnhof ein wüstes Gedränge, aber wir fanden Platz und kamen nach ein paar Stunden an unserem Bestimmungsort an. Der Februar war von seltsamer Wärme. Frühling war in allen Lüften, ein strahlend blauer Himmel wölbte sich beständig über uns, der Berge weißes Schneekleid war schon geschmolzen, braun blickten die Matten. Die Bäche brausten an, die Zweige zeigten die lenzliche Schwellung, in allen Winkeln blühte Jugend, zärtlich lastete Liebe in allen Büschen, und durch die Gassen jauchzte der Lenz. Vor den Häusern saßen die alten Leute und ließen gichtige Glieder von der Sonne wärmen, neben ihnen ruhten im Wagen die Kleinsten, spielten die Kinder, überall wurde gereinigt, geklopft, und Betten und Teppiche hingen in den Gärten. Auch ich machte alle Tore weit auf für Frühling und Liebe. Als ich von jener herrlichen Fahrt heimkehrte, rief ich meine Freundin an, erzählte von allem und frug auch vorsichtig nach jenem Herrn, worauf man mir antwortete, er sei auf längere Zeit fortgegangen, besonderer Studien halber. Im September käme er zurück. Das hieß ein verlorener Sommer.

Ich ging meiner Arbeit nach. Der Sommer erschien mir heiß und staubig, München unerträglich schwül, der Unterricht qualvoll nichtig. Da ich erwacht war, war mein Versponnensein nicht mehr Glück. Durch einen schmalen Spalt hatte Wirklichkeit gelächelt. Nun erschien nur sie das einzig Erstrebenswerte. Ich sehnte mich nach Überflüssigkeiten und Spiel, aber im tiefsten nur nach diesem Mann, dem ich alles sein wollte. In mir war die demütige, unendlich opferbereite Liebe der unbegehrten Frau. Ich sah mich Stuben scheuern und Abstauben in seiner Abwesenheit, die Aschenschale bringen, wenn er nach Tisch noch arbeiten wollte, und den Tisch mit Blumen decken. Ich wollte weiter unterrichten, damit es für Blumen reichte. Ich flickte und stopfte für ihn. Der Instinkt sagte mir, daß zarte Haut und gerade Nase viel mehr wert sind als gestopfte Strümpfe und selbst gutes Backwerk. Ich wußte mit entsetzlicher Hilflosigkeit, daß nur die Verschwenderin verwöhnt wird, daß die unendlich Dienende, mit jeder Faser sich Opfernde ihre Kostbarkeit verliert und ihren Reiz, daß ein Augenaufschlag mehr bewirkt als die schüchterne Bitte. Aber niemand kann sich neben sich selbst stellen. Ich glaubte nicht, daß auch an mir etwas sein könne. Und ich erschien den anderen, wie ich mir selbst erschien.

Das Gras auf den weiten Wiesen des Englischen Gartens begann seine Frische zu verlieren. Die Luft hatte trotz der großen Hitze, die dieser Sommer gebracht, etwas Herbstliches. Mir aber jubelte das Herz. Schon übten die Vögel und kehrten die Sommerfrischler zurück. Es mußte bald September sein. Der September begann, ich hatte eine wahre Todesangst, daß man mir den telephonischen Anruf meiner Bekannten nicht mitteilten könnte, da solches bei der Unordung, die in der Pension herrschte, leicht geschehen konnte. Aber günstigerweise rief Frau Dr. Lang schon in der ersten Hälfte des September, zur Zeit meiner Anwesenheit in der Pension an. Wie es mir ergangen wäre, sie hätten herrliche Wochen am Bodensee verlebt. Es wäre auch nicht so heiß gewesen, was doch erstaunlich sei, da doch bekanntlich am Bodensee, na und so weiter. Schließlich wurde ich für einen der nächsten Abende eingeladen, der wohl der schönste meines Lebens war und bleiben wird. Es war bloß der Gelehrte da und ich. Es geschah nichts, was des Erzählens wert gewesen wäre. Wir saßen um die hohe Lampe und sprachen über die Fragen, die junge Menschenkinder bedrängen und immer bedrängen werden und die für mich in jenem einsamen verquälten Sommer brennend geworden waren. Der rote Schirm, so schien es mir, reflektierte ein merkwürdiges Licht. Alles, selbst das Einfachste bekam einen Schimmer von Unwirklichkeit, der es symbolisch machte und viel vom Wesentlichen enthüllte. Auf dem Heimweg sprach ich mehr von mir, was gut war, aber allzuviel Gestautes war vorhanden und die Möglichkeit der Entlastung zu verlockend. Ich schrieb ihm noch nach diesem Gespräch einen Brief unter einem dürftigen Vorwand, natürlich in der Erwartung eines Briefwechsels. Seine Antwort war ausführlicher, als es der Gegenstand verlangte, und begrub doch jede Hoffnung eines ferneren Gedankenaustausches. Trotzdem mir dies ein böses Zeichen schien, trieb ich Vogel-Strauß-Politik. Ich wollte nicht daran glauben, daß das, was für mich letzte Erfüllung, was für mich großes Erleben, Erwachen und Erkennen gewesen, für ihn nichts weiter sein sollte als die Begegnung mit einer herzlich unbedeutenden Frau, die einen noch womöglich mit Liebe verfolgte.

Ich bat nun Frau Dr. Lang zum Tee. Ich hoffte bei einer Unterhaltung zu zweien auf eine Möglichkeit, das Gespräch auf ihn zu bringen. Es kam auch dazu. Frau L. erzählte mir mancherlei von ihm. Er habe ein sehr gutes Buch geschrieben. Er verlebendige ausgezeichnet Fernliegendes, Abstraktes. Ich versuchte das Gespräch persönlicher zu gestalten: »Nein«, sagte Frau Dr. Lang, »er hat sicher nichts gegen Sie, Sie sind ihm sicher sympathisch, fordern Sie ihn halt mal auf, Sie zu besuchen, wenn Sie das nächste Mal mit ihm zusammen sind. Es ist gar nichts dabei.« Ich fand diesen Schritt ungeheuerlich, aber Frau Lang mit der leichten Anmut der großen Dame begriff meine Schwere nicht, die, wie ihr schien, dies natürlich alles viel zu wichtig nahm.

So lagen die Dinge, als im November wieder ein Begegnen, unter ungünstigen Umständen, bei jener Familie stattfand. Ich hatte in jenen Tagen überaus viel zu tun, da ich an einem großen Unterrichtswerk für Handelsschulen mitarbeitete. Gerade an jenem Tage mußte ich unbedingt Korrektur lesen. Das nahm mehr Zeit in Anspruch, als ich vorgesehen hatte. Ich ärgerte mich darüber, vor allem, da ich nun nicht genug Zeit zu einem sorgfältigen Anziehen hatte. Beide Faktoren verstärkten sich wechselseitig. Drittens aber hatte ich am nächsten Tage eine Besprechung mit meinem Rektor, von der sehr viel abhing und vor der ich wie ein Schulkind Angst hatte. So war ich unschöner und vor allem unsicherer, als es an diesem Abend hätte der Fall sein müssen. Außerdem wollte es das Verhängnis, daß zwei Leute dort waren, die meine Entfaltungsmöglichkeiten im Keim erstickten. Es war ein junger, äußerst eingebildeter Rechtsanwalt, Etikette »die gute Partie«, der mich von vornherein mit einer leichten Ironie behandelte, gegen die ich keine Waffen besaß. Ferner ein junges Mädchen, ältlich, aber goldhaarig, die äußerst anspruchsvoll mit den Pretentionen einer großen Schönheit auftrat. Das Amüsante war, daß es ihr alle glaubten. Der Rechtsanwalt und die vorgebliche Schönheit flirteten mit viel Geräusch, so daß für andere keinerlei Betätigungsfeld mehr blieb. Auch war die Atmosphäre viel zu sehr mit Erotik geschwängert, als daß eine sachliche Unterhaltung möglich gewesen wäre. Meinen tiefen Widerstand fühlten alle übrigen, und ich mußte mir, da ich gar nicht schlagfertig bin, einige Unehrerbietigkeiten des Rechtsanwalts gefallen lassen. Dies verstimmte mich immer mehr, und ich redete mich noch tiefer in mein Unglück ein. Kein Mensch hat dich lieb, häßlich bist du, alle wären hier froh, wenn du gingst, alle machen sich lustig über dich, mich hat überhaupt nie jemand liebgehabt. Ich tat mir entsetzlich leid und weinte über das arme Wesen, das ich war, inwendig heiße Tränen, die mir bis zum Halse standen. Der junge Professor war gut und milde gegen mich, weil er alles wohl durchschaute.

Ich war diesen Abend mit der festen Vornahme zu meinen Freunden gegangen, ihn beim Abschied um einen Teebesuch mit

Langs zusammen zu bitten. Ich hätte dies gut tun können, wenn in einer leichten oder humorvollen Art, so etwa: »Also 's nächste Mal, wenn die Langs zu mir kommen, kommens halt mit.« Das wäre gut und richtig gewesen. Aber der ganze Abend hatte mich schon beschwert, jetzt hatte ich nur noch den einen Gedanken, wie ich ihm am besten eine Fortsetzung schaffen könnte, und war dadurch einsilbig. Dem Gesetz der Trägheit gemäß vermochte ich mich nicht von dem einmal gefaßten Beschluß loszureißen und zu erkennen, wie ganz verkehrt diese Bitte sein würde, die nur eine gegebene Situation hätte möglich machen können.

Als wir am Gartentor standen, kam das, was gleichgültig klingen sollte und mußte, überaus gewichtig heraus. Wie entsetzt aber war ich, als er ruhig sagte, so, wie etwa ich zu einer Schülerin sagen würde, die nächste Stunde ist morgen von 5 bis 6 Uhr: »Ich habe augenblicklich eine größere wissenschaftliche Arbeit und kann daher keinerlei Einladung annehmen.« Da er mein ganz bestürztes Gesicht sah, sagte er: »Es tut mir sehr leid, bitt schön, nehmen Sie es nicht übel, bitt schön, im Frühjahr vielleicht.« Ich murmelte etwas von durchaus nicht gekränkt sein und dachte, man kann ja auch sagen: »Bist du ein ekelhaftes Ding.« Man kann ja auch sagen: »Wozu bist du eigentlich da, kein Mensch mag dich«, man kann ja dies und noch vieles andere sagen. Mir war namenlos elend zu Mute. Ich lag die ganze Nacht wach. Ich versuchte auch gar nicht einzuschlafen, zu sicher war ich der Unmöglichkeit. Ich lag auf dem Rücken und stierte ins Dunkle. »Warum«, frug ich, »warum das mir? Was habe ich wohl Verkehrtes gesagt, getan, was habe ich wohl für eine Dummheit gemacht.« Ich zerquälte mich, ob ich ihm mindestens nicht hätte zeigen dürfen, wie gekränkt ich war, oder gerade, damit er Mitleid mit mir empfände. Dann nahm ich ihn in Schutz. Er kann doch nichts dafür, daß er mich nicht leiden kann. Nicht leiden können war übertrieben ausgedrückt. Er liebte mich eben nicht. Ja, er liebte mich nicht. Auch das war zu stark ausgedrückt, nur ein bißchen Gefallen sollte er an mir finden. Das wäre noch gekommen, dachte ich, wenn ich geduldiger gewesen wäre. Hatte ich so lange gewartet, hätte ich auch noch etwas länger aushalten sollen. Nun hatte ich mir alles verdorben. Ich lag auf dem Rücken, preßte beide Hände an die Kanten des Bettes und machte mir Vorwürfe. Ich entwarf einen Brief an ihn; ich wollte ihm alles sagen. Ich verwarf es aber bald.

Um endlich zu einem Ende zu kommen. Ich habe mich nicht um

die pensionsberechtigte Stellung am anderen Morgen bemüht, sondern ich bat um meine Entlassung und inzwischen um einen Urlaub, ich hätte sehr Schweres persönlich durchzumachen gehabt. Man versuchte mich zu halten, aber zu sicher war ich meiner Sache. Man willfuhr mir. Die ersten freien Tage verbrachte ich mit Sentimentalitäten. Ich machte dieselben Wege, die ich mit ihm gegangen. Unfähig, irgend etwas zu tun, las ich wieder und wieder Mörikes »Verlassenes Mädchen«. »So kommt der Tag heran, so ging er wieder.« Meine Empfindlichkeit Menschen und Dingen gegenüber wuchs erschreckend, sie ließ mir mich selbst hysterisch erscheinen. Ich sah Beleidigungen, wo an gar keine zu denken war. Ein grobes Wort des Schaffners erklärte ich mir durch meine häßliche Nase. Und die Unfreundlichkeit von Polizeibeamten durch meinen schäbigen Anzug. Vielleicht wäre überhaupt diese ganze tiefe Verstimmung, diese Lebensverzweiflung zu vermeiden gewesen, wenn ich mit einem neuen Kostüm und einem eleganteren Hut hätte einmal einen neuen und hübschen Menschen anziehen dürfen. Aber dazu war kein Geld da. Jetzt erschien mir feindlich selbst die tote Materie. Irgendein Mißgeschick, das Reißen einer Paketschnur, ein Windstoß, der mir den Hut entriß, konnte mich zu Tränen hinreißen. Auch sonst hatte ich versucht, mit Menschen zusammenzukommen, die ihn kannten und von ihm sprachen. Ich blieb vor dem pharmakologischen Institut stehen, bis ein paar Studenten kamen, die von ihm redeten. Denen ging ich nach. In seinem Haus befand sich ein Konfitürengeschäft. Da ich wußte, daß er gern Süßigkeiten aß, ging ich häufig hinein, nicht etwa um ihn zu treffen, bewahre, ein Treffen wäre geradezu entsetzlich gewesen, da meine Anwesenheit in dieser ausgefallenen Gegend nur zu seinen Gunsten hätte gedeutet werden können, sondern weil ich mir einbildete, die sehr hübsche blonde Ladnerin müsse eine Beziehung zu ihm haben. Schließlich aber merkte ich, daß ich mich in eine Sackgasse verrannte; Sackgasse? Nein, in einen bunten Wald verirrte ich, es gab keine geraden Wege darin, von denen man irgendein Ziel hätte sehen können, nur eine Fülle krummer Pfade, die hier phantastischen Baumgruppen, dort einer Lichtung den Blick frei gaben. Sollte ich weiter hier bleiben, sollte ich weiter im Dämmerschein der Kirchen, an den Ufern der Isar auf ein Glück warten, das es nicht gab? Um fingierte Gespräche mit ihm zu führen, brauchte ich wirklich nicht hier in München mein sauer erworbenes Geld auszugeben. Ich hatte mich bis jetzt überhaupt noch nicht um eine Stellung bemüht. Meine Existenz hing auf einer Weise in der Luft, die dem bürgerlichen Stand einer Handelslehrerin durchaus entgegengesetzt war. Ich machte mich jetzt energisch dahinter, Annoncen aufzusetzen, Gesuche zu schreiben, Angebote zu beantworten. Nach weiteren vierzehn Tagen hielt ich die Beantwortung meiner Bewerbung um eine Stellung in Norddeutschland in Händen. Nun hieß es Abschied nehmen. Ich machte die notwendigen Besuche und weilte noch an allen Stätten, die mir lieb geworden waren. Am Vortage der Abreise ging ich noch einmal fort, und zwar in eine kleine Konditorei, die sehr oft meine Zuflucht gewesen war. Sie war wohl in den vierziger Jahren des vorigen Jahrhunderts erbaut worden und strömte mit ihren goldenen Stühlen, kleinen Marmortischen und bequemen roten Samtkanapees eine nach Lavendel und Patschuli duftende Atmosphäre aus. Auch an jenem Nachmittag saß eine alte, weißhaarige, schwarzgekleidete Aristokratin darin, die wirkte, als säße sie dort seit der Zeit des Königs Max. Es gab aber Kuchen, der erheblich jünger war, und so bestellte ich mir zum Trost für sehr viel Leid drei Stück Torte. Ich aß sie mit merkwürdigem Vergnügen. Dann ging ich nach Haus. Ich hatte noch mancherlei zu tun vergessen. So war der Abend verhetzter und ausgefüllter, als ich gedacht und gewünscht hatte. Aber es war sehr gut so, denn das Zimmer sah trostlos aus. Kahl waren alle Wände und alle Flächen, da Decken, Bilder, Vasen, alles Schmückende schon verstaut war, statt dessen lagen Papier und allerhand Reste auf dem Fußboden. Einige überflüssige Kartons trieben sich herum. Auf der Heizung, die nicht instand war, hing ein Paar Handschuhe für die Reise zum Trocknen. Die Proviantpakete schmückten das Fensterbrett. Die Koffer erfüllten den Raum teilweise verschnürt, teilweise offen für das Waschzeug und für den Fall, daß ich etwas hineinzutun vergessen haben sollte. Es war kaum möglich zu treten. Aber ich warf mich todmüde ins Bett und schlief einen kurzen festen Schlaf, bis mich das schrille Schnarren meines Weckers gegen 4 Uhr aufjagte. Ich hatte mir für meine Handtaschen keinen Träger genommen, so daß ich sie selbst zur Bahn schleppen mußte. Meine Schultern schmerzten mich sehr. Erst am Bahnhof bekam ich Hilfe. Es waren mehr Menschen, als ich vorhergesehen hatte. So geschah es, daß ich einen ganz schlechten Platz erhielt. Als ich nun so allein auf dem Bahnhof stand, rücksichtslos beiseite gedrängt von jedermann, und keine liebe Seele mich mit einem Blümchen begleitete, überkam mich mein Elend mit aller Macht, und ich weinte. Eine Eisenbahnfahrt ist eine sehr mißliche Sache, wenn das Herz schwer ist. Man hat allzuviel Zeit zum Nachdenken und keinerlei Möglichkeit, durch einen Spaziergang, einen Kauf, ein Gespräch mit einer Freundin sein Herze zu entschweren. Auch mir lag des Bedrängenden übergenug im Sinn. Ich sah klar meine hoffnungslose Zukunft. Ich wußte, daß ich in zwanzig, dreißig oder vierzig Jahren sterben würde, ohne die Umarmung eines Mannes, ja was viel schlimmer ist, ohne das liebevolle Umhegen, die sorgende Güte eines Liebenden gespürt zu haben. Fremd war mir Kuß und jede Zärtlichkeit, fremd war mir der Mann überhaupt. Ich erahnte ihn aus überreichlicher Lektüre, aber das lebendige Exemplar war mir so unbekannt wie nur irgendein Oenus der Beutelratten Australiens. Lächerlich kam ich mir vor, und ich überlegte, ob ich nicht ganz grob mit jemandem in der Eisenbahn jetzt anfangen sollte. Aber sofort verwarf ich den Gedanken wieder. Ich werde also eine alte Jungfer werden. Alle gutverheirateten Frauen werden die Nase über mich rümpfen, sie werden so schrecklich gescheit und so schrecklich wissend tun, denn sie kommen sich ja so besonders klug und nett vor, da sie einen Mann bekommen haben, als ob Verheiratetsein eine Prämie und Auszeichnung auf gute Eigenschaften wäre. Die liebe Familie wird mich ein überspanntes Ding nennen, so nennt sie nämlich alle alten Mädchen, ohne zu fragen, ob je einer gewesen, der sie hätte vor dem Überspanntsein bewahren können. Sie vergißt, daß nie Geld da war. Ich wäre ebenso lieb gewesen zu meinem Mann und hätte ihm ebensoviel an Glück schenken können wie andere, die jetzt noch außerdem auf mich herabsehen. Ich hätte auch die richtige Wohnstube gehabt für kleine Kinderseelen und das Verständnis für Söhne, die ins Leben wollen, und junge Töchter, die nach Erleben süchtig sind. Aber dies alles würde nun langsam getötet werden müssen, ganz langsam würde ich alt werden, das geht nicht schnell, sondern heute kommt ein Fältchen und morgen eins, die vertiefen sich, und dann steht einem Rosa nicht mehr und dann nicht mehr Hellblau, so langsam würde man sich an ewiges Dunkelblau und Dunkelbraun und Dunkelgrau gewöhnen müssen. Ja, eine Eisenbahnfahrt ist eine mißliche Sache, wenn das Herz schwer ist, man hat allzuviel Zeit zum Nachdenken.

Es bleibt kaum mehr etwas zu erzählen übrig. Ich habe mich an alles gewöhnt, ohne eigentlich zu entbehren. Ich bin seit nunmehr zehn Jahren hier oben, und wenn es gutgeht, werde ich mich in zwanzig bis fünfundzwanzig Jahren pensionieren lassen, dann bleibt mir noch ein kleiner Rest, mit den paar schönen Büchern, die ich mir während meines ganzen Lebens zu lesen wünschte und zu denen ich seit zehn Jahren nicht gekommen bin und, solange ich arbeite, auch nicht kommen werde. Es bleibt ein nettes Stübchen und eine stille Stunde am Fenster, um zu handarbeiten.

Hunger

Der See breitet seine blaßblaue Fläche mit breitem Behagen aus und läßt Motorboote und Segel lächelnd schaukeln. An seinem Rande beschatten die prächtigen Eichen und Buchen ein neuerbautes, gelbliches Gasthaus, auf dessen offener, gastlicher Terrasse sich helle Frauen in frühlingsfroher Leichtigkeit bewegen. Der Geruch von wohlgebratenen Speisen und leichten Weinen mischt sich genießerisch mit dem Duft des Frühlings, des Wassers und der schönen Frauen. Der Zeitungsblätter fettgedruckte Spalten stammen schon vom Morgen, und man ist froh, erst am Abend Neues zu hören. Liebe Zeit, man kann doch nicht den ganzen Tag an die Schützengräben denken. Und hier merkt man wirklich nicht, daß eigentlich Krieg ist, im Osten und im Westen und im Norden und im Süden. Gegen Abend fährt ein Teil der schmausend Schwatzenden nach Hause und versäumt den Anschluß an den Schnellzug in einer kleinen Stadt. So kommen alle diese behaglich-eleganten Menschen in einen übervollen Zug, der Massen von Ausflüglern heimbefördert. Es ist, als sei der Zug ein Abbild der Massenquartiere dieser Leute, übervoll und übelriechend. Die Sitzreihen sind längst besetzt, und die Stehenden sind so gepreßt, daß das Anhalten am Gepäcknetz nicht nötig ist. Es liegen Tüten darauf und buntblumige Beutel, leer gegessene Schachteln, Bündel Rhabarber und Flieder. Mütter sitzen darunter, die heißen Kinder schlafend im Arm, und haben Angst, daß die Umstehenden sie stoßen könnten, ein ganz junges, kindhaftes Pärchen, eine Dirne im weißen Kleid, den schönen Kopf mit dem allzu blonden Haar unter einem Riesenflorentinerhut mit wippender weißer Straußenfeder, um das dürftige Hälschen und die roten Arme viele Silberketten. In einer Ecke sitzen ein feldgrauer Soldat und ein Mädchen. Es ist so eng, daß die Körper der Menschen so dicht sich aneinanderpressen wie Zuckerstücke in gut geschüttelten Tüten. In der Hitze mischt sich der Atem der Menschen mit dem schlechten Parfüm, dem Geruch aus den leer gegessenen Brotbüchsen, dem Flieder und steigert das Unbehagen.

Bei jedem neuen Bahnhof drängen die Menschen nach, bis fast der Platz für die Köpfe zu eng wird und sie bei jedem Ruck sich schmerzhaft stoßen. Der Soldat hat ein feines, verbranntes Gesicht und ein paar seltsame dunkle Augen. Das Mädchen hat eine durchsichtige weißseidene Bluse an und einen großen schwarzen Hut mit Rosen an der rechten Seite. Um den Hals trägt sie ein dünnes goldenes Kettchen. Die beiden sprechen, dicht aneinandergedrängt. Er erzählt aus dem Felde von seiner Verwundung, daß sein Fuß noch schmerze bei schlechtem Wetter, er spricht wie in einem leeren Raum, während sein Knie sich immer dichter an das des Mädchens drängt und seine Schulter fast ihre Brust berührt. Sie sitzt ganz still und bewegt sich nicht, ab und zu spricht sie leise, in einer angenommenen Sprechart ein paar Worte, er spricht ohne Ausdruck und Ton, wie Taube reden, und seine Augen blicken hin und her, fast nie aber in des Mädchens Gesicht; leise und erregt sagt er dann, »wenn ich nur wüßte, ob ich in feste Stellung komme oder zur Verfolgung«; »tralitrala, tralitrala«, summt er, und seine Hände greifen das Opernglas, um es zur Seite zu schieben, und streichen eine Weile, immer in der gleichen Bewegung, über den Oberschenkel bis zu den Knien. »Tralitrala, tralitrala«, es ist eine unendlich triviale Melodie, die er da pfeift, immer dichter preßt sich sein Körper an den des Mädchens, und in der Art, wie er seinen Oberkörper an die dünne Mädchenschulter lehnt, liegt eine unendliche Brutalität, etwas Tierisches fast, nicht eine Spur Zärtlichkeit, und seine Hände haben eine Gebärde, die kein Streicheln ist, sondern ein Nehmen, ein Packen, das blasse Mädchen hebt in einer erregten Bewegung die Schultern – oder vielleicht aus Scham. Sie blickt etwas scheu um sich, die Menschen stehen so dicht, daß niemand sie ansehen kann. Seine Augen gehen umher, er errechnet den Aufenthalt in Posen auf dem Wege zur Front, morgen früh, wie lange er wird schlafen können, und dann noch einmal, ob es wohl feste Stellung oder Verfolgung ist. Seine Augen irren unter dem scharf geschliffenen Glas umher, und plötzlich blickt er auf, und aus seinen Augen schreit es fast, es liegt eine Gier darin und während einer Sekunde ein schreckniswissender Blick. Wie ist nur dieser Blick? Das Bein des Soldaten liegt fast auf den Knien des Mädchens. Dieser Blick ist ungezügelte Gier, ist geiler Durst, ist Hunger, entsetzlicher tierhafter Hunger, aber es ist mehr – es ist auch Todesfurcht darin, Angst vor Schrecken und Verwundung und ein Wissen, ein entsetzlich sicheres Wissen, es wird Verfolgung sein. Und der sieht den Schmutz und die Nässe, den Sumpfboden, alles – und seine Füße werden schmerzen, sicher, sicher, er taugt nur noch zum Stellungskrieg. Und die Kugel ist schon gegossen, die ihn treffen wird, er hört schon den surrenden Ton. »Tralitrala«, summt er. Das ist so grauenhaft, wie wenn jemand am offenen Grabe seiner Mutter einen Gassenhauer singen würde; nur noch entsetzlicher – da singt einer einen Gassenhauer in seiner Todesstunde fast. Und doch will er noch leben, zusammengepreßtes, tausendfach verstärktes Leben in diesen wenigen Stunden, bis der Zug nach Posen geht, leben, leben, sein Blut springt fast durch die Adern und ist so heiß, als wolle es Hitze aufbewahren für den langen Weg durch Rußlands kalte Sümpfe. Er streicht immer noch mit derselben Bewegung die Oberschenkel zu den Knien hin und her und schnappt mit dem Munde in einer lässig unerzogenen Bewegung. – Die stehenden Menschen steigen aus, und in dem leeren Raum sieht nun alles auf die beiden. Er lehnt mit Schulter und Rücken an der Brust des Mädchens, streckt die Füße weit nach vorn mitten in das Coupé. Das Mädchen sitzt ganz still. Die Frauen im Wagen senken den Blick und rücken erschrocken nach hinten, vor dieser rücksichtslosen Offenbarung des Zeugungsfiebers der Menschen, und sie schämen sich ob des schlechten Benehmens. Da sehen sie in seine Augen und verstummen. In diesen Augen liegt Anfang und Ende, liegt Zeugungswille und Zeugungskraft, liegt heißester Lebenshunger und entsetzliches Todesgrauen, Todeswissen. Mein Gott im Himmel, hat dieser Mensch denn keine Mutter, die ihr Kind tröstet, es mit einem guten Wort ziehen läßt. Der Zug hält. – Mit einer ganz unzärtlichen, ungalanten Bewegung, fast grausamen Geste hilft der Soldat dem Geschöpf aus dem Wagen. Die Leute, die den ganzen Tag sagten, man merkt nicht, daß Krieg ist, blicken sich an und denken an die Augen des Soldaten. Trotz Frühlingsbläue und weißem Kleid, trotz Wein und gutem Essen und Kuchen gellt es, wie ein Schrei: »Krieg ist im Land.«

Der Bruder

Sie war Sozialistin, steckte die Hände in die Manteltaschen und marschierte los, stellte sich in einen Torweg, zeichnete die Skorphulose, den aufgetriebenen Leib, die Mädchenhirten, die Füße der Prostituierten, die Pelzstiefel tragen müssen wegen ihres Berufs.

Sie kannte Krieg, Revolution und den Mann, war an Huldigung mehr als an Liebe gewöhnt, hatte den Überlegenen gesucht und den Brutalen gefunden. Nun war sie oben, Museen in London und Florenz hatten gekauft, ein Mappenwerk, zweimal verboten, das Kupferstichkabinett erworben, war ehrgeizig saturiert, und so bereit, als sie den Diplomaten traf. Er war unjung, sah nicht gut aus, aber er wußte, daß sie schöne Beine hatte, über denen lila Seidenhöschen mit kleinen Rüschen anfingen, von einem Aufstieg zum Omnibus, Linden-/Ecke Wilhelmstraße vor dem Adlon, wo sie ihm aufgefallen war. Er sagte es ihr, zehn Minuten nachdem sie ihn auf einem Empfang der dänischen Gesandtschaft kennengelernt. Das war kühn und packte sie, da er zugleich gediegen, von uralter Kultur, das heißt der von 1913 war und die Nerven des Abkömmlings hatte. Er gehörte zu den Männern, die, grob von einer Frau gezwungen, am Lendemain sich wegen der Vergewaltigung entschuldigen. Der Frau gebührte es, als Verführte zu gelten. Basta. Er kannte die Formen der Frauenbehandlung, die von König Artus' Tafelrunde an über das Mittelalter und die Rokokohöfe hinweg bis 1900 ziemlich unverändert gegolten hatten. Er barg Ulrike in einem seidenen Netz, und sie ruhte aus. Kreiste am nächsten Tage Bellevuestraße, Lenné-, Budapester- und ließ sich ein Kleid machen. Aber sie bezahlte es vom selbstverdienten Gelde. Sofort. Dies war in diesen Läden noch selten. Meist waren die beiden Konten des Gatten und des Liebhabers überzogen. Schneiderschulden sind keine Ehrenschulden. Spielschulden sind Ehrenschulden. Denn Ehre haben nur, die mit ererbtem Gelde spielen, nicht die arbeiten. Auch beim zweiten Beisammensein in größerem Kreis gab Streifen des Kleids Fieber. Er sagte auf Wiedersehen, aber tat nichts dergleichen. Er war ihres Wertes kundig. Getauscht war Geplänkel, nicht mehr. Woher das Ende? Es war nicht zu verstehen. Auch sie kannte ihn. Seine Familienverhältnisse waren verwickelt. Er war ein Kind aus erster Ehe seines

Vaters, der, als der Sohn schon zwanzig Jahre alt, zum zweitenmal eine wunderschöne Frau geheiratet hatte und bald darauf gestorben war. Aus dieser Ehe war eine Tochter hervorgegangen. Als die nicht nur kindlich angebetete Mutter starb, hinterließ sie dem Stiefsohn das junge Kind, ein heiliges und schönes Vermächtnis. Vor kurzem hatte er für sich und die Schwester ein altes Schlößchen in der Mark gekauft und mit sehr viel Kosten versucht, ihm seine Alterspatina zu erhalten. Auch innen war das Haus gänzlich nach Weimarer Vorbild in einem erlesenen oder angelesenem Geschmack eingerichtet worden. Ulrike kannte das Besitztum aus Abbildungen der illustrierten Zeitschriften und war dagegen.

Eines Tages erhielt sie in gemessenem Stil, von gestochenen Putten umgeben, eine Ladung zum Diner. Als sie zwischen dem Portikus, vom Diener empfangen, die Treppen erstieg, war sie glühende Erwartung. Sein Haus würde Klarheit geben. Verstimmend war sofort nach dem Eintritt, daß sie nicht in großem Ballkleid war, nicht alle Register der Verschönerung gezogen hatte. Sodann erst blickte sie um sich, was sie vermutete, ward bestätigt. Nichts war heutig. Die Halle, hölzern geschnitzt, wie auf englischem Adelssitz, sonst Rokoko, allzuviel Rokoko. Noch dazu ohne Parkett, ohne Gerafftheit. Die Säle ausgelegt mit dicken Teppichen, die übereinander gepolstert lagen. Als sie weiterging, ward ihr alles deutlich. Das Haus war Huldigung für die Schwester. Ihr Bild, von größten Künstlern gemalt, lächelte in jeder Altersstufe von den Wänden. Mit erlesenerer Kunst war ihr Wohnzimmer erfüllt als irgendein anderes. Als sie selbst in Rosa, achtzehnjährig, eintrat, sank die große Zeichnerin zusammen. Sie fühlte, daß diese Schönheit ein Quell des Guten für jeden sein müsse, der sie sah. Vor diesem Gesicht war nur zartestes, nur reinstes Denken möglich. Ihre Augen füllten sich mit Tränen, denn nah ist die Schönheit unsern tiefsten Schmerzen verwandt. Das große Leid der eigenen Unvollendung überkam sie beim Anblick der vollendeten Form. Das große Leid um das Paradies unwissender Jugend warf sie in eine einsame Sofaecke. Als sie Blick und Geste des Mannes inmitten der flutenden Menge betrachtete, sah sie ihn, erfüllt von dieser Gestalt, zu groß, um Platz für weitere zu gewähren, und nicht groß genug, um nicht Sehnsüchten Platz zu geben. Sein Wesen ward ihr durchsichtig. Nur für das passagere Erlebnis blieb Raum. Er aber ersehnte Liebe. Der Bruder war Mann, das war es, aber er war eben der Bruder. So klaffte der

Spalt. In dem heißen Raum war ein Fenster fingerbreit offen. Der Bruder mühte sich, es zu schließen. Stieg, hoher Funktionär seiner Regierung, trotz der Diener auf einen Tritt. Die Zeichnerin frug, weshalb: Es könnte sein, daß meine Schwester durchkommt, und es zieht etwas. Hier ist kein Raum mehr für Erfüllendes, wußte nun die Zeichnerin, aber ein Lokal, wo Sehnsüchte sich Rendez-vous geben können. Dies machte ihn jüngferlich, spinös, wie Mädchen, die über lüsternen Gedanken züchtige Kleider tragen. Auch dieser lebte glühend, mit verschlossenem Ventil, war überspannt. Er bedurfte der Lösung, der Lockerung, des Tierischen, des Versinkens. Aber er trug sich gravitätisch, setzte sich zu Füßen von liegenden Frauen auf Taburette und glaubte damit das zwanzigste Jahrhundert zu löschen, Ritterlichkeit und Pedanterie waren seine Maske. Er wollte den Ausflug, da Heimkehr notwendig gewesen wäre. Sein Leben war nicht geeignet für Enthaltsamkeit und Gerafftheit. Er wuchs auf zwischen Bouleschränken und echten Porzellanen und einer Mutter mit vielen Perlen und gewähltem Kleid. Sein Beruf war nicht Mittel zum Broterwerb noch gepeitschtes Künstlertum. Er war zum Rentnerdasein eines geschmackvollen Dilettanten geboren. Daß er mehr wurde, war vielleicht sein größtes Verdienst. Er war in die Regierung eingetreten, hatte mit Klugheit und feingeistiger Menschlichkeit seine Posten wohl ausgefüllt, hatte sogar früher als üblich die Leiter erklettert. Nebenher hatte er sein Haus gefüllt, Radierungen gesammelt und alte Gläser, Brokate und Chinoiserien, Dahlien und Wicken gezüchtet.

Die Zeichnerin aber kam aus dem Bürgertum. Ihre Ahnen hatten am Backtrog gestanden. Noch die Großmutter war mit einer Stopfnadel ihr Leben lang ausgekommen, bei zwölf Kindern notabene. Sie hatte mit Papier Feuer gemacht, um die Streichhölzer zu sparen. So war man hinaufgekommen. Man mußte arbeiten, und das Leben war nicht zum Vergnügen da. Kam man zu spät nach Haus, so gaben die Eltern nicht zu, daß sie sich geängstigt, sondern sie schalten. Vielleicht war es für die Zeichnerin das glücklichste Gefühl, als ihr Vater vor ihrer dringend notwendigen Operation noch zu zwei Professoren gegangen war, weil er sich so um sie ängstigte. Aber man merkte nicht viel davon, man gab jedes verdiente Geld und jede freie Stunde eher als einen Kuß. Spalte in Fensterscheiben waren nie geschlossen worden. So hatte sie gekämpft. War in Furcht vor dem ehrbaren Hause kaum vom Wege gewichen, hatte gerungen mit dem Blut, dem Geld, mit Spott und

Lächeln, mit tausend verfehlten Zeichnungen, bis es nun gelungen, den Strich für das Bild der Zeit zu gewinnen, Krieg und Inflation auf zwölf Blättern, dreißig zu zwanzig, festzubannen. Er ließ die Gesellschaftsräume durch Kerzen erleuchten, sie schrie dieser Gesellschaft mit ihren Radierungen Revolution ins Ohr. Er knüpfte an das achtzehnte Jahrhundert an, verbannte Grammophon und Radio, weil er gegen die materialistische Epoche war. Sie haßte Grammophon und Radio, weil sie die materialistische Epoche zu Ende wünschte. Er suchte die Seele in der Vergangenheit und in Frankreich, sie suchte die Seele in der Zukunft und in Rußland. Aber in ihnen beiden war Lächeln.

Des Diplomaten schöne Stimme klang ihr ins Ohr: Wie ungemein nett, daß Sie gekommen sind, sagte er, sich hinabbeugend zu der Dame in Schwarz, wie er es zu ihr gesagt, wie er es zwei Minuten später zu der Dame in Silber sagen sollte. Sie saß in ihrer Ecke, hilflos vor dieser Formel, hilflos vor dieser Gewandtheit, hilflos vor der Gesellschaft. Wer war ihm lieb, wo war Wahrheit? Er blieb bei der Dame in Silber. Die ist hysterisch, dachte sie. Sie sah es von weitem. Gott, war die gräßlich. Schließlich sprach er sie an, tanzte mit ihr, wie eine Ohnmächtige schmiegte sie sich an, war stumm vor Leidenschaft, konnte nicht lachen, saß da, traurig, melancholisch, blickte ihn mit Hundeaugen an, kurz war unausstehlich. Die Schwester ging durch den Raum. Sie war noch schöner geworden in dieser Stunde. »Welch ein Blödsinn, daß er mich lieben könnte«, dachte sie. Sie stand auf, suchte ihn, sie wollte ihm sagen: Sie irren sich, ich bin eine Dirne. Wann und wo? Am liebsten morgen nacht. Er würde sie nicht verschmähen, dazu war ihr der Tanz des Männchens um sie zu bekannt. Liebe, Zartheit, Schutz gab es nicht für sie, dazu waren die Männer wohl zu klein. Das Schicksal der klugen Frau, die sich dumm stellen muß, um geliebt zu werden, war auch das ihre. Aber man konnte sich rächen, obwohl das beider Tod bedeutete. Dies Mittel galt es zu erproben. Er würde sie jedenfalls verachten, aber vielleicht müssen.

Als sie ihn traf, im Wintergarten, konnte sie wieder nicht sprechen. Ich möchte einen Katarakt von Lachen und Heiterkeit über dich hinwerfen, dachte sie, wann und wo? wann und wo? wann und wo?

»Es ist Ihnen wohl ein bißchen zu troubulös?«

»O nein«, sagte sie.

»Sie sind nervös«, sagte er. »Ich bedaure, nicht soviel mit Ihnen zusammensein zu können, wie ich dies wohl gewünscht hätte. Sie verzeihen wohl einem vielbeschäftigten Hausherrn diese Vernachlässigung dessen, was seines besten Eifers wert gewesen.« Er führte sie in den Wintergarten. »Hier ist es kühl und ein Ruhebett.«

Komisch, daß er nicht Sofa sagt, dachte sie eine Minute. Sie ließ sich nieder. Er setzte sich ihr zu Häupten und legte ihr beide Hände unter den Kopf. Eine unendliche, weibliche Zärtlichkeit lag in dieser Geste, groß bei diesem kraftvollen und ruhigen Manne. Das Tier schwieg. Sie sehnte sich, diese Hände zu küssen, ließ es, streckte sich. Es war lautlos. Von draußen tönte die Musik. Sie waren eine Insel. Seine Finger glitten leise über ihren Arm wieder und wieder. Nach zehn Minuten stand sie auf. »Ist Ihnen nun besser?« Sie nickte wortlos.

Dann kam jemand und tanzte mit ihr. Eine sehr schöne, tiefdekolletierte Dame kam vorüber:

»Welch weitgeöffnete Tür«, sagte die Zeichnerin zu ihrem Kameraden, dem Zeichner G.

»Famos, daß du solche Sachen sagst.«

»Diese Antwort ist ein Beweis, daß du mich nicht liebst.«

»???«

»Zynismus kann ein Mann nur von einer Frau vertragen, die ihm gleichgültig ist. Ich liebe augenblicklich einen Mann, weil er mir solche Reden nicht zutraut.«

»Ach, du bist immer mal wieder monogam – natürlich hintereinander.«

»Ich wünschte, du mögest recht behalten.«

»Mein Gott, Todessehnsucht?«

»Nein, aber Sehnsucht nach Heimkehr.«

»Wissen Sie, Ulrike«, sagte der Schriftsteller Litwin, der eigentlich anders hieß, »interessieren tut mich hier nur das Mädchen in Lila, es ist wohl der Zerstörungstrieb des Mannes, der die Jungfrau schätzt.«

»Ich bitte Sie, Litwin, stehen Sie auf.«

»Ja, weshalb denn, Ulrike? Was sagen Sie zu diesem Mädchen«, und er zeigte auf eine Dame in Blau und Gold. »Sie lebt ein Doppelleben und verläßt dreimal in der Woche die Wohnung ihrer Eltern, um zu ihrem Freund zu gehen. Ich kann mir diese Frau in den fabelhaftesten Situationen vorstellen.«

»Also, ich bitte Sie endgültig, stehen Sie auf.«

»Na schön.«

Litwin stand auf. Ulrike dachte an den Diplomaten, verglich und sehnte sich nach ihm.

»Sie sitzen so allein, gnädiges Fräulein«, sagte der junge Bankier aus Frankfurt am Main und nahm Litwins Platz ein. »Sehen Sie dort das Mädchen in Blau und Gold, das ist die beste Partie von Berlin.«

»Das kann ich mir kaum denken«, antwortete Ulrike. »Jetzt nach der Inflation, wie sollte denn der alte R. sein Geld erhalten haben?«

»Also das weiß man allgemein an der Börse.«

»Na ja dann«, antwortete Ulrike.

Dem Bankier ward unbehaglich. Er hatte das Gefühl, sie mokiere sich über ihn, und stand auf. Die Dame in Silber kam wieder. Der Diplomat legte ihr den Arm um die Schulter. »Sie sind ein bißchen nervös«, sagte er und wollte mit ihr in den Wintergarten gehen. Die Zeichnerin zuckte zusammen. Der Attaché de Belleville frug ihn nach der jugoslawischen Schafausfuhr. Er gab klar und klug Antwort. Oh, wie sie ihn liebte. Sei gut zu mir, bettelte sie, sei gut zu mir. Er blickte über sie weg. Sie wartete viele Stunden, dann ging sie fort. Vor dem Portikus wehte ein guter und klarer Wind. Sie stand an einer Säule und ließ sich anblasen. Tapfer ohne Haut gegen den Wind laufen, tapfer Verträge schließen mit Kunsthändlern und Verlegern, das war ihre Sache. Stolz war sie auf ihre Kraft, obwohl sie oben Hundeaugen gemacht hatte. Was ging sie der Mann an. Er sollte sie vor allem keine Zeit kosten. Sie lachte über den Rokokofrack, den er einmal getragen und der Ausdruck seines Geistes war. Sie war zwanzigstes Jahrhundert und vorwärts gerichtet, und sie sprang mit den pelzbesetzten Schuhen durch die Pfützen. Sie hob ihr Kleid. Aber das war nicht ängstlich. Ein paar Tage Arbeit, und es war ersetzt. Wieviel war einzukassieren? 500? 600? Sie mußte doch mal aufschreiben.

Ausklang

Die Stimme der Vernunft

Für mich ist es immer noch ein Wunder, daß ich nur einen Knopf zu drehen habe und dann kann ich plätten, während ich einer Theateraufführung zuhöre, die 2000 Meilen entfernt stattfindet.

So drehte ich auch am Mittwoch ein bißchen an einem Knopf. Es war ein herrlicher Sommerabend, durch das offene Fenster kam Lavendel- und Rosen- und Jasminduft, kurzum aller Duft eines englischen Gartens – und plötzlich hörte ich eine ergreifende Stimme Deutsch sprechen. Ein alter, weiser Mann sprach einfache Sätze auf die einfachste Weise von der Welt.

»Wer ist das?« dachte ich fast erschrocken. »Welcher Deutsche ist das, den man doch offenbar noch nie gehört hat? Dieser Mann könnte… ja, wer könnte er sein? Ein Politiker? Nein, kein Politiker. Vielleicht einer der großen deutschen Naturwissenschaftler? Planck? Aber lebt Planck eigentlich noch? Und sprechen große deutsche Wissenschaftler überhaupt so parteilos, so jeden angehend über allgemeine politische Fragen in so schlichter Weise am Radio? Wer ist ein Deutscher von Weltformat?«

Und während ich lauschte, kreisten meine Gedanken um den geheimnisvollen Sprecher, der tausend Kilometer weit weg lehrte, das russische Regime für abscheulich zu halten und doch den Frieden mit ihm zu wollen.

Ich hatte längst zu plätten aufgehört. Längst saß ich erschüttert neben dem Radio. Die Stimme der Vernunft erfüllte das Weltall, der deutsche Humanismus selber war in mein Zimmer getreten, der deutsche Humanismus, den wir von Bismarcks Kürassierstiefeln zertrampelt, in Schützengräben verblutet, von Hitler endgültig ausradiert glaubten.

»Großartig«, dachte ich, »sind doch diese deutschen Rundfunkleiter, die einen solchen Mann sprechen lassen. Aber wer ist es? In welchem Dachstübchen hat er überlebt, dieser Alte vom Berge, dieser Mönch vom Heisterbach, der wiedergekommen ist aus einer besseren, versunken geglaubten Welt?«

Es ist zu Ende. Also, wer war es? Wer? »Sie hörten Bertrand Russell, der in London auf Band sprach.«

Er also, dieser geistige Riese, der das Idol eines großen Teils der englischen Studenten ist, er kann also zu allem noch unterscheidbar Deutsch sprechen, so deutsch, daß niemand auch nur auf die

Idee kommen kann, er wäre kein Deutscher.

Und nun möchte ich wissen: Haben ihn viele gehört? Hörten sie die Stimme der Vernunft? Merkt das jeder? Oder gibt es Leute, die sagten: »Stopf ihm die Schnauze! Einer quasselt«?

Das ist eine sehr wichtige Frage. Es ist die Frage, ob es Hunderttausende sind oder Zehntausende oder Tausende oder nur ein paar hundert, eine armselige Minorität, die aufhorcht, die es merkt, wenn die Stimme der Vernunft spricht. Ich möchte sagen, es ist die wichtigste Frage überhaupt.

Nachwort

»In Büchern liegt die Seele
aller gewesenen Zeit.«
Thomas Carlyle

I

Am 6. März 1931 erschien im *Berliner Tageblatt* unter dem Titel
»Liebe und Ehe im neuen Rußland« die Rezension einer Samm-
lung von *Prawda*-Gerichtsreportagen, die der Moskauer Autor
Matwey Liebermann geschrieben hatte. Sie waren im Malik-Ver-
lag in deutscher Übersetzung erschienen. Die ersten beiden Sätze
der Rezension lauten: »Besser als das Werk der Dichter und Histo-
riker gibt die ursprüngliche Quelle, der Brief, das Tagebuch, das
aufgezeichnete Gespräch, das Wesentliche der Epoche. Die Akten
eines Kriminalfalles bestehen außer dem Formalen aus diesen
ursprünglichen Quellen zur Erkenntnis der typischen Gefühle
einer Zeit.«

Die Autorin dieser Rezension, Gabriele Tergit, wußte sehr genau, wovon sie schrieb, denn sie war 1931 bereits sechs Jahre lang
als Gerichtsreporterin für das *Berliner Tageblatt* tätig, laut Vertrag vom 24. 12. 1924 mit dem Chefredakteur Theodor Wolff
mindestens neunmal im Monat.

Ein halbes Jahr später, im Herbst 1931, war Gabriele Tergit
selbst Gegenstand von Rezensentenbemühungen. Bei Ernst Ro-
wohlt war ihr Erstlingsroman *Käsebier erobert den Kurfürstendamm* erschienen. Der Roman behandelt Aufstieg und Nieder-
gang eines Volkssängers namens Georg Käsebier. Der wird in den
bierdunstgeschwängerten Festsälen in der Hasenheide in Berlin-
Neukölln durch einen puren Zufall entdeckt, mit Hilfe eines irr-
witzigen Reklamerummels zum Star für eine Saison gemacht und
nach der vorhersehbaren Pleite seiner Mäzene und seines eigens
für ihn am Kurfürstendamm errichteten Schickeria-Theaters
schnell und gründlich wieder vergessen. Die Geschichte des quib-
beligen Käsebier, der von Geschäftemachern und Geschäftlhubern
ausgebeutet wird, ist das Bekenntnis der Autorin gegen die Reklame. In den Gesprächen, die ich 1979 und 1981 mit Gabriele
Tergit habe führen können, wies sie immer wieder darauf hin, daß
die Reklame ihren perversesten Ausdruck gefunden habe in der

Tätigkeit des Hitlerschen Reklameministers Joseph Goebbels.

In diesen Gesprächen hat sie vor allem Auskunft gegeben über ihre Arbeit als Gerichtsreporterin, und einer ihrer Kernsätze war: »Gerichtsverhandlungen sagen viel über die soziale Lage einer Zeit.« 1927 saß sie als Berichterstatterin für das *Berliner Tageblatt* und die *Weltbühne* im Kriminalgericht Moabit. Vor dem Landgericht III wurde gegen Meuchelmörder verhandelt, die als Angehörige der sogenannten Schwarzen Reichswehr Kameraden umgebracht hatten nach dem Motto: »Verräter verfallen der Feme!« Gabriele Tergit schrieb am 25. 3. 1927 in den *Weltbühne:* »Unsichtbar steht ein großes Hakenkreuz vor dem Richtertisch.« Später wurden die angeklagten und verurteilten Fememörder tatsächlich als Hitlers »erste Soldaten des Dritten Reiches« verherrlicht. Sie wurden – wie etwa Edmund Heines, der von 1933 an Polizeichef in Breslau war – in gute Positionen gehievt. 1948 erinnerte sich Gabriele Tergit in einem Artikel für die *Neue Zeitung:* »Im großen Schwurgerichtssaal stand Klapproth und erzählte, wie er einen Menschen hatte ›plumps ins Wasser fallen lassen‹, und Heines, im hellen Tweed mit hellblauer Krawatte, sprach von ›einem Schüßchen in den Hinterkopf‹ und wie er Menschen zu foltern pflegte. Es waren dies die sogenannten Fememorde, mit denen alles anfing.« Alles, damit meinte Tergit den Untergang der Republik, die Vernichtung der Juden, den Bankrott der deutschen Justiz.

Gabriele Tergit hat im Gericht dabeigesessen, als die ungewollte Republik von Weimar ihrem Ende zugeführt wurde, auch mit Hilfe der Justiz. Man kann das in den alten Zeitungen sehr genau verfolgen. Ich habe 1980 in Vorbereitung zu einer Hörfunksendung über die Gerichtsreporterin Gabriele Tergit das *Berliner Tageblatt* Seite für Seite durchgesehen, vom Jahrgang 1924 beginnend bis zu den Ausgaben vom März 1933, und entdeckte, daß in den – meist kleinen – Artikeln sehr viel Leben steckte, Zeitgeschichte, Zeitgefühl, die Weimarer Republik in vielen Facetten, oft trüben, manchmal heiteren. Es gab Artikel über Berlins Nachtleben, über Berliner Typen, von Tergit »Berliner Existenzen« genannt, über kleine und große Ganoven, Heiratsschwindler, Liebesschießereien, wie die Autorin die Tötung eines Intimpartners durch Schußwaffengebrauch in ein griffiges Schlagwort zusammenzog, völkische Helden und Gestalten in den Fememordprozessen. Über diese Prozesse wurde in den großen Blättern des Reiches viel berichtet. Sie zogen sich über Monate hin, einige fanden auch in der Provinz statt. Die besten Federn der Berliner Publizistik saßen dabei und notierten – fassungslos –, was sich in den Weiten der Norddeutschen Tiefebene zugetragen hatte. Gabriele Tergit hat ihre Beobachtungen aus den Prozessen des Jahres 1927 auch in ihrem Roman *Effingers*, der erst 1951 erscheinen konnte, untergebracht. Es handelt sich um eine ganz kurze Szene, bloß fünfzehn Zeilen lang, aber es ist alles enthalten:

»Drei Uhr nachts. Wald vor den Toren Berlins, Kiefern und winterlicher Boden, erster Hauch von Frühling in der Luft. Ein altes Auto rattelte langsam, offener, grauer Kasten. Neben dem Chauffeur saß ein Gefesselter. Ein Stehender hatte einen Stock in der Hand, holte hoch aus, schlug auf den Kopf des Gefesselten. Das Auto hielt. Vier Männer zogen den Geschlagenen aus dem Auto, stellten ihn gegen einen Baum. Einer hob einen Revolver und schoß ihn in den Hinterkopf. Sie nahmen rasch Schaufeln aus dem Auto, schaufelten eine Grube, warfen den Leichnam hinein, fuhren davon. Ein Mann sah es, ein Milchmann, der in der Morgenfrühe seine Ware ausfuhr. Er biß sich in den Finger, um zu probieren, ob er wach war, kurbelte sein Auto an. Funktioniert also noch, dachte er. Am Morgen ging er zur Polizei, beschrieb Ort, Tat und Personen. Dabei blieb es. Kein Richter vernahm ihn, und kein Prozeß fand statt. Der Mann bekam Angst, er forschte nicht mehr, er schwieg.«

Vorkommnisse wie diese, Morde aus niederen Beweggründen, aus Rache, wegen Abweichung von der völkischen Linie, gab es viele. Nur einige wurden unter großer Beteiligung der Gerichtsreporter aufgedeckt, und Gabriele Tergit saß dabei. Sie saß auch dabei, als Hitler zum erstenmal in Moabit vor Gericht stand. Er war wegen eines Pressevergehens geladen. Die Gerichtsreporterin notierte viel später:

»Ich habe vierzig Jahre lang über diesen Prozeß nachgedacht, gedacht, was ich schon während des Prozesses dachte. Hitler und Goebbels saßen mir drei bis vier Meter gegenüber. Wenn ich einen Revolver besessen und sie erschossen hätte, hätte ich fünfzig Millionen Menschen vor einem frühzeitigen Tod gerettet; ich wäre Judith II. geworden. Aber wer hätte das gewußt? Die Juden in Deutschland hätten es zu büßen gehabt, daß ich ein ungeteiltes Deutschland erhalten hätte, weil ich Deutschlands Retter ermordete.«

Als ich diese Passage in Gabriele Tergits *Erinnerungen* las, habe ich längere Zeit nachdenken müssen. Die *Erinnerungen* kamen 1983 heraus, ein halbes Jahr nach dem Tod der Autorin. Ich konnte sie also nicht mehr fragen, wie die studierte Historikerin auf diesen Gedankengang hatte kommen können. Aufgeschrieben wurden die Sätze erst in den siebziger Jahren, in einer Zeit also, als es kaum jemanden gab, der daran zweifelte, daß Deutschland geteilt worden war als Strafe für das Morden und Brandschatzen jener selbsternannten Retter Deutschlands, als deren Führer Adolf Hitler sich aufschwang, unterstützt von vielen, die seine Großmannssucht zur Verwirklichung eigener Ziele auszunutzen gedachten; unterstützt von vielen, die in ihrer Verblendung in den Juden das Übel der deutschen Misere während der ersten Republik sahen, die daraus Gewinn zogen, daß den Juden die Schuld für alles in die Schuhe geschoben wurde; unterstützt von vielen, die daran beteiligt waren, daß im von Hitler entfachten Inferno fünfzig Millionen Menschen untergingen. Die Frage der Gerichtsreporterin, »was wäre geschehen, wenn ich Hitler und Goebbels erschossen hätte«, ist akademisch. Keiner hat Hitler oder Goebbels erschossen. Etliche haben es versucht und scheiterten und wurden umgebracht. Es blieb Hitler und Goebbels überlassen, selbst Hand an sich zu legen, im letzten Moment, kurz bevor die Rote Armee in Berlin siegte. Gabriele Tergit hatte beim ersten Prozeß gegen Hitler in Moabit keinen Revolver, und sie schoß nicht. Sie schrieb. Auch das nützte nichts, wie wir wissen. Die Juden mußten auch ohne einen Anschlag auf das Leben Hitlers büßen, und Deutschland wurde geteilt, nachdem das tausendjährige Reich der Retter Deutschlands dann doch »nur« zwölf Jahre überdauerte. Aber die Artikel, die Gabriele Tergit im *Berliner Tageblatt* und in der *Weltbühne* über die Schlagetots mit der völkischen Pistolenkugel veröffentlichte, machten die Autorin zu einem vorrangigen Ziel der Hitlerschen Sturmabteilungen, als die Nazis an die Macht gebracht worden waren.

Am 4. März 1933 morgens um drei Uhr stand der »Sturm 33«, angeführt von einem höchst jämmerlich aussehenden Major Hahn, der nichts anderes in seinem Leben gelernt hatte, als Soldat zu sein, vor der Tür der Privatwohnung der Gabriele Tergit im Hause Siegmundshof 22 im Berliner Bezirk Tiergarten. Einer Fügung des Schicksals war es zu verdanken, daß Heinz Reifenberg, der Gabriele Tergit – wie sie zu sagen pflegte – »staatlich verbundene Herr«, einige Wochen zuvor Eisenbeschläge an der Tür hatte anbringen lassen. So mißlang der Überfall auf die Wohnung. Gabriele Tergit telefonierte derweil mit einem Gerichtsreporterkollegen, der für die Nazizeitung *Angriff* schrieb. Sie sagte mir, als sie bei ihrem Bericht über die Nacht des 4. März 1933 meine hochgezogenen Brauen bemerkte: »Menschen sind doch nicht an sich feindlich gegeneinander.«

Der Kollege vom *Angriff* vermittelte sie an den tags zuvor eingesetzten Polizeireferenten Mittelsbach, der ebenfalls der Nazipartei angehörte. Der gab ihr den Rat, sich an die noch sozialdemokratisch orientierte Schutzpolizei zu wenden. Die Schutzpolizei kam – »Riesen in Pelzmänteln, herrlich!« erinnerte sich Gabriele Tergit 1979 – und inspizierte gemeinsam mit Major Hahn die Wohnung der Reifenbergs. Nachdem sie festgestellt hatten, daß sie es nicht mit Kommunisten zu tun hatten, gingen sie wieder. Am nächsten Morgen packte Gabriele Tergit ihre Koffer. Es war der Beginn eines bis an ihr Lebensende andauernden Exils.

II

Gabriele Tergit wurde am 4. März 1894 als Elise Hirschmann in Berlin geboren. Ihr Vater Siegfried Hirschmann war Fabrikant, Gründer der Deutschen Kabelwerke AG in Berlin und der Union Cable Works, Dagenham Docks in London. Er war aus Ansbach nach Berlin gekommen. Frieda Hirschmann, geborene Ullmann, stammte aus München. Als Kind spielte Elise Hirschmann in den Straßen des Berliner Ostens mit den Knaben, zu denen auch der später als Schriftsteller bekannt gewordene Willi Bredel gehörte, »Himmel und Hölle« und Murmeln. Ihre »Münchener Mama« fand an diesem für eine »höhere Tochter« in der Zeit um die Jahrhundertwende ungewöhnlichen Treiben nichts Schlimmes, und sie hatte auch nichts dagegen, daß Elise Hirschmann nach dem Lyzeumsabschluß die »Soziale Frauenschule« der Alice Salomon besuchte. Diese Lehranstalt war Teil des 1874 von Hedwig Heyl und Henriette Schrader-Breymann gegründeten »Pestalozzi-Fröbel-Hauses«, das noch heute als Träger einer Erzieherfachschule und verschiedener sonderpädagogischer Einrichtungen besteht. Hier lernte Elise Hirschmann Hilde Walter und Gertrud Bäumer kennen, zwei weitere führende Vertreterinnen der deutschen Frauenbewegung. Sie arbeitete außerdem in Kinderhorten und in der Lehrstellenvermittlung. Nach dem Ersten Weltkrieg (»Der Krieg änderte die Einstellung zum Frauenstudium«, schrieb sie in ihrer Selbstdarstellung für das 1982 erschienene Mitgliederverzeichnis des PEN-Zentrums deutschsprachiger Autoren im Ausland) holte Elise Hirschmann das Abitur nach und studierte in Berlin, München, Heidelberg und Frankfurt Philosophie und Geschichte. Zu ihren Lehrern gehörten Friedrich Meinecke und Erich Marcks. Sie wurde mit einer Arbeit über den Naturwissenschaftler und Paulskirchen-Abgeordneten Karl Vogt an der Universität Frankfurt promoviert. In ihren *Erinnerungen* schrieb Gabriele Tergit: »Für die künftige Laufbahn und um den Lebensunterhalt zu verdienen, waren Abitur und Doktor, womit ich meine Jugend verdorben hatte – ich promovierte 1925 –, völlig überflüssig.« Wenn ich mir das geschriebene Werk der Gabriele Tergit anschaue, kann ich ihr in diesem Punkt überhaupt nicht zustimmen. Sie wollte zwar »nur« Journalistin werden, aber die Ausbildung zur Historikerin hat viele Spuren in ihrem Werk hinterlassen.

Den ersten Zeitungsartikel hatte Elise Hirschmann im Jahre 1915 verfaßt. Er erschien unter dem Titel »Frauendienstjahr und Berufsbildung« in der Beilage »Der Zeitgeist« des im Rudolf-Mosse-Verlag erscheinenden *Berliner Tageblatts*. Es war ein Diskussionsbeitrag zum »Nationalen Frauenjahr«, zu dem Gertrud Bäumer und Hedwig Heyl nach Ausbruch des Ersten Weltkriegs aufgerufen hatten. Der verantwortliche Redakteur des »Zeitgeist« hieß Fritz Engel, und als Elise Hirschmann sich ihr Honorar abholte, sagte er: »Wenn ich gewußt hätte, daß Sie so jung sind, hätte ich den Artikel nicht gebracht.« Und in ihren *Erinnerungen* ist ein weiteres Zitat zu finden, das bezeichnend ist für Gabriele Tergit: »Ein junges Mädchen aus guter Familie hatte nicht in Zeitungen zu schreiben. Ich begegnete allgemeiner Verachtung.«

Sie schrieb dennoch. Während ihres Studiums erschienen in der *Vossischen Zeitung* Feuilletons von ihr, einige auch im *Berliner Tageblatt*. In diese Zeit fällt auch die Erfindung des Pseudonyms »Gabriele Tergit«. »Gabriele« nannte sie sich schon in ihren Backfischjahren. Eine Freundin, die eigentlich Grete hieß, wurde »Maja« gerufen, eine andere hieß Helene und nannte sich »Hella«. Diese Helene, ein protestantisches Mädchen, heiratete im Ersten Weltkrieg einen Leutnant. Die Vettern der Braut führten ein selbstgeschriebenes Theaterstück auf, in dem alles darauf hinauslief, daß die Vettern ihrer Freude darüber Ausdruck verliehen, »daß aus der Juden-Hella wieder das geliebte Lenchen« werde, wo sie doch nun mit einem deutschen Offizier verheiratet sei. Gabriele Tergit alias Elise Hirschmann berichtete mir 1979: »Ich war die einzige Jüdin auf dieser Hochzeit. Ich bin rausgegangen und habe mir meinen Mantel geben lassen.« Ihren Aliasnamen »Gabriele« behielt sie bei, auch wenn der ihr seit 1928 »staatlich verbundene Herr« Heinz Reifenberg sie stets nur »Lieschen« nannte, weil er das viel passender fand.

Auch der zweite Teil des Pseudonyms hat eine erzählenswerte Geschichte: 1920 studierte »Gabriele« Elise Hirschmann in Heidelberg. In der Nähe, in Neckargemünd, wohnte seit 1915 der durch seine Romane *Jettchen Gebert* und *Henriette Jacoby* bekannt gewordene Berliner Schriftsteller Georg Hermann. Mit ihm traf sich Elise Hirschmann ab und an, und eines Tages kam das Gespräch auf einen Heidelberg-Artikel, den die junge Frau schreiben, aber nicht mit ihrem eigenen Namen unterzeichnen wollte. Hermann sagte: »Nennen Sie sich ›Veilchen‹.« »Ach Gott, Unsinn«, war die Antwort. Aber man saß im Park, und die Rasenflächen waren ordentlich mit Gittern von den Spazierwegen abgetrennt, und als Elise Hirschmanns Blicke über diese Gitter wanderten, fiel ihr der Schuldirektor ihrer »Münchener Mama« ein, der Winter hieß und eine Tochter hatte, die Schauspielerin war und sich »Terwin« nannte. Da war das Pseudonym heraus: Winter-Terwin; Gitter-Tergit.

Als Elise Hirschmann ihr Studium beendet hatte, ging sie nach Berlin zurück. Der Lokalredakteur des *Berliner Tageblatts*, Erich Vogeler, forderte die inzwischen fast Dreißigjährige auf, für seine Redaktion Gerichtsreportagen zu schreiben. Das scheiterte jedoch daran, daß sie sich nicht traute, einen Gerichtssaal zu betreten. Dieses Mißgeschick ließ sich mit Hilfe eines jungen Gerichtsreferendars beheben, den Elise Hirschmann während eines Urlaubs im damaligen Modebad Hiddensee traf. Der nahm sie nach dem Urlaub mit zum Gericht und führte sie in einen der Verhandlungsräume. Daraufhin ging sie auch allein und schrieb anschließend Berichte.

Die Artikel schickte sie an den *Berliner Börsen Courier*, wo Felix Joachimsohn Lokalchef war. Sie waren mit »Gabriele Tergit« unterzeichnet und scheinen viel Anklang gefunden zu haben. Sie selbst nannte diese Artikel »Gerichtsquatschereien«. Mit einigen dieser kleinen Gerichtsfeuilletons bewarb sie sich 1924 beim *Berliner Tageblatt*, und dessen Chefredakteur Theodor Wolff lud sie postwendend zu einem Vorstellungsgespräch ein. Am 24. Dezember 1924 engagierte er sie für eine monatliche Pauschalgage von 500 Mark. Dafür hatte sie neun Gerichtsberichte pro Monat zu liefern, alles, was sie darüber hinaus schrieb, wurde extra honoriert. Gabriele Tergit blieb dem *Berliner Tageblatt* bis zum März 1933 verbunden.

Außer den Prozeßberichten schrieb sie Feuilletons über »Berliner Existenzen« (sie sind alle in diesem Band enthalten), Reiseberichte und kleine Glossen zum alltäglichen Berliner Wahnsinn. Ihre »Berliner Existenzen« wurden jeweils im *Prager Tageblatt* nachgedruckt. Sie erschienen auf der vom Redaktionskollegen Walther Kiaulehn zusammen mit Rudolf Olden durchgesetzten »Berlin«-Seite des *Berliner Tageblatts* zuerst. Für Gabriele Tergit war die Zeit beim *Berliner Tageblatt* nach eigener Aussage die »glücklichste Zeit« ihres Lebens: »1925 bekamen wir unsere ersten Posten, fingen wir an, mit dem normalen Leben Bekanntschaft zu machen. Fünf Jahre, fünf herrliche Jahre. 1930 ging das langsam zu Ende«, resümierte sie in einem 1946 im *Tagesspiegel* erschienenen Artikel.

Gegen Ende der zwanziger Jahre schrieb Gabriele Tergit auch für die *Weltbühne*, die von Carl von Ossietzky redigiert wurde. In der *Weltbühne* schrieb sie ihre ersten Artikel noch unter dem Aliasnamen »Christian Thomasius«. Damit hatte sie sich ein kämpferisches Vorbild gewählt, denn Christian Thomasius (1655-1728), Ordinarius für Jura an der Universität in Halle an der Saale, war der prominenteste und erfolgreichste Gegner des Hexenwahns seiner Zeit. Seine Schriften *De Crimine Magiae* und *Processus Inquisitorii contra Sagas* dürften den endgültigen Anstoß zur Abschaffung der Hexenprozesse in Preußen gegeben haben. Zur Neuausgabe dieser Werke schrieb Rolf Lieberwirth (Halle) 1967: »Wenn es je Lehren aus der Geschichte zu ziehen gilt, so für den Juristen besonders die, daß Rechtssätze und Rechtsinstitutionen immer wieder und auch gegen eine herrschende Auffassung daraufhin überprüft werden müssen, ob sie nicht schon zu Unrecht geworden sind.« Der *Spiegel*-Gerichtsreporter Gerhard Mauz meinte 1984: »Unter Deutschen kann nie mehr Recht gesprochen werden wie vor Hitler.« Auch Gabriele Tergit muß Widersprüchlichkeit bemerkt haben, als sie 1948 das erstemal wieder die Gerichtskorridore in Berlin-Moabit betrat. Sie besuchte einen Prozeß, in dem mit Richtern, Rechtsanwälten und Wachtmeistern über zehn Menschen damit beschäftigt waren, den Verbleib eines Goldringes mit Halbedelsteinen zu erforschen, und das nach einer Zeit, in der Menschen unter unsäglichen Qualen zu Tode gebracht worden waren. Gabriele Tergit fragte sich damals: »Kann man eine Zivilisation so neu anfangen? Indem man weitermacht, als wäre nichts geschehen?«

Im selben Jahr wohnte sie in Hamburg dem Prozeß gegen Veit Harlan, Regisseur des Films »Jud Süß«, bei, übrigens im Auftrag der *Neuen Zeitung*, in der Erich Kästner das Feuilleton redigierte. Die Berichte über den Harlan-Prozeß waren Tergits letzte Gerichtsreportagen. Sie fühlte sich nicht mehr in der Lage, aktuellen Journalismus zu betreiben, und kommentierte: »Gestohlene Jahre sind gestohlene Jahre.« Möglicherweise aber (sie hat sich dazu nicht geäußert) hat sie auch angesichts der Rekonstruktion der alten Machtverhältnisse in der Bundesrepublik Deutschland resigniert. Einer ihrer Gerichtsreporterkollegen Ende der vierziger Jahre war Hermann Mostar (eigentlich Gerhart Herrmann, 1901-1973), ein scharfer Beobachter des Wiederbeginns der Justiz in Deutschland, auch Kabarettist in der Gruppe *Die Hinterbliebenen*. Er wirkte mit am Versuch, eine neue Moral aufzubauen, nachdem die alte in Schutt und Asche versunken war. Mostar schrieb nicht mehr über Justiz, als die Rekonstruktion der alten Moralverhältnisse in der Bundesrepublik vollendet war. Der Justizkritiker wandte sich den heiteren Seiten der Schriftstellerei zu.

Auch Gabriele Tergit zog sich aus der Gerichtsberichterstattung zurück und widmete sich kulturgeschichtlichen Darstellungen (*Das Büchlein vom Bett*, *Kleine Geschichte der Blumen*, *Tulpenbuch*), als ihr zweiter Roman *Effingers* (1951), eine jüdische Familiengeschichte von 1872 bis 1942, die sie gleich nach ihrem Romanerstling *Käsebier erobert den Kurfürstendamm* begonnen und in unzähligen Hotelzimmern der Emigration fertiggestellt hatte, beim antisemitischen deutschen Publikum nicht ankam.

Als Sekretär des PEN-Zentrums deutschsprachiger Autoren im Ausland (Sitz London) war Gabriele Tergit von 1957 bis 1981 berufspolitisch aktiv. Zu ihren Vorgängern in diesem Amt zählten Rudolf Olden und Richard Friedenthal, ihr Nachfolger wurde Arno Reinfrank.

Im Jahre 1977 wurde sie als »Neuentdeckung des Jahres« gefeiert. Ihre Romane erschienen in Neuauflagen, auf den Podien der »Berliner Festwochen 1977«, welche die zwanziger Jahre in Berlin zum Thema hatten, war sie eine gefragte Zeitzeugin. Aber das Erscheinen ihrer *Erinnerungen* und die Veröffentlichung mehrerer Romanmanuskripte, die sie in der Schublade einer altmodischen, auf einer Auktion des Nachlasses von John Galsworthy erworbenen Wäschekommode hatte, erlebte sie nicht mehr. Gabriele Tergit starb am 25. Juli 1982 in einem Londoner Krankenhaus.

III

Ich lernte Gabriele Tergit 1979 in Berlin kennen. Sie hatte gerade ihre *Erinnerungen* fertiggeschrieben, deren Erscheinen auf dem Buchmarkt sie auf jeden Fall erleben wollte, wie sie mir ein ums andere Mal sagte. Ihre Gesundheit war bereits sehr angegriffen, und in dem schönen Haus im Londoner Stadtteil Putney, in dem sie seit Beginn der fünfziger Jahre lebte, war es nach dem Tod des einzigen Sohnes Peter – er wurde bei einer Bergwanderung von einem herabfallenden Stein erschlagen – und ihres Mannes Heinz J. Reifenberg sehr einsam geworden. Es war ein sehr großes Haus, in dem ich Gabriele Tergit 1981 besuchte. Beim Abendessen am großen Tisch am Fenster hatte man einen schönen Blick in den liebevoll angelegten Garten. Wir haben uns bei beiden Zusammenkünften sehr ausführlich unterhalten, und mir kam bereits damals der Gedanke, daß es zum Verständnis der Romanautorin Gabriele Tergit beitragen könnte, wenn ihre journalistischen Arbeiten in einem Sammelband für das Publikum zugänglich wären. Ich selbst hatte bei der Arbeit im Archiv, als ich Tergits »Gerichtsquatschereien« suchte, eine Fülle von neuen Erkenntnissen über die mir fernliegende Epoche der zwanziger Jahre gewonnen. Gabriele Tergit aber meinte, ihre alten Feuilletons seien erstens alle bereits im Roman *Käsebier erobert den Kurfürstendamm* enthalten und zweitens habe sie etwas dagegen, wenn Schrifsteller im Alter »ihre Jugendsünden« veröffentlichten.

Glücklicherweise war ihr Nachlaßverwalter und literarischer Agent Kurt Maschler (1898-1986) in dieser Angelegenheit ganz anderer Ansicht. Er förderte nach Kräften die Herausgabe des 1984 erschienenen Sammelbandes *Blüten der Zwanziger Jahre – Gerichtsreportagen und Feuilletons*, in dem eine erste Auswahl der journalistischen Arbeiten der Gabriele Tergit wieder zugänglich gemacht wurde. Kurt Maschler und dem zweiten Nachlaßverwalter Fritz Hallendal ist es auch zu danken, daß in dem nun vorliegenden Band einige meines Wissens bisher unpublizierte Erzählungen erscheinen können. Das Kapitel »Begegnungen mit Berlinern« und das Kapitel »Einige Erzählungen« enthalten Arbeiten, die sich als Typoskripte im Nachlaß fanden. Die übrigen Texte dieser Auswahl stammen, sofern nicht anders angegeben, aus dem *Berliner Tageblatt*. Wichtige Hinweise, welche Feuilletons in den Romanen *Käsebier erobert den Kurfürstendamm* und *Effingers* sowie in den *Erinnerungen* von der Autorin »verarbeitet« wurden, bekam ich von Christiane Schultze-Jena, Sabine Schmitz, Michael Gerhardt, Petra Gute und Sibylle Schütz, die in ihren Examensarbeiten unterschiedliche Aspekte des Schaffens von Gabriele Tergit untersuchten. Annette Albrecht hat die teilweise sehr schwer lesbaren Zeitungsartikel für den Setzer in ein lesbares Typoskript übertragen. Anna Rheinsberg danke ich für beharrliches Mutmachen, ebenso Sonja Dobbins, deren Briefe aus London Licht im Dunkel waren. Michaela sei gedankt für ihre Geduld mit mir und bei der Korrektur der Druckfahnen.

IV

Joseph Roth schrieb 1927 in *Die Flucht ohne Ende*: »Es handelt sich nicht mehr darum, zu ›dichten‹. Das Wichtigste ist das Beobachtete.« Ganz in diesem Sinn schrieb auch Gabriele Tergit, gab ein knappes, pointiertes Bild der Zeit. Als ihre »letzten Worte« überlieferte ihr Nachfolger im Amt des Sekretärs des PEN-Zentrums deutschsprachiger Autoren im Ausland, Arno Reinfrank: »Wenn Sie die ganze Wahrheit wissen wollen, lesen Sie die Zeitung.« In den Zeitungen fand Gabriele Tergit den Stoff für ihre eigene Arbeit, im Zeitungsmilieu schließlich spielt ihr Erstlingsroman. So steht sie als Autorin in einer Reihe mit Schriftstellern wie Hans Fallada (der die *Käsebier*-Fahnen korrigierte), Hans Marchwitza, Erik Reger, Adam Scharrer, Bernard von Brentano und Eduard Claudius, die, wie der Literaturwissenschaftler Michael Winkler feststellt, als »Autoren von Zeitromanen im Unterschied zur expressionistischen Dichtergeneration ihren Lebensunterhalt als Journalisten verdienten, daher mit der Arbeitsweise der Tageszeitungen aus persönlicher Erfahrung bekannt waren und diese auch mehr oder weniger in die Romanproduktion übernahmen«.

Gabriele Tergit schrieb, wie Esther Scheidegger im Züricher *Tagesanzeiger* notierte, »mit jener engagierten Distanz, jener liebevoll spöttischen Genauigkeit, die eine typisch weibliche Spezialität ist«. Und ihr Kollege beim *Berliner Tageblatt*, Rudolf Olden, charakterisierte sie: »Es ist ihre Art, das Pathetischste mit ein paar kleinen Worten zu sagen, in ein paar Sätzen, die, genau besehen, nicht zueinander passen, sondern nur, aus der Ferne betrachtet, ein Bild ergeben, in denen scheinbar das Ende am Anfang steht, der Anfang am Ende, in Gesprächsfetzen, die ohne Logik aufeinanderfolgen, in ein paar Schicksalen, die nicht aneinander geknüpft sind. Vom Schluß her betrachtet, ist dieser kleine Roman (*Käsebier*, jbr) ein schauriges Gemälde der Zerstörung, die wir erleben, ein Zeitgemälde, sosehr er sich über ›die Zeiten‹ zu belustigen scheint. Ein Schlachten-Gemälde, Gemälde der Schlacht, die wir zu verlieren im Begriff sind.«

Gabriele Tergit steckte tief in »den Zeiten«. Als Gerichtsreporterin hatte sie fast täglich Gelegenheit, die soziale und politische Befindlichkeit der Weimarer Republik zu studieren. Sie ging mit offenen Augen und Ohren durch die Welt und gab das Filtrat an ihre Leserschaft so weiter, daß es die Jahrzehnte überdauerte. Als um die Jahreswende 1990/91 Gabriele Tergits Roman *Käsebier erobert den Kurfürstendamm* als Fortsetzungsroman im Berliner *Tagesspiegel*, für den sie nach 1945 einige Jahre »Briefe aus London« geschrieben hatte, erschien, standen im redaktionellen Vorspann die bemerkenswerten Sätze: »Könnte Berlin nicht vielleicht wieder so ähnlich werden, so quirlig und überdreht, so glitzernd und zwielichtig, wie es Gabriele Tergit 1931 beschrieben hat?… In New York schreibt heutzutage Thomas Wolfe solche Bücher. Vielleicht werden sie bald auch wieder in Berlin geschrieben.« Es ist fraglich, ob dieser Wunsch in Erfüllung gehen kann. Wer hat denn heute noch eine Lebenshaltung, die sich in acht Worten zusammenfassen läßt: »Erst kommt die Moral, dann das bemalte Porzellan.« (Gabriele Tergit)

Jens Brüning
Berlin, im August 1993

Zeittafel

4. März 1894	geboren in Berlin als Elise Hirschmann. Mutter: Frieda Hirschmann, geb. Ullmann (* 18. 6. 1873 in München); Vater: Siegfried Fritz Hirschmann (* 16. 12. 1863 in Ansbach), Gründer der Deutschen Kabelwerke A. G., der DEKA Pneumatic und der Union Cable Works, Dagenham Docks, London, Erfinder des Dreiradautos »Cyclonette«. Nach Schulbesuch Arbeit in Kinderhorten und bei der Lehrstellenvermittlung auf freiwilliger Basis; Besuch des »Pestalozzi-Fröbel-Hauses« (Bekanntschaft mit Hilde Walter)
22. November 1915	erster Zeitungsartikel (»Frauendienstjahr und Berufsbildung)« – angeregt von Gertrud Bäumer – im *Berliner Tageblatt* (Beilage »Der Zeitgeist«)
nach 1918	Gabriele Tergit holt als »Externe« ihr Abitur nach
von 1919 an	Studium der Geschichte, Philosophie und Soziologie in München, Heidelberg, Frankfurt/Main und Berlin, unter anderen bei Friedrich Meinecke und Erich Marcks
von 1920 an	Feuilletons für *Vossische Zeitung* und *Berliner Tageblatt*
von 1923 an	Gerichtsreportagen für den *Berliner Börsen Courier*
24. 12. 1924	Engagement als Pauschalistin beim *Berliner Tageblatt* (Chefredakteur Theodor Wolff) für neun Gerichtsberichte im Monat, zusätzlich Feuilletons
1925	Promotion zum Dr. phil. mit einer Arbeit über den Naturwissenschaftler und Paulskirchen-Parlamentarier Karl Vogt an der Universität Frankfurt/Main
Januar 1925 bis März 1933	Arbeit in der Redaktion des *Berliner Tageblatts*
1928	Heirat mit dem Dipl.-Ing. Heinz J. Reifenberg, Architekt. Geburt des Sohnes Peter
von 1928 an	Artikel für die *Weltbühne* (Chefredaktuer Carl von Ossietzky) zunächst unter dem Pseudonym Christian Thomasius, später als Gabriele Tergit
1931	Roman *Käsebier erobert den Kurfürstendamm* beim Ernst Rowohlt Verlag, Berlin
4. 3. 1933	Überfall des SA-Sturms 33 auf die Tergit-Reifenberg-Wohnung Siegmundshof 22 in Berlin-Tiergarten. Flucht in die Tschechoslowakei, Mitarbeit bei *Prager Tageblatt*, *Deutsche Zeitung Bohemia* u. a.

Sommer 1933	Sohn Peter und Ehemann Heinz Reifenberg folgen nach Prag
1935	Familie lebt in Tel Aviv, Hajarkonst. 102. Heinz Reifenberg hat Bauaufträge, Gabriele Tergit schreibt für *C.-V.-Zeitung* und verschiedene andere Blätter, arbeitet an ihrem Roman *Effingers*. Nach schwerer Erkrankung der ganzen Familie
1938	Übersiedlung nach London, Mitarbeit an verschiedenen Zeitungen (z. B. *Die Zeitung*, London) und Zeitschriften (z. B. *Das Neue Tagebuch*), Arbeit am Roman *Effingers*
von 1946 an	Mitarbeit (»Brief aus London«) beim Berliner *Tagesspiegel*, später auch Artikel für *Die Neue Zeitung*, München
1948	Britische Staatsangehörigkeit. Erster Besuch in Berlin
1951	Roman *Effingers* bei Hammerich & Lesser, Hamburg
1954	Sachbuch *Das Büchlein vom Bett* bei Herbig, Berlin
von 1957 an	Sekretär des PEN-Zentrums deutschsprachiger Autoren im Ausland (Sitz London), vormals Exil-PEN
1958	Sachbuch *Kaiserkron und Päonien rot. Kleine Kulturgeschichte der Blumen* bei Kiepenheuer & Witsch
1965	Sachbuch *Das Tulpenbüchlein* bei Landbuch Verlag, Hannover
seit 1977	»Wiederentdeckung« der Gabriele Tergit, Neuauflagen von *Käsebier erobert den Kurfürstendamm*, *Effingers* bei Krüger/Fischer, Frankfurt/Main, *Büchlein vom Bett*, *Kaiserkron und Päonien rot* bei Ullstein, Berlin
1981	Rücktritt vom Amt des PEN-Sekretärs
25. Juli 1982	gestorben in London (Nachlaß mit unveröffentlichten Romanmanuskripten, einem Schauspiel, Hörspielentwürfen, Briefen im Exilarchiv in Marbach)
1983	Lebenserinnerungen *Etwas Seltenes überhaupt* bei Ullstein, Berlin
1984	Gerichtsreportagen und Feuilletons *Blüten der Zwanziger Jahre* (Hg. Jens Brüning) bei Rotation, Berlin
1987	Lebensgeschichte *Die Welt der Gabriele Tergit* von Egon Larsen (eigentlich Lehrburger) bei Frank Auerbach, München

1988   Wiederauflage *Käsebier erobert den Kurfürsten-
        damm* bei arani, Berlin
1994   Feuilletons und Erzählungen *Atem einer anderen
        Welt – Berliner Reportagen* bei Suhrkamp, Frank-
        furt/Main (Hg. Jens Brüning)

Frauenforschung und Feminismus
im Suhrkamp Taschenbuch Verlag

Frauenforschung und Feminismus
im Suhrkamp Taschenbuch Verlag

Frauenforschung und Feminismus
im Suhrkamp Taschenbuch Verlag

104/3/2.93

Frauenforschung und Feminismus
im Suhrkamp Taschenbuch Verlag

Wahnsinnsfrauen. Herausgegeben von Sibylle Duda und Luise F. Pusch. Erstausgabe. st 1876

Ingeborg Weber-Kellermann: Die deutsche Familie. Versuch einer Sozialgeschichte. st 185

Weiblichkeit in geschichtlicher Perspektive. Fallstudien und Reflexionen zu Grundproblemen der historischen Frauenforschung. Herausgegeben von Ursula A. J. Becher und Jörn Rüsen. stw 725

Uwe Wesel: Der Mythos vom Matriarchat. Über Bachofens Mutterrecht und die Stellung von Frauen in frühen Gesellschaften vor der Entstehung staatlicher Herrschaft. stw 333

Wie männlich ist die Wissenschaft? Herausgegeben von Karin Hausen und Helga Nowotny. stw 590

suhrkamp taschenbücher
Eine Auswahl

265/1/8.90

suhrkamp taschenbücher
Eine Auswahl

265/3/8.90

suhrkamp taschenbücher
Eine Auswahl

265/4/8.90

suhrkamp taschenbücher
Eine Auswahl

265/5/8.90

suhrkamp taschenbücher
Eine Auswahl

suhrkamp taschenbücher
Eine Auswahl

265/7/8.90

265/8/8.90

265/9/8.90